Boulevard

Flor M. Salvador

"Para todas aquellas personas que enterraron sus sueños, les apagaron su luz interior y no las dejaron brillar. Para ti. Para ti que sigues luchando otro día más"

Agradecimientos

Muchísimas gracias a cada una de las personas que formaron parte de esto. Le agradezco en especial de corazón a mi mejor amigo, quien fue el primero en leerme, quien todos los días, al iniciar la escritura, escuchaba cada una de mis ideas y me animó. Gracias por creer en mí.

A mi madre y a su esposo por todo el apoyo, si ella no me hubiese dejado desvelarme, no me habría tomado el tiempo para plasmar todas las cosas que me imaginaba a medianoche, con música sonando a través de mis auriculares y un poco de gaseosa a un lado. Sí, el café no es una buena compañía para mí.

También a *él*, que estuvo conmigo diciéndome que sí se podía, por apoyarme en todo momento y sostenerme las veces que quise abandonar mis metas.

A mis amigos, esos que peleaban por cuál me quería más.

A la universidad que cuenta con excelentes catedráticos que te motivan a mejorar, enseñándome que, si quieres algo, deberás esforzarte para conseguirlo.

Gracias a la editorial que me dio esta enorme oportunidad y confiar en mí cuando yo no lo hacía.

Y, por último, pero no menos importante, a cada una de las personas que forman parte de esta travesía, quienes siguen esta historia desde hace años y continúan la saga, metiéndose en la piel de los personajes.

Siempre vivirán en mi boulevard. Nuestro boulevard.

Todo el amor.
FS.

Prólogo

El cielo se dibujaba encima de ellos con un color gris de toques azulados. Durante esta temporada, el aire de la ciudad se sentía fresco: no era muy seco ni tampoco húmedo, era simple pero necesario, como ellos cuando se encontraban juntos en un mismo escenario.

Días más tarde, después de que la tormenta de problemas ya había terminado, solo quedaba una ligera llovizna sobre sus corazones, pequeñas gotas que no tenían tanta importancia.

A decir verdad, Luke y Hasley no eran el claro ejemplo de las almas gemelas, tampoco el prototipo de la relación perfecta que todos soñaban, para nada. Sin embargo, ambos le pusieron definición a lo que ellos dos crearon, porque una etiqueta le quedaba demasiado pequeña a lo suyo.

Ella soltó un suspiro, lamentándose al ver las siguientes acciones por parte del chico.

—Si sigues así, te matará —indicó en un tono severo, dejándole en claro que no le agradaba esa situación.

Luke la miró burlón, encogiéndose de hombros, restándole importancia a lo que dijo mientras sacaba del bolsillo de su chamarra la pequeña bolsa.

Era una grata compañera pero una destrucción a la vez. De eso, él estaba completamente consciente, aunque realmente le importaba una reverenda mierda si eso le afectaba.

Hasley bufó rendida ante lo dicho por el rubio, no entendía por qué Luke seguía haciendo eso si sabía las repercusiones que traería consigo

1

pero, pensándolo bien, no entendía nada que viniese de él. La palabra incógnito lo definía demasiado bien para su comportamiento. La mente de los hombres, o quizás solo la de él, era demasiado complicada de entender.

Sin dejar en silencio el espacio entre los dos, ella volvió a recurrir al recurso paraverbal:

—De acuerdo pero, mínimo, ¿puedes evitar hacerlo en frente de mí?

Se encontraba abrumada por todo. Y al decir por todo, no era solamente por la gran escena que el chico le proporcionaba frente a ella sino por aquello que estaba ocurriendo a su alrededor. Sí, también el cambio climático.

Hasley sabía que bien podría darse la vuelta e irse lejos de ahí, pero no quería hacerlo. En realidad, no podía dejarlo solo de nuevo; no ahora.

Ella, al instante en que vio cómo los labios de Luke se separaban dándole paso a su lengua para relamerlos, se preparó ante cualquier mofa proveniente de él.

—Yo no te estoy reteniendo, te puedes marchar —masculló jocoso.

Alejándose de la chica, se sentó sobre la acera de aquella calle vacía.

Luke abrió la bolsita, danzando su cabeza de un lado a otro y, sin rechistar o siquiera disimular, cogió una pequeña parte con aquel amuleto en forma de perico y esnifó el polvo. Hasley lo miró con un poco de duda y tristeza, recapituló lo que antes pensó y se volvió a preguntar si lo mejor era dejarlo solo y obtuvo el mismo resultado: no quería irse, quería quedarse y estar como hace unos minutos atrás, donde bromeaban sobre aquel apodo que a él le parecía tan ridículo.

La irritada chica, tragando su dignidad y orgullo, dio una gran bocanada de aire y prefirió sentarse a su lado.

—He oído de ti últimamente por los pasillos del instituto. —Fue él quien esta vez rompió el silencio—. Eso es nuevo.

—¿Sobre mí? —cuestionó la pelinegra con una mirada inquietante y su ceño fruncido, dándole notoriamente a entender que no entendía su confesión.

—Seh —chasqueó, al mismo tiempo que sacaba su cajetilla y cogía un cigarrillo.

Y aquí venía otra de sus tristes adicciones. Después de todo, Luke consumía muchas cosas, no le sorprendería que al día siguiente estuviera en la esquina de una calle inhalando *thinner*.

—Así que le has dado un buen golpe en la cara a Matthew. —Luke le soltó, mirándole con diversión y esbozando una sonrisa, haciendo que su hoyuelo se remarcara y chocó su rodilla contra la de ella.

—Algo así. —Hasley musitó un poco apenada por el tema de conversación—. Dicen que se ve más atractivo con él.

—Quizá —confesó, a la vez que se encogía de hombros.

La menor frunció su nariz por ello.

—¿Debería sentirme mal? —interrogó, sin saber si lo que había hecho era correcto o no.

—No. —El rubio le sonrió de lado con una pizca de diversión, relamió sus labios y dejó salir un poco de aliento entre ellos—. Pero al menos ya entiendo por qué tu nombre resonaba por todos los pasillos nuevamente.

—Creen que soy patética. —Hasley rió sin ganas porque estaba segura de que así pensaban todos.

Ambos se quedaron en silencio durante un momento, hasta que él habló:

—¿Sabes? —La miró con dureza—. Deja que se rían de lo patética que creen que eres, al final de cuentas todos terminamos igual… —Dio una calada a su cigarro y dejó escapar el humo—, en un boulevard de los sueños rotos.

Capítulo 1

Hasley

Nunca fui una persona que pensara con claridad. Recuerdo que mamá solía decirme que meditar mucho las cosas podía hacer que salieran mal, pero que también sería un error tomar la primera opción sin consultar.

Vivía en Sídney, Australia. Sí, en ese país donde encontrarás a los animales más exóticos y salvajes: los canguros golpeadores, wombats con patitas cortas, koalas comiendo eucalipto y cocodrilos con mandíbulas muy fuertes. La bella fauna de Australia.

Mi casa, que se ubicaba en los suburbios de la ciudad, solo era habitada por mi madre, Bonnie Weigel, una excelente psicóloga que amaba su trabajo y a mí.

Por otra parte, papá nos abandonó a mis dos años de edad, justamente el día de mi cumpleaños. Lo extrañaba. Quiero decir, extrañaba tener una figura paterna, sentir que estaba conmigo esa persona que me pintaban en muchas historias y con la cual podía contar. Sin embargo, tenía a una mujer que nos sacó adelante con todo su esfuerzo, que no se alejó nunca y permaneció a mi lado. Eso para mí era suficiente.

Todos solían preguntarme por la pronunciación de mi apellido. El origen de este fue gracias a mi abuelo, "el Alemán", pues así le apodaban aquí en la ciudad. Él nació en Hamburgo y conoció a mi abuela cuando cruzó el océano gracias al trabajo de su padre, mi bisabuelo. Contaban con tan solo dieciséis años la primera vez que

4

hablaron y se casaron a los diecinueve. Mi madre nació un año después en esta ciudad, donde actualmente vivimos. Fue hija única y yo también.

Me gustaba usar más el apellido materno. En el instituto, todos los profesores me llamaban por ese y les agradecía tanto. El Derricks se volvió común.

Estudiaba el último año en el campus y aún no tenía planeado en cuál universidad presentaría examen. Estaba segura de querer estudiar diseño gráfico; había tenido debates con mi madre acerca de las licenciaturas, desde las que mejor pagaban hasta las que casi desaparecerían en un tiempo.

Yo tenía un serio problema con asistir a clases, sobre todo a las primeras, esas que iniciaban a la siete de la mañana. Casi nunca oía la alarma y cuando despertaba, solo uno de mis dos ojos se entreabría.

Si mi madre entraba a su trabajo temprano podía llamarle salvación, pues de esa forma era ella quien me llevaba hasta la puerta del campus, porque para llegar hasta al establecimiento se necesitaba coger dos autobuses. El instituto se encontraba a las afueras de la ciudad, cerca de la carretera, en donde los tráileres y camiones desobedecían las señales. A pesar del letrero de la velocidad requerida, del peatón y de que existía una comunidad estudiantil, ellos parecían ser libres, sin ningún tipo de señalamiento.

Habíamos hecho huelga para que se cambiara la ubicación hace unos meses atrás. No obtuvimos respuesta.

Igual odiaba su programa educativo, siempre me quejé de las clases los sábados. ¿Por qué nos hacían sufrir de esa forma?, ¿no era suficiente con las once materias que llevábamos cada año?, ¿las quejas de los estudiantes era una forma de vivir para la rectoría? Tal vez.

De esa manera se movía mi vida quejumbrosa. Sin embargo, me animé a que ese año sería el último en el que llegaría tarde con una mancha de pasta dental en mi blusa, pero fue ese mismo último año cuando mi perspectiva de la vida cambió cuando lo conocí a él: *Luke Howland Murphy*.

Capítulo 2

Hasley

Siempre dije que yo era algo así como un tipo de imán que atraía la mala suerte casi todo el tiempo pero, ¿acaso estos no tenían un polo negativo y otro positivo?

No lo sé.

Mis piernas dolían por el gran esfuerzo que me encontraba haciendo al correr a toda velocidad por los pasillos del instituto. Estaba llegando más de veinte minutos tarde a la clase de literatura, que la impartía el profesor Hoffman, el mismo del año pasado que tenía conocimiento de mi falta de puntualidad.

Esto estaba yendo mal. ¡Muy mal!

Respiré hondo cuando estuve frente a la puerta del salón de clases y me preparé mentalmente para tocarla y perder la dignidad una vez más, excusándome con el hombre por mi falta de responsabilidad. En menos de un minuto esta se abrió, dejándome ver a un hombre calvo que me miraba con el ceño fruncido a través de sus anteojos, con su cara notablemente irritada por mi mala costumbre de llegar casi siempre tarde a su clase.

Le di una sonrisa tímida, intentando ocultar debajo de ella la vergüenza que me comenzaba a invadir.

—Hasley —pronunció firme, intentando intimidarme con sus ojos sobre mí—, así que, dígame, ¿cuál es su excusa esta ocasión?

—Me quedé dormida —confesé antes de que pudiese evitarlo.

Apreté mi mandíbula y me golpeé mentalmente por la estupidez que había dicho y, lamentablemente, ya no podía revertirlo. Tal vez no debí decir eso; tal vez debí mentir y no decir la verdad.

—Bien. —Me sonrió con sorna—. Espero que la próxima vez no se duerma.

Por un segundo pensé que me dejaría pasar, pero fui demasiado ingenua.

El hombre se metió de nuevo al salón y solamente me dedicó una señal de despedida con su mano.

—Profesor... —intenté hablar.

Entre sus planes no estaba el querer escucharme, por lo cual solo me interrumpió volviendo a hablar:

—Hasta la siguiente clase, Derricks. Dé las gracias que hoy no quiero ir a dirección con usted.

Él sabía que yo odiaba ese apellido.

Sin más que decir y yo sin poder defenderme, cerró la puerta. Me quedé estática en mi lugar, sin moverme o siquiera parpadear. Estaba anonadada, repasando lo que había ocurrido. ¡No podía hacerme esto! ¡No lo había hecho! Pero, ¿qué digo? Sí lo hizo.

¡Oh, genial!

Poniendo los ojos en blanco, con cierta molestia, bufé girando sobre mi propio eje para comenzar a caminar por el pasillo, para así arrastrar conmigo la poca dignidad que me quedaba.

Esta era la primera vez que no me dejaba tomar la clase. Había llegado tarde en unas cuantas ocasiones, unas cinco, seis o nueve veces. Aunque, pensándolo bien, eventualmente llegaba tarde pero cumplía con mis tareas y siempre trataba de prestarle atención, a pesar de que me diera sueño su clase.

Literatura me aburría, simplemente lo hacía. Me gustaba leer pero no las historias que él solía dejar. Llegaba tarde por el simple hecho de que era amante de dormir hasta muy tarde y eso me dificultaba oír el despertador.

Rendida, inflé mis mejillas y me encaminé hasta las gradas. El pasto del campo hacía contacto con la suela de mis zapatos y el aire revolvía mi cabello tapando mi rostro.

A una determinada distancia, donde la sombra caía ligeramente sobre una de las gradas, justamente ahí, un cuerpo se encontraba sentado a horcajadas dándole la espalda al campo, el cual se hallaba desierto. Ni equipo de rugby, ni equipo de fútbol.

La escena se me hizo llamativa, mi cabeza se ladeó y solté el aire atrapado en mis mejillas al observar cómo sacó algo del bolsillo de su pantalón y empezó a rasgarlo. Ante la curiosidad que sentí, me obligué a caminar vacilante hacia el sujeto, subiendo cuidadosamente cada grada pero sin ir a su dirección. Sin embargo, ese día había despertado con el pie izquierdo, ya que cuando estaba a punto de llegar a su altura, torpemente mi zapato se resbaló y caí de bruces.

—¡Mierda! —me quejé.

Cerrando los ojos, le supliqué al Todopoderoso que me desapareciese en ese instante.

Apoyé ambas manos sobre el puente de metal y ejercí fuerza para poder levantarme. No pude, mi brazo me dolía. Sentí la mirada de alguien y sabía de quién se trataba. Con la humillación cargando sobre mis hombros, alcé mi vista encontrándome con la mirada azul eléctrica de ese chico.

Él estaba de pie delante de mí y con su entrecejo arrugado.

—Yo... lo siento.

A pesar de que quise sonar segura, un balbuceo fue lo que salió de mis labios.

Me quedé pensando sobre lo que dije. ¿Por qué lo sentía? No lo lamentaba en lo absoluto. Bueno, tal vez sí, sea lo que estuviese haciendo yo lo había interrumpido por mi falta de disimulo y mi gigante torpeza.

Él relamió sus labios y gracias a aquella acción me pude fijar que un pequeño aro negro adornaba el lado derecho de su rosado labio inferior. Volcó los ojos, soltó un suspiro lleno de fastidio y dando una sola zancada se acercó a mí y me ofreció su mano incitándome a que la cogiera.

Avergonzada, accedí para ayudarme y ponerme de pie. Su altura fue lo primero que pude confirmar una vez que recuperé mi postura, pues aún estando un escalón más arriba de donde él se encontraba, seguía rebasándome. Era muy alto.

—Gracias —susurré por lo bajo, tratando de que el color carmesí en mis mejillas se desvaneciera por completo.

—Uh-huh... —Fue lo único que musitó sin despegar sus labios.

Por un segundo me sentí torpe, aunque luego comprendí que lo fui.

Lo miré fijamente sin darme la tarea de disimular. Era muy lindo: sus ojos de un color azul eléctrico; su cabello rubio moviéndose por la ligera brisa que hacía, causando que su flequillo cubriera su frente; sus labios que tenían un tono rosado bajo que resaltaba con su piel clara, casi pálida.

Fue entonces que me di cuenta que lo estaba viendo sin descaro alguno al momento en el que él empezó a toser.

—¿Estás bien? —pregunté bajando el escalón de la grada.

Hizo una seña con su mano que no supe interpretar, no sabía si trataba de una afirmación a mi pregunta o simplemente me pedía que me alejara. Quizás ambas. Inflé mi mejilla derecha un poco incómoda y levanté mi mochila.

—¿Qué haces aquí? —demandó al aire libre una vez que recuperó el aliento.

Pero quedé embobada por su voz: suave y un poco ronca.

Lo miré y su cara no tenía expresión alguna, era vacía y neutra; daba pequeños escalofríos la seriedad que poseía. Algo tenía claro y es que no le iba a decir que la curiosidad de saber lo que había sacado de su bolsillo me trajo hasta aquí porque, pensándolo bien en ese instante, sonaba acosador.

Pensé en una respuesta antes de contestarle algo que pudiese ser creíble.

—Solo quería pasar el tiempo —dije indiferente y me encogí de hombros.

Y creo que fue lo más estúpido que pude haber dicho en toda mi vida.

—¿No se supone que deberías estar en clases? —atacó con una ceja alzada.

Se burlaba, su tono desbordaba jocosidad.

—¿No se supone que tú también deberías estar en clases? —contraataqué sujetando con fuerza la correa de mi mochila, remarcando cada palabra con un poco de superioridad.

El chico desconocido ladeó la cabeza y sonrió de lado, pero era una media sonrisa burlona, aquella que escondía tanto pero decía todo.

—¿Acaso esta vez no te dejaron entrar a clases, Hasley? ¿O estás empezando el año con el pie izquierdo?

¿Qué? ¿Cómo sabía mi nombre?

Todo se detuvo y rápidamente fruncí el entrecejo para mirarlo extrañada por su pregunta.

—¿Cómo sabes mi nombre?

—Compartimos una clase juntos —contestó rodando los ojos con indiferencia—. Aparte, la mayoría de las personas te conocen: ser la mejor amiga del gran Zev Nguyen sube tu estatus. —Él ironizó la última frase con un poco de ego fingido.

¿Compartíamos clases? No lo había visto en ninguna, aunque en realidad no conocía a la mayoría del salón. Desde el inicio de clases habían unido a otros grupos y yo no era una persona que solía repasar la cara o nombre de sus compañeros de aula. Mientras tanto, la otra razón tenía algo de coherencia: Zev era mi mejor amigo y el capitán del equipo de rugby, por lo que la mayoría de los estudiantes lo conocían. Yo iba a los juegos y a sus prácticas, pero siempre pasaba desapercibida.

—¿Cuál clase? —inquirí.

—Historia, con la profesora Kearney.

Hice un mohín y asentí. El chico desvió sus ojos hasta sus pies y estuvo así durante unos segundos, llevó su mano hasta el bolsillo de su pantalón y sacó un papel blanco enrollado. Sin molestarse por mi presencia, encendió aquel rollo y se lo llevó a sus labios sin pudor alguno. De esa manera, se me olvidó por completo de lo que estábamos hablando.

Yo era tonta pero no demasiado, eso no era un simple cigarro.

—¿Qué es? —Con cierta curiosidad, me atreví a preguntar—. No creo que sea tabaco.

Él dio una risita cínica y antes de hablar dio una calada.

—*Joint*.

Se divertía. El humo salió de sus labios y llegó hasta mi rostro.

El olor fue un poco fuerte y diferente al de la nicotina, no sabía qué era un *joint*. Hice una mueca de asco y me alejé un poco.

—¿Por qué lo haces en el instituto?

Me preocupaba. Si me veían con él, ambos estaríamos en detención o, peor aún, en la cárcel. Sin embargo, me tranquilicé al tener en cuenta que todos estaban en clases y casi nadie venía por este rumbo. Los campos eran un infierno para muchos.

—Porque quiero y puedo —contestó de forma grosera.

—Eso es desagradable —farfullé arrugando mi nariz.

—Al igual que tú —siseó y lamió con la punta de su lengua el arito. Decidí no tomarlo tan personal, pues no lo conocía y no dejaría que una simple frase me afectara—. ¿Qué es eso? —Apuntó con su dedo índice hacia mi blusa entrecerrando los ojos.

Mi mirada viajó a la dirección donde apuntaba y sentí mis mejillas arder.

—Pasta de dientes.

El chico me miró con una pizca de diversión durante unos segundos para luego empezar a carcajear; su risa fue un poco contagiosa, me uniría si yo no fuera la causante. Por esa misma razón, puse mi cara en alto y apreté mi mandíbula.

—Te levantas con los ojos cerrados, ¿no es así? —murmuró entre risas.

—¡No soy buena despertándome! —confesé en un chillido, dándole un golpe a la grada de metal con mi pie.

—Lo he notado —admitió mirando el rollo entre sus dedos.

Hizo una mueca de dolor y su expresión cambió a una seria; dejó el *joint* en una grada y lo apagó para luego cogerlo. Pasó su mochila por encima de su hombro y de zancadas, de dos en dos, bajó completamente las gradas. ¿A dónde iba?

—¿Qué haces? —pregunté, tratando de seguirlo.

Él se dio la vuelta para encararme.

—Me voy, ¿no es obvio?

—¿Por qué? —pregunté casi en un grito.

—Las clases siguen, Weigel —pronunció solemnemente, se giró y siguió caminando.

Me había llamado por mi apellido, ¿cómo es que lo sabía? *«Está contigo en una clase»*, gritó mi subconsciente. Me di cuenta de que no me había mencionado nada de él, ni siquiera se presentó, así que volví a hablar:

—¡No me has dicho cómo te llamas! —grité poniendo ambas manos alrededor de mi boca, creando un megáfono con estas.

Él se giró pero no se detuvo, siguió caminando de espaldas y solamente alzó los pulgares para luego volver a girarse. Su forma de caminar era diferente. Caminaba como si nada le preocupara, su espalda relajada y sus piernas entalladas a esos pantalones negros levemente ajustados.

Me dejé caer en una de las gradas y mi vista se perdió por el campo verdoso, repitiéndome de nuevo cuánto odiaba al profesor Hoffman.

La hora de receso llegó. No me gustaba comer en la cafetería, desde pequeña no toleraba el olor a comida y el cuchicheo de varias personas al mismo tiempo. Solo lo hacía por Zev, me agradaba acompañarlo y ser parte de su espacio durante el desayuno.

Empujé con la punta de mi tenis la puerta de la cafetería y caminé directo hacia la máquina de jugos, rebusqué unas cuantas monedas para depositarlas y después coger mi jugo de uva por el orificio de abajo. Mi cuerpo se tensó al sentir unos brazos atraparme por la espalda haciendo presión, aunque me relajé al instante cuando escuché la familiar risa ruidosa de Zev, ocasionándome cosquillas en el lóbulo de la oreja. Me removí de entre sus brazos y, una vez que me soltó, me giré hacia él con una sonrisa.

—¡Hey! —saludé revolviendo su cabello.

—No hagas eso —gruñó divertido con un mohín, causando que la ternura se presentara ante él.

Yo negué con burla y repetí mi acción.

—Es en serio, Hasley —me reprendió riendo. Zev sujetó mis muñecas, volviéndome a abrazar pero ejerciendo un poco más de fuerza.

—Déjame respirar —reí.

Él deshizo su agarre, pasando un brazo por encima de mis hombros y así atraerme a su cuerpo, brindándome protección. Empezamos a caminar a una de las mesas del centro donde se encontraban algunos de sus compañeros del equipo, quienes al instante en que nos vieron, nos regalaron una sonrisa a ambos.

—¿Irás hoy a mi entrenamiento? —preguntó Zev.

Algo que adoraba de él eran sus ojos color avellana, un color muy bonito. Una gran ventaja, pues cuando te pedía un favor se te hacía imposible negarte.

—Claro —respondí en un asentimiento de cabeza. Él esbozó una sonrisa de oreja a oreja—. ¿Cómo podría faltar?

—No yendo —Neisan bromeó.

—¡Uy, gracioso! —reprendí.

El chico no dijo nada, solo me sacó la lengua como toda persona madura haría. ¡Oh, vaya que sí!

—¿Te paso a buscar? —Zev retomó la plática.

Sabía que, aunque me negara, él iría de todos modos. Eso ya era como una pequeña costumbre entre nosotros, pero aún tenía la decencia y sutileza de preguntar por ello.

Una vez que llegamos hasta la mesa, el castaño empujó a uno de sus amigos para él sentarse después. El pelinegro —a quien sacó de su lugar—, lo miró con recelo mientras masticaba su pedazo de pizza.

—¿Tú qué crees, Zev?

—Entonces te paso a buscar —confirmó sonriente ante mi sarcasmo.

—¿Vendrá al entrenamiento? —preguntó Neisan.

Dirigí mi vista hacia el chico pálido con cabellera negra e iba a responder, pero Dylan me interrumpió.

—¿Cuándo no ha ido Hasley a un entrenamiento de Zev? —Este rió para después darle un sorbo a su bebida.

—El día en que murió su perrita —respondió mi mejor amigo, mirándolo con una de sus cejas en alto.

—De hecho, sí llegó al final del entrenamiento —atacó Dylan—. Me acuerdo porque fue el día en que fuimos a comer pizza y para que no estuviera triste nos metimos a los juegos infantiles.

—Tampoco olviden que nos sacaron del local —completó Neisan.

Todos en la mesa rieron.

En ese tiempo, los compañeros del equipo de Zev se habían vuelto cercanos a mí y también se acoplaron a mi presencia durante el último año. Ir a sus prácticas, oír sus conversaciones y ser la única chica entre ellos cuando comían ya era algo normal en nuestras vidas. Tuvieron que aceptarme poco a poco. Y sí, desde cualquier punto de vista me podrían llamar entrometida, quizás ellos querían pasar tiempo de chicos y yo simplemente les estorbaba.

Dios, ¡qué tragedia!

—Casi todo el instituto piensa que ustedes tienen una relación —informó el castaño, Daniel.

Él comía papas fritas mientras sus ojos se dirigían a mí y a su amigo el castaño.

—Pero aquí sabemos que Has babea por Matthew. —Nguyen indicó rápidamente, a lo que yo le lancé una mirada feroz.

El instituto tenía varios equipos de diferentes deportes y, mayormente, el de fútbol americano, baloncesto y voleibol se iban a los estatales. Matt era el capitán del equipo de baloncesto y el chico que me gustaba desde hacía dos años aproximadamente. Zev se molestaba siempre con él, ellos cruzaban palabras cuando los llamaban por el simple hecho de que eran los capitanes de los equipos más importantes del instituto.

Matthew Jones era un chico alto, de cabello rojizo, de ojos verdes y tez muy blanca. Zev decía que se parecía a Casper, el fantasma.

En un abrir y cerrar de ojos, todos en la mesa me miraban con una ceja arqueada, causando que yo ganase un color rojizo en mis mejillas. Esto pasaba muy seguido.

Jugué con mis labios una vez más antes de hablar.

—Voy a comprar algo de comer —avisé, queriendo evadir la situación.

Me puse de pie y Neisan copió mi acción al instante, añadiendo:

—Te acompaño.

Asentí y nos alejamos del grupo. El chico me avisó que iba hacia el otro extremo de la cafetería y desapareció de mi vista. Miré la comida que tenía en frente, buscando algo apetitoso, pero nada fue de mi gusto. Después de unos minutos intentando que algo se me antojara, decidí pedir una pieza de pizza y *raíz*.

—Eso es asqueroso —escuché que dijeron detrás de mí.

Di media vuelta, encontrándome con el rubio de hoy en la mañana con quien tuve una —¿lo notan?— agradable conversación en las gradas.

—¿Qué? —pregunté confundida ante su declaración.

—Eso —respondió, haciendo un ligero movimiento con su cabeza indicando el vaso que contenía el líquido negro.

¿Cómo podía decir aquello? Era mi bebida favorita y él la había insultado, así como a mí hace unas horas atrás.

—Es raíz y sabe rica —me defendí frunciendo mi entrecejo.

Él ladeó la cabeza sin quitar su mirada de mi vaso y negó unas cuantas veces.

—Sabe a medicina. —Arrugó su nariz.

—¿Qué haces aquí? —pregunté copiando su acción y tratando de desviar el tema.

—Vengo a comprar comida —mencionó con una sonrisa juguetona, entrecerrando los ojos y haciéndome sentir imbécil—. Eso es lo que hace la mayoría de la gente normal cuando viene a la cafetería.

Quise defenderme cuando las puertas de la cafetería se abrieron revelando al pelirrojo. A su lado, venían algunos de sus amigos del equipo de baloncesto. Se veía demasiado hermoso. Su sonrisa brillaba en su rostro mientras sus ojos se enchinaban.

—¿Quieres una toallita? —La voz del rubio hizo que saliera de mi órbita y quitara la vista de Matthew para dirigirla a él—. Casi inundas la cafetería con tu baba —remarcó jocoso. Sentí mis mejillas arder de la vergüenza y quise ocultarlas.

Él rió y me empujó con suavidad por mi hombro para pedir un jugo de naranja. No entendía por qué mis pies no se movían y de esa forma irme de ahí. Sin embargo, cuando me di cuenta de ello, su voz volvió a sonar:

—¿Te gusta el capitán de baloncesto? —preguntó, poniéndose de nuevo al frente y prosiguió—: Mejor no respondas, es demasiado obvio —rió—. ¿Por qué no has intentado acercarte a él?

—Es inútil —hablé sin muchas ganas de seguir esta conversación.

—¿Él? Lo creo.

—No, el intentarlo —expliqué.

Sorbí un poco de líquido por mi pajilla mientras miraba hacia todos lados. Algunos ojos estaban encima de nosotros. ¿Acaso él esperaba por alguien más?

—No lo sabrás si no lo haces —cotilleó volcando los ojos al mismo tiempo que daba un suspiro.

Relamió sus labios y rascó su barbilla.

—Apenas nos conocemos y ¿ya me estás dando consejos? —inquirí. Lo decía con un poco de diversión, no para sonar tan borde y grosera ante su ayuda o lo fuese que él estuviese haciendo.

—Tómalo como quieras, Weigel —farfulló sin ganas. Metió su mano libre en el bolsillo de su pantalón e hizo una mueca de disgusto.

Repetí en mi mente de nuevo lo que había dicho y lo miré con cautela.

—No me has dicho tu nombre.

—Si te importa tanto… —dejó de hablar, cortando su oración y así acercarse a mí para poder susurrar cerca de mi oído—. ¡Investígalo!

Iba a protestar por lo cruel que estaba siendo al no decirme de una buena vez su nombre. En serio, tenía una pizca de curiosidad por él aunque la voz de Neisan pronunciando el mío a distancia me lo impidió.

—¡Hasley!

El rubio y yo dirigimos la mirada al pelinegro, que se encontraba con el ceño levemente fruncido por la escena que observaba.

—Hasta luego, Hasley, te están esperando. —El desconocido se despidió y, antes que pudiera contestarle, ya estaba caminando lejos.

—¿Qué hacías con él? —preguntó Neisan una vez que estuve a su lado.

—Estábamos hablando —respondí neutra, sin darle tanta importancia al asunto pero, aparentemente, para él era todo lo contrario... O eso parecía.

—¿Lo conoces? —intentó saber y volteé a verlo con determinación.

Sus ojos se clavaban sobre los míos esperando mi respuesta clara y precisa.

—Lo conocí hoy en la mañana —confesé un poco perezosa—, pero siendo honesta no sé su nombre.

Lo último fue pronunciado cuando llegamos a la mesa y tomé asiento. Zev quitó la vista de su celular con una sonrisa simpática y me miró moviendo sus dedos sobre la mesa.

—¿De quién no sabes el nombre? —preguntó, llevando su vista hacia Daniel y beber de su refresco. El dueño se quejó en un gruñido.

—De un chico que conocí hoy en la mañana —repetí lo mismo.

—¿Ah, sí? —Alzó una ceja con una risa burlona y me miró pícaro—. ¿Quién es el galán que le quitará el lugar a Matthew?

—Creo que preferirías que siguiera siendo Jones —admitió Neisan con desliz de ojos.

Por su cara, pude ver que se arrepintió de ello y dio una bocanada de aire.

—¿Por qué? —Zev frunció el entrecejo ante el comentario de su amigo y lo miró—. ¿Quién es?

—¿Lo conoces? —intervine interesada preguntando hacia Neisan.

El chico rodó los ojos.

—Howland.

¿Ese era el nombre del rubio?

Zev rápidamente me miró con una expresión dura haciendo notar su mandíbula tensa. Su rostro se miraba enojado, como si lo que hubiese dicho su amigo fuese demasiado malo.

—¿Desde cuándo te hablas con él? —demandó rudo, con la voz firme y dura.

—Ya lo dije, apenas lo conocí hoy en la mañana. —Relamí mis labios defendiéndome, volví mis ojos al pelinegro y pregunté—: ¿Su nombre es Howland?

—Es su apellido, se llama Luke. —Esta vez, respondió Dylan.

—Luke —repetí.

—¡Importa una mierda su nombre! —espetó mi mejor amigo—. Hasley, aléjate de él.

—¿Por qué? —pregunté.

—Solo hazlo —ordenó ecuánime.

—Si no me das un porqué, no hay validez —dije irritada por su comportamiento tan repentino.

—¿Quieres saber? El chico se droga —informó con desdén.

Abrí ligeramente la boca y traté de procesar lo que había dicho. Ahora entendía lo que había sacado de su bolsillo y lo que había fumado en frente de mí. Había inhalado droga o lo que fuera ese papel.

—Luke tiene problemas psicológicos. —Volvió a hablar, pasándose una mano por su cabello—. No te conviene tener una relación de amistad con él.

—Si es así, solo necesita ayuda —musité.

—Sí —asintió—, pero tú no se la darás.

—¿Y por qué no? —ataqué. Me estaba enfadando.

—Porque no sabes nada de él ni cómo actúa con esas sustancias circulando por todo su cuerpo —espetó irritado por mi actitud tan necia.

—¿Y tú sí? —Me levanté de mi asiento—. ¡Tú tampoco sabes nada!

Cerró los ojos durante unos segundos intentando contenerse. Sus amigos presenciaban la escena en silencio, no mencionaban nada. Zev abrió sus ojos nuevamente para hablarme severo.

—Sé lo suficiente para decirte que te alejes de él.

—Deja de ser tan dramático —bufé cruzándome de brazos.

—Ya paren, nos están viendo. —Neisan fue el único capaz de meterse entre nosotros, sentenciándonos desde el otro extremo de la mesa.

—Hasley, es en serio... —Antes de que pudiese terminar de hablar Zev, lo interrumpí.

—¿Sabes? No quiero seguir, estás actuando como un completo idiota —dije tajante, ahora siendo la dramática y queriendo alejarme del lugar.

—¡Hasley! —Oí que gritó pero lo ignoré.

Salí de la cafetería dirigiéndome a mi casillero. Zev sabía algo que no me quería decir. Entendía que se preocupara por mí, era mi mejor amigo y su intento de protección hacia mí se lo agradecía, pero yo podía cuidarme sola.

Llegué a mi casillero y lo abrí para depositar unos cuantos libros. Por el rabillo del ojo pude ver la silueta de alguien; por un segundó se me cruzó la idea de que podría ser Zev. Me equivoqué, no se trataba de él.

Matthew venía caminando con su pantalón azul mezclilla ajustado y su camisa blanca con negro por el pasillo. Su mirada se dirigió a la mía y me sentí desfallecer. Él guiñó uno de sus ojos verdes y me sonrió para luego seguir caminando.

¡Oh, por Dios! ¡Oh, por Dios!

La sangre subió hasta mis mejillas y mordí mis labios para evitar soltar un grito de alegría. Metí la cabeza en mi casillero y reí.

Era completamente hermoso, de pies a cabeza; también mi *crush* desde hace un tiempo. El simple hecho de verlo a lo lejos hacía revolotear mariposas en mi estómago, que mis mejillas se volvieran de un color carmesí y mi cara ardiera ante mis pensamientos.

Capítulo 3

Hasley

Actuaba tan orgullosa con Zev, nuestra pequeña discusión había sido más fuerte de lo que pensé y aunque no me gustase pelear con él, me molestaba demasiado que tuviera esa actitud ante el chico.

Tal vez tenía sus razones para actuar de esa forma, pero su actitud no fue la mejor para advertirme sobre el rubio. Me resultaba gracioso el hecho de que Luke solamente me había hablado y creó a un Zev cabreado en tan solo unos segundos en una misma escena.

Resoplé agotada apenas el profesor de ciencias sociales avisó que daba por finalizada la clase de hoy; dejé caer mi lapicero contra la mesa y guardé todo. El engargolado de mi libreta se enredó con mi pulsera y puse los ojos en blanco para después tratar de arreglar el pequeño accidente. No tuve tanto éxito, ya que al instante de alejar mi mano me hice un rayón sobre la piel.

Hoy estaba quejándome más de lo normal.

Salí del salón, me tocaba literatura y después con la profesora Kearney. Lo bueno de las clases es que había un pequeño descanso de diez a quince minutos. Mi cuerpo se tropezaba con otros y oía cómo varios gruñían. Traté de escabullirme de todo el bullicio y, cuando por fin dejé el pasillo principal, me di cuenta de que alguien me había embarrado algo de *cátsup*.

¡Oh, vamos!

Traté de quitar la mancha obteniendo como resultado una más

grande. En realidad, no podía ser más torpe porque creía que eso era algo imposible. Maldije mil veces al aire y empecé a caminar por la parte contraria del pasillo principal, en donde el campo daba a las instalaciones de los edificios de química.

Mi vista viajó hasta el lado derecho de las gradas por simple curiosidad y confirmé lo que por un segundo pasó por mi mente. El chico del día anterior y el culpable de mi pelea con mi mejor amigo, se encontraba ahí. Debía parar mi necedad, pero al parecer fue más fuerte que mi cordura porque en lugar de trazar mi camino a la clase de literatura y no darla por perdida, tracé uno hasta donde él se encontraba.

Generé muchas excusas para cuando me preguntase por mi presencia y si ninguna se volvía digna de cubrirme, no me arrepentía ni un solo segundo de estar acercándome.

—¿No se supone que tú tendrías que estar en clases? —Luke preguntó con el entrecejo fruncido cuando me vio subir.

—Supones bien, pero no tenía ganas de entrar. —Me encogí de hombros.

Luke me miró como si lo que le hubiese dicho fuera lo más extraño del mundo. Él sacó de su bolsillo una cajetilla y a continuación un cigarro para llevárselo a los labios y lo encendió. Se acomodó sobre una de las gradas y estiró sus piernas. El cielo estaba azul y el aire seguía siendo fresco a la temperatura en la que nos encontrábamos.

—Así que, Luke, ¿por qué te gusta fumar? —pregunté, sentándome a su lado, pronunciando su nombre con lentitud mientras lo miraba con cierta incertidumbre.

—¡Vaya!, ya sabes cuál es mi nombre —rió y dio una calada.

—No me costó mucho trabajo —admití—. Ahora contesta mi pregunta.

Él me miró vacilante.

—No esperes que responda todos tus cuestionamientos, Weigel, pero fumo porque me gusta, quita el estrés que siento en mi cuerpo.

Sí, eso es lo que la mayoría de las personas que consumían tabaco solían contestar. Nada fuera de lo común, nada diferente a lo esperado.

—Hay otras formas, ¿lo sabes?, ¿lo has intentado? —intenté indagar más sobre el tema.

—Sí y no quiero. —Ladeó la cabeza dándome a entender que eso sería lo último que saldría de su boca.

—Eres un completo irrazonable —repliqué.

Él solo se encogió de hombros. Suspiré pesadamente. No sería tan fácil averiguar más sobre él, no lo sería para nada. Lo observé por unos segundos, me gustaba como vestía. Traía una camisa de cuadros azules y debajo de ella una playera negra, la cual llamó mi atención: era un triángulo y en uno de sus lados salía como un arcoíris.

—¿Qué significa? —Mi dedo índice apuntó, él recorrió la dirección y enarcó una ceja de nuevo hacia mí.

—¿No sabes? —me preguntó incrédulo y yo negué apretando mis labios—. Dios, ¿qué eres?

—¿Acaso eso es tan importante? —refuté.

—Eso, tiene nombre y es una de las mejores bandas que pudo existir. Es Pink Floyd y la imagen que estás viendo es de unos de sus álbumes —defendió.

—¿Ya se separaron? —cuestioné inocente ante su tono de voz tan agresivo en sus palabras.

—¿Qué está mal contigo? —Él parpadeó un par de veces y me miró durante varios segundos—. No puedes hablarme.

—Al menos puedes intentar decirme qué género tocan, tal vez podría escucharlos y... —No pude terminar porque él me interrumpió.

—No es Michael Bublé. —Luke torció los ojos.

—¡Michael Bublé es bueno! —defendí, chillando con mi entrecejo fruncido.

—Para temporadas navideñas —respondió vacilante.

—Ahora yo estoy indignada —dije y miré hacia el frente. Mi menté trabajó rápido y lo volví a mirar confundida—. ¿Cómo sabes que me gusta?

—Sueles tararear alguna que otra canción de él en historia. —Dejó salir un poco de humo.

Sentí mis mejillas arder de la vergüenza. No era que mi voz fuera la mejor para cantar y él ya lo sabía.

—Eso es vergonzoso —musité—. ¿Cómo lo conoces si se supone que no te gusta?

—No puede gustarme algo sin antes haberlo probado y, en este caso, escuchado. Aunque en realidad lo conozco porque mamá pone en diciembre sus canciones navideñas —confesó esbozando una sonrisa lánguida.

—¡Mi mamá también!

—Genial —dijo y me enseñó su pulgar.

¿Había sido sarcasmo?

Guardé silencio sin saber qué otra cosa decir. Luke hizo tronar su lengua y me miró, yo le di un gesto confundido ante su semblante. Estaba pensando. Hizo un puchero con sus labios y ladeó hacia un costado su cabeza durante unos segundos para después dirigir su vista a su mochila y cogerla.

De ella sacó una libreta de espirales con un forro negro; en la portada yacía un cuadro blanco en donde tenía escrito algo que no pude alcanzar a leer, pues él ya la había abierto buscando una página. Pude ver que tenía rayas, dibujos y palabras obscenas. Luke se detuvo en una lista y dudó en si debía mostrármela, pero al final accedió.

Mi mano la sujetó y mis ojos curiosos empezaron a leer.

—Son muchas bandas, pero solo conozco a John Mayer —le dije con una sonrisa de superioridad.

—Es lo que creí. —Se levantó y tiró el cigarro al suelo para luego aplastarlo.

Guardó todo dentro de su mochila, la pasó por su hombro y empezó a bajar las gradas. Miré su espalda atónita. ¿Acaso dije algo malo?

Me levanté rápidamente y lo seguí, tratando de averiguar la razón de su comportamiento desprevenido y brusco.

—¿Qué haces? —pregunté cuando estuve a su lado.

—Alejándome de ti —respondió a secas.

—¿Por qué?, ¿qué hice? —Extendí las palmas de mis manos a mis lados. Luke se detuvo y me miró.

—John es un grandioso cantante, pero me ofende que no conozcas a nadie más en esa lista —habló incrédulo—. Ni siquiera a Green Day. ¡Esto no puede ser real!

—Tal vez he escuchado una canción de ellos —jadeé—. ¡No soy una fanática de la música pesada!

—No es música pesada, Weigel —explicó con pausa, haciendo una seña con sus dedos, lleno de exasperación.

—¡Para mí todo lo ruidoso lo es! —bramé golpeando con la planta de mi zapato.

—Pues tú eres pesada porque eres muy ruidosa.

—¡Oye! —exclamé.

—Necesitas iluminar tu camino hacia la música verdaderamente buena —añadió.

—Eres un grosero. Es de mala educación criticar los gustos de otras personas solo porque sean diferentes a los tuyos.

Él me ignoro y continuó caminando. No podía creer que estuviéramos discutiendo por música.

—Pregúntame de alguien más —insistí.

Luke se dio la vuelta.

—A ver... ¿Simple Plan?

Lo miré durante unos segundos tratando de recordar algo. Zev había hablado con Dylan sobre algo, aunque no sé si realmente era sobre música o que hubieran estado planeando algo y sería un simple plan. Nunca prestaba atención a sus pláticas, lo haría de ahora en adelante.

Mordí mi labio. No, no sabía.

—¿Es un solista? —pregunté dubitativa.

—Esto es algo tétrico —suspiró como si estuviese cansado—. ¡Ellos cantan la intro de Scooby Doo!

—¡El perrito que descubre misterios! —grité emocionada.

—Si fuera Zev, estoy seguro de que no serías mi mejor amiga —mofó.

—Eso me ofendió —Me llevé la mano al pecho, intentando no darle importancia a su comentario—, aunque Zev no lo está.

—¿Qué sabes tú? A lo mejor muy en el fondo quiere encerrarte en la bodega del conserje. —Apretó los labios para evitar sonreír.

—Él me soporta —confesé.

Y era verdad. Zev me soportaba y yo a él, así funcionaba nuestra amistad.

Escuché cómo musitó algo inentendible en un tono irónico. Seguimos caminando en silencio. No volví a preguntar o pronunciar algo y él tampoco se molestó en hablar. Luke no se inmutó en decirme más de las bandas que escuchaba pero, por lo que pude entender, amaba mucho aquella banda de su camisa, así como otras. Si quería que se abriese tendría que soportar sus pláticas llenas de *cultura musical* o al menos saber algo de ello.

Estuvimos caminando por casi todo el instituto, por lo cual había perdido la clase de literatura con el profesor Hoffman. Aquello me traería problemas. Sin embargo, intenté pasarlo por alto. Llegamos al pie de las escaleras y él se detuvo girando hacia mí, manteniendo su mirada sobre la mía durante breves segundos.

—Deja de verme —me quejé incómoda ante ello.

Una curva se creó sobre su comisura.

—¿Por qué? —preguntó.

—Porqué es incómodo —respondí y él me lanzó una mirada jocosa, como si el simple hecho de verme así lo divirtiese demasiado.

Y quizás así era.

—¡Qué princesa me saliste, Weigel! —Su vista se desvió hasta la manga de mi blusa y lo que había empezado como una risa inocente, se transformó a una estrepitosa carcajada—. ¡¿Qué demonios te ocurrió?!

—En mi defensa, las personas que caminan por el pasillo principal deben saber que no se puede andar con comida y también que son muy groseros —anuncié, tratando de tapar la mancha con mi mano.

—O tú deberías ser más precavida —sonrió—. Eres muy torpe.

—No soy torpe —me defendí—, no cuando esto...

—Cállate, Weigel.

Luke me miró vacilante al ver que no mencioné nada. Fruncí el entrecejo y desvié mi vista al reloj que adornaba su muñeca. Al concentrarme, me fijé en una cicatriz que yacía en ella. ¿Acaso Luke se autolesionaba? La cicatriz venía desde una esquina de la palma de su mano hasta el otro extremo en forma diagonal; podía decir que medía como unos seis o siete centímetros de largo y era de un rosado leve que resaltaba en su blanca piel.

Al parecer, el chico se dio cuenta que lo observaba porque bajó rápidamente la manga de su camisa de cuadros azules, haciendo que yo perdiera contacto visual con esta. Busqué sus ojos y lo miré confundida. Su rostro estaba tenso y sus pupilas dilatadas.

Quería preguntarle pero me daba cuenta del gran letrero en la frente que decía un claro *"no pronuncies nada"*. Jadeé ante la simple idea de Luke haciéndose daño. No creía que fuera capaz de hacerlo.

—Es mejor que vayas a clases —habló rompiendo el incómodo silencio que se había formado durante esa escena de miradas.

—Nos toca juntos —dije cautelosa, recordándole que él también debía de asistir.

—No voy a entrar.

Respondía tan despreocupado y sin ganas de esforzarse en mentir, como si en verdad no le importara todas las repercusiones que su falta de interés le pudiese acarrear.

—Pueden llamarte la atención —hablé mordiendo el interior de mi mejilla, sintiéndome un poco mal por su decisión, quizás culpabilidad.

Posiblemente no quería entrar porque temía a que le preguntase sobre la marca de su muñeca... o lo siguiese irritando.

—Da igual, de todos modos yo ya soy un caso perdido. —Se encogió de hombros. Por alguna razón, el que se hubiese llamado así mismo de tal forma, me hizo sentir triste. No debía tener esos pensamientos sobre él—. Anda, a los cinco minutos ya no te deja entrar.

—Bien. —Rendida, acepté.

No podía hacer nada, él ya había hablado y no lo obligaría a que se presentara a la clase. Empecé a subir perezosamente los escalones, miré sobre mi hombro y él aún seguía parado al pie de las escaleras. Cuando estuve a punto de doblar, lo oí.

—Weigel, solo cuido de ti. —Finalizó para darse la vuelta e irse lejos de ahí.

Capítulo 4

Hasley

La mirada de mi madre me pedía a gritos que le diese una explicación. Era incapaz de desviar mis ojos de los suyos tan penetrantes. Me veía como si los míos fuesen una cueva oscura, buscando un poco de luz en ella.

—Es increíble que me llamen del instituto diciéndome que estás faltando a clases —replicó con un tono de voz duro.

Bajé mi vista tímidamente hasta los dedos de mis manos que estaban encima del banco de la cocina, entrelazándose nerviosamente. Inflé ambas mejillas tratando de restar la tensión que se esparcía por todo el ambiente en el que nos encontrábamos ambas.

Al parecer el maestro Hoffman me reportó por mi falta de ayer y la directora le llamó avisándole de mi ausencia en clases. Ahora estaba en medio de una discusión con ella en la cocina, exigiéndome un porqué que valiera la pena, por el cual había faltado a clases. Bonnie Weigel era muy estricta a la hora de hablar de mis estudios, siempre me repetía que eso sería lo único de lo que dependería mi futuro. Había estado trabajando tanto para poder pagar mis estudios y cada gota de sudor debía recompensárselo con el instituto.

No podía esconderme de su campo de visión en lo más mínimo.

Apoyó su mano sobre la mesa y empezó a tocarla con las uñas de sus dedos, creando un sonido rítmico, haciéndome saber que esperaba una respuesta. Aquello solo aumentaba mis ganas de querer volverme chiquita y rodar en el suelo.

—Hasley Diane Derricks Weigel: estoy esperando una explicación —demandó enojada con mucha autoridad.

Mi nombre completo. Bien, siempre que usaba ese tono de voz junto a mi nombre completo es que el asunto iba en serio.

—Ese instituto está peor que un preescolar. —Fue lo único que dije en un tono bajo recibiendo una mirada de desaprobación de parte suya.

—¡Hasley! —Mi madre me reprendió con poca paciencia.

La estaba sacando de sus casillas. Tenía mucho temperamento y la perseverancia era algo que nunca perdía en medio de una discusión, fuese cualquier tema o conflicto.

—Lo siento mucho, ¿sí? —Me arrepentí.

Y no mentía... O tal vez algo.

—Eso no basta, Hasley —suspiró relamiendo sus labios—. Sabes perfectamente que no me gusta que andes perdiéndote las clases.

—La primera vez el profesor Hoffman no me dejó entrar, él me odia —me excusé, creando un mohín.

—Ay, Hasley, según tú a ti todos te odian.

Ella puso los ojos en blanco.

—¡Él me odia aun más! —Alcé los brazos y dejé caer mi cabeza en la mesa.

—¡Claro! —Mi madre habló irónicamente—. Dime, ¿por qué has faltado ayer a literatura? Ni siquiera te apareciste en la puerta del aula.

—Porque obviamente no lo haría, ya era un cuarto de hora tarde y solo son cinco minutos de tolerancia. No quería otra humillación, ya van tres en la semana y tengo permitida dos.

—Ah, ¿te permites humillarte? —se burló.

—A veces me reto —respondí.

Parpadeó varias veces y elevó su mano a la altura de su hombro.

—Eres difícil.

A pesar de que no entendiera el sentido de sus palabras, le sonreí orgullosa. Mamá prefirió guardar silencio y coger su bolso, buscando algo dentro.

—¿Qué haces? —pregunté.

—Busco mi celular —respondió mirando hacia los lados, dibujando un ceño fruncido.

Me levanté del taburete y comencé a ayudarla, dirigiéndome a la sala. No tuve que perder tanto tiempo en encontrarlo, porque el famoso sonido de su celular era un *ringtone* demasiado antiguo. Sonó en uno de los sillones.

—¡Creo que ya lo encontré! —le avisé.

—¡Contesta! —me ordenó acercándose.

Rápido lo cogí entre mis manos y deslicé mi dedo por la pantalla. Sin embargo, no hablé, estiré mi brazo hasta que ella lo alcanzó, llevándoselo a su oreja.

—¿Diga? —preguntó. Me quedé parada justo en frente de ella mientras oía todo lo que hablaba, al parecer era sobre su trabajo—. Oh, pero yo he dejado todos los expedientes y documentos en uno de los cajones. —Arrugó el entrecejo—. Está bien, voy para allá.

Colgó el celular y volvió a la cocina.

—¿Te vas a ir? —pregunté siguiéndole el paso.

—Sí, se han perdido los documentos de unos pacientes —bufó de mala gana e hizo una mueca—, pero ni creas que te has salvado —advirtió —. No lo vuelvas a hacerlo o me veré obligada a castigarte. Es verdad, Hasley.

—Bien —masculle.

—Te preparas algo de comer y si vas a salir con Zev, avísame. Te quiero aquí en casa antes de las ocho —ordenó mientras se ponía su saco de color crema.

—¿Antes de las ocho? Oh, eso me dará tiempo para mmm… ¡Nada! —espeté sarcástica—. Igual no creo salir con Zev.

—¿Siguen peleados? —Mamá preguntó, cogiendo las llaves.

Ella estuvo cuando el chico vino por mí para ir a su entrenamiento, así fue como escuchó los insultos y gritos de nuestra parte. Sin embargo, a regañadientes subí a su auto haciéndole gestos. ¿Infantil? Lo sé.

—Es un idiota —bufé.

—Así funcionan las amistades, cariño. Él te quiere —agregó—. Ya, me tengo que ir, cuídate.

En la puerta, a punto de irse, solté una pregunta fuera de lo común:

—Mamá, ¿por qué las personas se drogan?

Ella se detuvo y me miró con el gesto más confundido, saliéndose de su órbita.

—¿A qué se debe tu pregunta?

—Me ha dado curiosidad. Hemos tenido una plática sobre las drogas hace unos días, ya sabes, las campañas de prevención —mentí encogiéndome de hombros.

Su rostro se suavizó.

—Bueno, a veces es por problemas familiares, privados, un trauma en su niñez, falta de comunicación con sus padres o llegan casos en que sienten que el problema son ellos —explicó fluidamente—. En algunos casos solo porque quieren hacerlo sin ningún porqué. Hija, recuerda que esto de la drogadicción es un problema serio.

Mamá trabajaba en una clínica en donde ayudaba a la gente con sus problemas, mayormente eran adolescentes y uno que otro adulto. Solía decir que la psicología era para cuando tenías tu alma perdida y no te encontrabas a ti mismo.

—De acuerdo. —Fue lo único que dije y mordí mi labio.

—Bien, ya me tengo que ir —se despidió agitando su mano en forma de despedida y salió.

Me quedé en el sillón recostada y miré hacia el techo. La casa estaba en un completo silencio, uno que se sentía tan triste. Siempre habíamos intentado que tuviera vida y fuera pintoresca, como toda casa normal pero nos resultaba imposible. Después de que mi padre se fue, mi madre había estado levantando esta casa por sí sola, la cual era muy grande para dos personas pero, aun así, las dos éramos unidas. Ella y yo teníamos una relación muy bonita, de madre e hija; no niego que había desacuerdos o peleas entre nosotras pero, al final, terminábamos abrazadas viendo una película que a ella no le gustaba y se dormía a la mitad.

En esa soledad, las palabras de Luke se proyectaron de nuevo en mi cabeza.

«Weigel, solo cuido de ti».

Después de todo no había servido de nada. Iba a ser lo mismo si perdía la clase con la profesora Kearny. No, hubiese sido peor. No sé cuánto tiempo estuve en el sillón, hasta que el sonido del timbre me obligó a levantarme. No tenía idea de quién podría ser. Arrastré mis pies por el piso, miré por la abertura de la puerta y me percaté de aquella mata de rulos dorados que se asomaba.

—¡Hey! —Zev saludó apenas abrí.

Su mirada era de cachorro regañado. No podía seguir tratándole mal, estuve evitando sus llamadas y en el entrenamiento lo veía sin ninguna pizca de emoción. Todos sus compañeros se dieron cuenta. Por más idiota que se comportara, no dejaba de ser mi mejor amigo. Después de todo, él solo cuidaba de mí como aquel único hombre que tenía en mi vida.

—Lo siento —susurró, sus ojos se empezaron a cristalizar.

Mi corazón se encogió.

—No, no, no —dije rápidamente y lo abracé—. Cálmate, no tiene que ver con nuestra pelea, ¿cierto?

Él no agregó nada pero asintió. Me llené de temor, volviéndome pequeña por verlo llorar y no saber la razón. Me separé de él y cerré la puerta para sentarnos.

—¿Qué ocurre? —inquirí, poniendo una de mis manos sobre su rodilla.

Él relamió sus labios y echó un suspiro.

—Mis padres se separarán, mi… Mi papá se llevará a Alex —balbuceó—. Hasley, no puede hacerle esto a mamá, no debe.

Mis cejas se juntaron y tragué saliva sin tener nada positivo que decir en ese instante. Zev siempre había estado cada vez que tenía problemas y trataba de darme consejos, aunque era malo y terminaba haciéndome reír. Ahora que él me necesitaba, yo no sabía qué hacer para ayudarlo. Me odiaba por ello y me sentía inútil ante mi mejor amigo, por lo que solo acorté la distancia entre nosotros y lo abracé, permitiéndole que hundiera su rostro entre mi cuello y mi hombro.

Sus lágrimas mojaban mi piel y mi blusa, pero no me importaba en lo absoluto. No tuve noción del tiempo estando así. Finalmente, fue Zev quien decidió alejarse. Sus ojos se encontraban hinchados y sus labios muy rojos. A pesar de que se viera tan tierno, no podía aceptar el hecho de que estuviese así por algo que lo destruía por dentro.

—No sé muy bien aún, creo que no se irá de la ciudad —musitó.

—Eso es algo bueno. Digo, tu madre podrá ver a Alex al igual que Lourdes a tu papá.

—No es lo mismo —respondió.

—Sé que no es lo mismo, Zevie, pero sería peor si se fuera de la ciudad. —Negué ante mis palabras y lo volví a abrazar después—. Algunos matrimonios suelen tener muchos problemas, no entiendo por qué, se supone que te casas porque amas a la persona. Sé que balbuceo y ahora lo estoy haciendo… —Reí, separándome y mirándolo—.¿Quieres hacer algo para distraerte?

Él asintió.

—Jugar videojuegos.

—No tengo ninguno —respondí.

—Lo sé, es terriblemente deprimente —bufó

—Oh, claro —rodé los ojos—. ¿Quieres hablar de música? Esa que los chicos y tú suelen escuchar.

Zev me miró con su ceño fruncido.

—¿Desde cuándo te interesa ese tipo de música?

—La otra vez Neisan estaba hablando sobre algunas bandas y me sentía muy tonta al solo oír cómo me platicaba de algo que yo no entendía —mentí.

—¿Por qué lo haría? Él sabe que no es de tu agrado.

—Ah, ¡pues no lo sé! ¡A ustedes jamás les ha interesado lo que yo piense u opine! —exclamé.

—¡Qué mentirosa! —farfulló, entrecerrando sus ojos.

—Lo que sea —contesté.

—Ujum, dormiré. Tengo sueño.

Fue lo último que dijo y se giró, quedando boca abajo en el sillón. Cogió una almohada y se la puso en la cara. Bien, no había obtenido nada de información y yo no había sido de gran ayuda, pero Zev era muy fuerte y mañana seguiría con su sonrisa tan linda y sus hoyuelos hundidos en sus curiosas mejillas, riendo con aquellas carcajadas ruidosas, contagiosas y chistosas. Sus padres habían tenido conflictos estos últimos meses; él amaba a su mamá e igual a su papá. ¡Qué situación tan desagradable cuando vemos cómo dos seres que tanto amabas se pelean de un momento a otro!

Mi mirada buscó rápidamente la cabellera rubia que tanto anhelaba ver desde que entré al salón de clases. Di con ella al fondo de una esquina, mirando hacia abajo. Dispuesta, caminé a donde él se encontraba y me senté en la silla vacía. Luke levantó la vista y frunció el ceño al verme.

—¿Qué estás haciendo? —demandó, dejando de hacer garabatos en su libreta y cerrándola.

—Tomar asiento —indiqué obvia, sonriéndole llena de burla.

—Eso lo sé, Weigel, no soy estúpido —gruñó, poniendo en blanco sus ojos—. Me refiero al por qué te estás sentando aquí, a mi lado.

—Lo quiero hacer porque puedo y quiero. ¿Tienes algún problema? —interrogué desafiante.

—A la defensiva, ¿eh? —vaciló y continuó—: Si piensas que somos amigos, estás equivocada —atacó—. Sentarte aquí atraerá la atención y yo oso de que no se percaten de mi existencia.

—No dije que lo hacía porque consideraba que éramos amigos,

realmente no lo he pensado ahora que lo dices. —Apoyé mi codo sobre la mesa y dejé caer mi mandíbula sobre mi puño—. Igual no llamo tanto la atención si no tengo a mi querido amigo pisándome los talones. Así que, descuida, ninguno de los dos será el centro de atención —agregué, refiriéndome a Zev.

Y es que en realidad era cierto. La mayoría de las personas solo trataba de entablar una plática conmigo por él, pues sabían que se encontraba soltero, lo que se resumía a carnada fresca y si era el capitán de un equipo importante del instituto, doblemente.

Interesadas tenían escrito en la frente.

Aquello me hizo pensar que debía de estar a su lado. Después de que me dejara sola en la sala viendo televisión, se despertó con un poco de hambre; pedimos pizza y comimos mientras hablábamos de cosas que salían al azar, sin ningún tema de conversación fijo. Mamá llegó por la noche y lo saludó, lloró con ella y lo estuvo aconsejando hasta que fue demasiado tarde y se vio con la necesidad de llamar un transporte privado.

—Como sea… —Luke inició dejando la frase en el aire y miró hacia el frente pensativo. Volvió a mí y retomó su habla— ¿Por qué has llegado temprano?

—Excelente pregunta, mi madre me ha despertado. Resulta que anda paranoica porque la dirección le llamó.

Me miró interesado o al menos fingía y, honestamente, lo hacía muy bien.

—¿Dirección? ¿Qué has hecho? —preguntó.

—El profesor Hoffman me ha reportado por llegar tarde y no entrar a dos de sus clases en esta semana. Es la primera y le toma mucha importancia a la puntualidad. Lo he dicho: él me odia.

—Idiota —susurró.

—¿Él o yo? —pregunté, no muy segura a quién se refirió.

Me miró divertido.

—Los dos.

—¿Sabes? Tus cambios de ánimos me asustan y no tengo ganas de descifrarte —respondí.

Lo decía en serio, hace unos minutos andaba de mal humor reclamándome la razón por haberme sentado a su lado y ahora me miraba divertido como si mi desgracia le agradara.

—¿Descifrarme?, ¿qué? ¿Acaso soy algún tipo de código Morse?

—No, solo lo pareces —alegué.

—La verdad es que a veces quieres ir contra las reglas pero no puedes. Realmente eres ingenua —respondió.

—Claro que no —defendí.

—Uhum —musitó haciendo una seña con su mano sin interés.

Después de eso, ya nadie pronunció nada. Puse mi mochila encima del banco y decidí tomarla como almohada. Era muy temprano. Faltaban unos diez minutos para que empezara la clase. Mamá me despertó una hora antes de lo normal y moría de sueño. Rápidamente algo hizo click en mi cabeza y miré al rubio quien se encontraba de nuevo garabateando algo en su libreta.

—¿Por qué tú llegas tan temprano? —hablé con gelidez. Luke me miró sin emoción y cerró su libreta.

—Preguntas mucho, Weigel.

—Ese es un... —Me detuve, pensando en alguna palabra correcta que pudiese definirlo—. ¿Defecto? No creo que sea un defecto, es búsqueda de información y es mejor preguntar que ser un completo ignorante.

—Y también hablas mucho —chistó.

—¡Eres un grosero! —exclamé.

—¡Qué delicada! —rió—. Me retracto. Si lo fueras, no llegarías con una mancha de pasta de dientes en tu blusa al instituto.

—Solo fue una vez y...

—¡Joder, créeme! Me he dado cuenta, no ha sido una sola vez —interrumpió.

—¿Cómo sabes eso? —demandé, extrañada.

Me daba miedo que supiera cosas de mí, sobre todo los pequeños detalles que la mayoría de las personas no solían fijarse.

—Esto responderá tu pregunta y a la primera —habló, moviendo sus pestañas lentamente—. Me gusta llegar media hora antes y sentarme de último para ver cada ser patético entrar por esa puerta. Es divertido ver como unos se chocan con el marco de la puerta porque llegan casi con los ojos cerrados —confesó burlón—. Me gusta reírme de la desgracia de lo demás.

—Creo que eso es... —No sabía cómo describir aquello—. ¿raro? ¿Inhumano?

Él solo se encogió de hombros restándole importancia.

Estiró su brazo por debajo de su silla y sacó una gaseosa. La agitó repetidas veces creándole mucha espuma; por un momento creía que explotaría. Sí. Luke la abrió con cuidado, cerciorándose de no hacerlo completamente, esperando a que el gas saliese y realizar la misma acción de nuevo. Tenía ganas de preguntarle por qué lo hacía, sin embargo recordé lo que me había dicho minutos atrás. Así que con todo el orgullo del mundo volteé a otro lado y acuné mi cabeza entre mis brazos. No duré tanto porque a los pocos minutos la profesora entró con su toque de amor y sus labios rojos, dando el inicio a la clase.

Me fijé en que el rubio no le prestaba atención por escribir cosas en su libreta. Por el rabillo del ojo pude observar que hacía rayas y círculos sin ningún sentido o al menos para mí no lo tenían. Algo llamó mi atención: una fecha. En medio de todo ese borrón pude apreciar una fecha. De golpe, cambió de hoja y comenzó a escribir.

"La gente debería dejar de ser metiche, como tú, por ejemplo".

—¡Oye! —me quejé sin levantar mucho la voz.

Luke solo me dedicó una sonrisa demasiado falsa, para luego regresar a su semblante serio. La libreta la puso debajo de su codo y llevó su barbilla al puño, prestándole atención a la señorita Kearney.

Este chico resultaba ser más duro que una roca, tan cerrado y hostil. Solo abría la boca tratando de ofender, hablar de bandas y decir información sobre mí. Ni su nombre me había dicho; si no fuese por Neisan no lo sabría.

Capítulo 5

Hasley

El deporte nunca fue uno de mis fuertes, la actividad física no estaba entre las facultades que hiciera con facilidad u orgullo. No era un secreto que yo fuese la peor en la clase.

El entrenador Osborn no paraba de gritarme y hacer sonar aquel quejoso silbato para que corriera sin detenerme. Apenas llevaba dos vueltas de cinco, alrededor de trescientos metros, y yo ya proclamaba por todo el oxígeno del mundo.

No podía seguir.

Rendida, me detuve jadeando y me apoyé sobre las rodillas. Tendría que aguantar al señor Osborn gritándome de nuevo.

—¡Vamos, Hasley! —Oí que exclamó Josh, uno de mis compañeros.

—¡Ni de broma! ¡Ya no puedo!

—¡Exagerada! —carcajeó el castaño—. ¡Te espero el año que viene en la meta!

Me limité a entrecerrar los ojos y mostrarle el dedo del medio. Usualmente me llevaba mejor con los chicos. En realidad, me sentía en confianza con aquellas grandes bestias, me divertía mucho, aunque sus pláticas se basasen en obscenidades, curvas y videojuegos.

Escuché una risa familiar, ronca, sabía de quien se trataba. Volteé hacia aquella dirección en las gradas, las cuales no estaban tan lejos de

35

donde yo me encontraba jadeante. Luke me miraba divertido con sus manos dentro de los bolsillos de sus tejanos negros, mientras levantaba sus cejas.

—¿Te diviertes? —Él habló primero, preguntando por lo alto y mirándome en espera de mi respuesta.

—Sí, lo hago, es fantástico correr bajo el sol. —Le di una sonrisa falsa.

Traté de recuperar mi respiración normal, batiendo mis manos en frente de mí y dando una gran bocanada de aire.

Él hizo una seña con su cabeza para que me acercara. Giré mi cabeza en busca del entrenador. Aún no regresaba. Soltando un suspiro y no muy convencida, me acerqué a él. Me detuve a una distancia considerable de las gradas. Alcé la mirada y Luke se encontraba con sus brazos apoyados en el barandal. Él estiró uno de ellos a mí y lo miré con el entrecejo fruncido.

—Sube —pronunció suave ante mi mirada confusa.

—No puedo, si el profesor me ve me hará correr el doble de lo que me hace falta —expliqué mirándole con una mueca de ímpetu por su petición.

Luke rodó los ojos pero no quitó su mano incitándome a que la agarrase. La cogí y él me subió fácilmente. Crucé una de mis piernas por el barandal torpemente haciendo que se enganchara, jadeé. Luke rió. Su brazo se posó por mi cintura y ayudándome a cruzarla completamente, zafó mi pierna y una vez que pude tener mi equilibrio lo miré.

—¿Hay algo en lo que no seas torpe, Weigel?—Rió mientras mordía el arito que yacía en su labio.

—¿Algún día me llamarás por mi nombre? —ataqué rodando los ojos, cansada de lo mismo y de su actitud un tanto jocosa.

—Lo hice el primer día en que cruzamos palabras —recordó esbozando una sonrisa con los labios cerrados y diversión en sus ojos.

—Me gustaría que lo siguieras haciendo —suspiré cansada.

Me senté en una de las gradas para poder descansar mis piernas y reposar un poco a causa del cansancio que sentía por haber corrido tanto.

—Es tan aburrido llamar a las personas por sus nombres. —Se sentó a mi lado. Volteé hacia él y no sé cómo ni en qué momento, pero ya tenía entre sus rosados labios un cigarrillo—. El mundo debería tener originalidad y no copia de copias.

—Lamento decirte que no eres el único que lo hace —hablé mirándole mal.

—Pero sí de los escasos —ganó sonriendo.

Tomó una calada y se quedó durante unos segundos con el humo en sus pulmones para después expulsarlo.

—Deberías estar en clases, ¿no es así? —pregunté intentando iniciar una conversación normal y así también evadir el tema antes sacado por ambos.

—No ha venido la maestra —respondió haciéndose hacia atrás para apoyar sus codos en un escalón.

—Mmm, ya —musité mirando hacia el cielo.

—¿Quieres? —Me ofreció un cigarro, a lo que yo me negué y él bufó—. ¡Aburrida!

Me levanté para darme la vuelta y mirarle.

—¿Por qué consumes eso? —pregunté.

Luke frunció su ceño por mi pregunta tan lanzada desde la nada, pero luego la suavizó. Él me había mencionado sobre aquello el día en que nos conocimos, así que ya no era un secreto para mí. El chico se levantó y relamió sus labios, dibujando una sonrisa. Odiaba que fuera tan egocéntrico.

—No comprenderías, mi querida Weigel —susurró.

—Tú qué sabes. —Me crucé de brazos—. No me conoces, no sabes nada de mí para poder llenarte la boca de suposiciones acerca de mi persona.

—¡Por Dios, Weigel! Ni siquiera fumas —recordó—. No trates de entender algo cuando no conoces sus derivados. —Él se acercó hasta mí—. Eres muy ingenua y empiezo a creer que también inocente.

Empecé a carcajear por lo último. Yo no era ingenua ni mucho menos inocente, me consideraba lo suficientemente inteligente para entender su inmadura mente, yo tenía experiencia. Él no tenía el derecho de tan solo hablarme unos días y pensar que ya me conocía lo suficiente. Era un completo estúpido.

—Piensas que me conoces y no es así —dije enojada.

Él sonrió más, ¿acaso le divertía mi mal humor?

—Tal vez me estoy equivocando. —Se encogió de hombros sin eliminar su sonrisa lánguida—. Pero honestamente no lo creo.

—¿Qué? ¿Dirás que amas las motos, te drogas con tu grupo de amigos malos llenos de tatuajes y ropa de cuero negra, mientras se escapan de sus casas y se saltan la barda para ir a cualquier bar de mala muerte? —Mi voz en ningún momento abandonó su toque sarcástico.

—Deja de leer tanta literatura basura, Weigel —carcajeó, ganándose una mirada fulminante por mi parte a causa de lo irritante que se estaba comportando en ese mismo instante. Empezaba a sacarme de mis casillas. Quizá solo era un imbécil en busca de algo bueno que lo relajase. Sin embargo, no me tragaba mi propio pensamiento—. Pero sí, tengo una moto, solo en eso has acertado; lo demás es incierto.

Pásenme la pistola, por favor.

—Estás siendo muy molesto ahora —me quejé. Él rodó los ojos y puso su cigarro entre sus labios. *¿Cómo demonios era que no se le acababa?* Luke sacó el humo por sus labios y llegó hasta mi rostro—. ¿Podrías dejar de hacer eso?

Enojo, eso fue lo que me invadió debido a su acción. No me gustó que lo echase en mi cara, por lo que no pude evitar arrebatarle el cigarro de su mano y llevarlo detrás de mi espalda, procurando no quemarme con este.

—Hey, devuélveme eso —se quejó.

—Te hice una pregunta —puntualicé, sonando calmada e ignorando su petición.

—Y ya te la respondí —dijo a regañadientes, mostrándose su semblante vacío—. ¡Dámelo!

—Solo quiero... —intenté hablar pero Luke interrumpió.

—¡Demonios, Hasley, regrésamelo! —espetó sin ninguna pizca de emoción y eso causó que me removiera. Él se acercó a mí y sus dedos tocaron mi mano, deslizándolos sobre mi piel.

—Ustedes, ¿qué hacen?—La voz autoritaria de alguien hizo que girara sobre mis talones.

Un profesor de deportes nos miraba esperando una explicación. Observé a Luke, quien seguía con el mismo gesto tan apático y vacío, como si la presencia del hombre no le intimidase ni un poco.

—Enséñenme sus manos, ahora —ordenó.

Indecisa y llena de miedo le mostré mis palmas. Ya no tenía el cigarro. Luke hizo lo mismo pero, a diferencia de mí, el cigarrillo se posaba entre sus dedos. El profesor negó repetidas veces mientras soltaba un suspiro.

—A la dirección en este mismo instante. ¡Ambos!

—¿Qué? —logré articular.

No es cierto. No, no. Mi madre me mataría. Me encerraría en casa sin salidas o visitas durante cinco años, a menos que fueran las de Zev.

Iba a protestar para poder explicar lo ocurrido, pero el rubio se adelantó.

—Espere, ella no tiene nada que ver aquí. De hecho, me estaba quitando el cigarro diciendo que me acusaría. —Luke me defendió sin preocupaciones, ni tensiones en su persona.

—¿Seguro? —El hombre se cruzó de brazos—. ¿Por qué debo creerle cuando ha estado con usted?

—Porque ni siquiera la conozco, ella es de aquel grupo y yo de otro. Aparte puede olerla, no ha dado ni una calada. —El chico habló sin titubear—. Es más, ¿por qué querría estar yo con ella?

—¿Es verdad? —Ahora se dirigió a mí.

Miré un poco indignada a Luke por lo último que dijo, pero regresé mi vista al profesor. No sabía que decir. Echarle toda la culpa a Luke no me hacía sentir bien, por más enojada o irritada que me pusiera no quería hacerle esto.

Volví a él y se encontraba con el semblante serio. Noté algo diferente esta vez. Sus ojos gritaban que le siguiera la corriente. Di un profundo suspiro y me decidí.

—Sí, es verdad todo lo que ha dicho. Por lo que sé está prohibido fumar aquí.

—Bien, su nombre —demandó hacia el rubio.

—Luke Howland, último año, repetidor.

—Vaya a la dirección y usted —me apuntó— a su clase.

Asentí, el hombre se alejó y me quedé parada meditando lo que sucedió. Luke pasó por delante de mí, sin hablar, y saltó por el barandal. Rápidamente corrí hasta donde él fue.

—¿A dónde vas? —pregunté por lo alto.

—Por si no lo notaste tengo una cita con el asiento que ya me es familiar de la directora.

Quise disculparme por lo que había hecho, hacerle saber que lo sentía de verdad. Fracasé. Él ya corría a una distancia lejos de mí.

Más tarde, en la cafetería, todo parecía estar normal. La plática con los chicos no cesaba; me incluían en ciertos temas o yo metía mi lengua, haciéndome notar e informándoles que formaba parte del grupo también.

—¡Chicos!

Esa voz. ¡Oh, Dios! Esa bella y majestuosa voz que me paralizaba.

Como si mi vida dependiese de ello, alcé mi vista rápidamente. ¡Mierda! Me arrepentí en el momento por haber actuado tan descarada.

—Hola, Matthew —saludó Zev con tanta facilidad, sonriendo.

—Hola, Hasley. —El pelirrojo se dirigió a mí, sonriendo, ignorando el saludo de mi amigo.

No podía articular palabra alguna y eso me hizo sentir tan tonta. ¿Desde cuándo él y Zev se llevaban? Bueno, eran compañeros al ser capitanes de diferentes equipos, pero no lo suficiente para que se llevasen como uno de hace años. Aunque realmente no me molestaba en lo absoluto o me interesaba en estos instantes. Matt estaba en frente de mí sonriéndome y en lo único que me tendría que concentrar era en intentar que mi voz no saliese en un balbuceo o, peor, tartamudeara.

—Hola. —Mi voz sonó un poco baja.

Necesitaría un inhalador.

—Has, hay un partido la siguiente semana y me preguntaba si quisieras asistir junto a Zev. Él me ha dicho que irá.

Caída libre. Volteé hacia el chico con ojos color miel quien me sonreía de oreja a oreja con los labios cerrados.

No podía creerlo.

Sentía esas ganas de golpear a Zev mientras gritaba que Matthew Jones me estaba invitando a su partido.

—Claro —asentí sonriéndole tímidamente.

—Excelente. —Se alegró—. Entonces nos vemos luego.

Me regaló un guiñó y chocó puños con Zev para irse lejos de nuestra mesa.

Volví a mi mejor amigo.

—¿Desde cuándo? —pregunté.

—Hace un par de semanas. —Se encogió de hombros—. Es un gran chico, tuvimos una charla y así surgió lo demás.

Me limité a dibujar una boba sonrisa en mi rostro y gritar internamente. Sería muy infantil pero necesitaba dar brincos. Mordí mis labios y acuné mi cabeza entre mis brazos sobre la mesa.

—Tranquila, Hasley, ya tienes una casi cita con Jones. Ahora, ¿qué piensas hacer? —Neisan rió.

Levanté mi cabeza para contestarle, pero fue imposible porque la mirada azul penetrante del chico rubio me atrapó desde una de las esquinas de la cafetería mirándome neutro. Entonces, caí en cuenta de que no sabía si lo expulsaron o fue mandado a detención. Me levanté de la silla y miré a los chicos.

—Los veo después —me despedí.

A pasos rápidos caminé hasta Luke pero, antes de alcanzarlo, el chico salió de la cafetería. Corrí a la dirección en la que se había ido, pudiendo divisar su ancha espalda con aquella camisa negra ajustada entre el tumulto de alumnos que cruzaban el pasillo.

—¡LUKE! —grité intentando que se detuviera—. ¡LUKE HOWLAND!

Esta vez se paró en seco y giró hacia mí. Llegué hasta donde él y me apoyé en unos de los casilleros intentando recuperar mi aliento. Él me miraba como en las gradas después de tener nuestra pequeña… ¿discusión?

Cuando recuperé mi ritmo de respiración, pude hablar.

—¿Qué te ha dicho la directora? —pregunté realmente preocupada.

—Nada importante. —Se encogió de hombros—. Mejor, dime, ¿qué te ha dicho Matthew Jones?

—Nada importante—le copié.

—Weigel —rió—, me imagino que de verdad fue importante para que actuaras como toda una chica hormonal.

—Solo me invitó a salir… con Zev. —Reí sin gracia.

No era que me molestara que mi mejor amigo me acompañara, pero se trataba de Matt, el chico que me gustaba desde hace tiempo, y si eso implicaba encerrar en el sótano a Nguyen lo haría.

—¿Sí? ¿A dónde? —Luke enarcó su ceja.

—A su partido. —Rodé los ojos ya cansada de que habláramos de lo mismo.

—¿Cuándo es? —inquirió.

—¿Acaso importa? —bufé apoyando mi espalda en uno de los casilleros—. No tiene nada de interesante que hablemos del tema.

Observó mis ojos como si estuviese pensando en algo importante, por unos segundos creí que me diría lo que la directora le había dicho. Fui la burla, no fue así.

—Creo que es el viernes de la otra semana —murmuró.

Sonrió y mordió su arito.

—Luke, de verdad no es algo que te importe, quiero saber que te ha...

—Tampoco es algo que te importe —atacó, interrumpiéndome.

Eso era lo último que podía soportar. Él era grandioso, un

grandioso imbécil.

—Bien —dije firme y empecé a caminar lejos.

—Weigel —pronunció, pero con todo mi orgullo lo ignoré—. ¡WEIGEL!

Sentía mis pisadas cada vez más rápidas y era porque Luke corría hacia mí. No me había dado cuenta de que mis piernas se movían por todo el campo del instituto al mismo tiempo que Luke gritaba mi apellido miles de veces detrás de mí. El pasto debajo de mis tenis eran aplastados por cada paso que daba, sentía que ya me cansaba y no podría detenerme. No fue mucho lo que corrí hasta que la mano de Luke tomó mi brazo; intente zafarme y fracasé porque en lugar de hacerlo, caí al pasto junto a él. El ojiazul carcajeó.

—¿Por qué corres? Sabes perfectamente que no eres buena en atletismo y con mis piernas en comparación a las tuyas... Mmm, no... —Negó divertido.

—No pierdo nada con intentarlo —dije con la voz entrecortada.

Luke se acostó en el pasto y perdió todo tipo de contacto visual. Su perfil era muy hermoso, un ángulo casi perfecto; su piel de un color beige y sus pestañas largas. Él giró su rostro y sus mejillas se colorearon de rojo al darse cuenta de que lo observaba. No pude evitar sentir ternura teniendo esa imagen. Desvié mi mirada y me senté en el pasto. Segundos después, él copió mi acción.

—Weigel —mencionó.

Lo miré. Sus ojos eran intensamente azules, muy azules y no sabía si existían otros iguales o superables a ellos.

—¿Sí? —ladeé la cabeza.

—Pídele consejos a tu mamá para que no arruines tu *cita* con Matthew. Es psicóloga, de seguro te ayudará —me aconsejó, haciendo el gesto de comillas en la palabra cita.

—¿Cómo sabes que mi mamá es psicóloga? —intervine.

Me sostuvo la mirada durante unos segundos junto a una sonrisa que no sabía descifrar: burlona o sarcástica. Pasó la punta de su lengua sobre su labio inferior y levantándose del césped, finalizó:

—Solo me han mandado a detención.

Capítulo 6

Hasley

Al principio creía que al estar con Luke no presenciaría tantas veces el verlo consumir tabaco o uno que otro rollo de marihuana, quizás porque se sintiese incómodo o al menos tendría un poco de respeto pero, claramente, me equivoqué. Él lo hacía cada vez que tenía tiempo o simplemente cuando nadie lo viese.

Me encontraba de nuevo a su lado en las gradas. La hora de almorzar inició hace cinco minutos y obligué a mi estómago que no me pidiese comida para tener más tiempo con él. Me arrepentí. Me arrepentía. Confirmaba que Luke actuaba demasiado insípido. No me quería quejar, porque bien podría ponerme de pie e irme de ahí sin tener que soportar más el olor de eso y su actitud tan irritable. No lo hice, quería seguir allí hasta que pudiese comprender un poco de lo que habitaba en él.

—Esta mierda ya no sabe igual. —Luke se quejó tirando el pequeño rollo blanco al suelo y aplastarlo con su zapato, volviendo su vista al frente sin interés alguno—. ¡Me jode!

—Entonces, ¿por qué lo sigues consumiendo? —Lo miré con los ojos entrecerrados, sin entender sus palabras ni sus acciones.

—Su efecto es maravilloso —jugueteó.

Llamó mi atención el hecho de que lo haya dicho sin esbozar una sonrisa, como si sus pensamientos estuviesen fuera de lugar o lejos de la conversación que sosteníamos.

Decidí no responderle y mirar al frente. Repitiendo mi pensamiento que se presentó algunos minutos atrás, tal vez podía admitir que me empezaba a agradar la compañía del chico de algún modo, dejando a un lado todo lo que soltaba con ciertas partes de abruptas y jocosas oraciones hacia mí u otras personas. Él me denominaba como su chicle. Ya habían pasado dos semanas que nos hablábamos, seguía sin saber nada de él, simplemente hablaba y se quejaba de todo lo que odiaba. Si alguien era bueno para quejarse, ese era él.

—¿Cuál es tu última clase? —De repente preguntó, sacándome de mi burbuja y obligándome a mirarle. Él ahora lo hacía con detenimiento y su rostro neutro.

—Ciencias sociales, ¿por qué? —soné confundida.

—Me tengo que ir —avisó, cogió su mochila y bajó las gradas rápidamente sin darme tiempo de quejarme.

Miré atónita su espalda y quedé un poco abrumada por sus movimientos.

Bufé cansada, frustrada y enojada, entre sus derivados. Me puse de pie perezosamente, dirigiéndome a la cafetería. Probablemente Zev estaría enojado. De acuerdo, realmente no me preocupaba, él siempre solía actuar tan paranoico y dramático. Señor del drama lo apodaban.

«Tú no te quedas atrás», mi subconsciente jugó.

Entré por las puertas pesadas de la cafetería y caminé a la mesa en la cual se encontraba Zev y Neisan. Él no estaba tan enojado como su —no tan pronunciado— ceño fruncido aparentaba. Sin embargo, no fue una excusa para darle paso a su sermón acerca de mi irresponsabilidad y lo preocupado que lo ponía al no llegar a desayunar.

—Estoy pensando seriamente en sacar a Xavier del equipo —farfulló Zev hacia Neisan.

—Hazlo, ya es hora —apoyó el chico, engullendo su fritura. Se encogió de hombros dejando en claro que no le importaba la decisión que tomase—. Realmente es molesto.

—¿Por qué lo van a sacar? —intenté colarme en su plática.

—Se preocupa nada más por él —gruñó el rizado, haciendo notar su ceño fruncido—. No ve por los demás del equipo o siquiera coopera, como si tuviese uno. Es solo él y su gran ego.

—Oh, ya.

Zev me miró de mala gana.

—Ve a comprar algo de comer, Hasley —replicó—. Después andas quejándote porque te duele el estómago y soy yo quien tiene que aguantar tus ataques.

—Cállate —jadeé—. Después lo haré, tengo clases y no pienso llegar tarde de nuevo —indiqué levantándome. Los dos me miraron confundidos y antes de que dijera algo finalicé—: ¡Hasta luego!

Giré sobre mi eje y caminé a pasos rápidos fuera de la cafetería. Apoyé las manos sobre mis rodillas, estando en frente de mi casillero. En realidad no le mentía a Zev, tenía clases y él sabía que no podía darme el lujo de no asistir. Después de unos minutos, al intentar regularizar mi respiración, abrí el casillero metiendo y sacando algunas cosas que me tocaban de mi siguiente clase.

Odiaba geografía, no entendía por qué me la daban sino la necesitaría para mi carrera. Hay cosas que todavía y que, probablemente, nunca entendería del instituto.

Al finalizar el día, recibí el glorioso ruido de la campanilla, siendo una melodía perfecta. Alcé mi cabeza que se posaba en el libro abierto con la imagen de *Henry Parkes*.

—Lo lamento —musité.

Guardé todo rápidamente, tanto que no me importó si la pasta de mi libreta se arruinaba. Con la punta del pie empujé la silla saliendo del salón e iba pasándome la correa de mi mochila por encima para que quedase de lado y sin querer choqué con alguien.

—Uhm, lo siento —me disculpé, alzando mi mirada.

Sentí mi boca secarse al momento que mi corazón se detenía en un microscópico tiempo y después bombeaba a una velocidad increíble.

—No te preocupes —mencionó la persona, dando una risilla.

Tragué saliva dificultosamente al oír la suave voz como el terciopelo de Matthew, acariciando mis oídos y, a la vez, sin poder evitar sentir mis mejillas arder de la vergüenza. Sus ojos verdes conectaron con los míos, fueron segundos que creí horas hasta que me fijé que lo miraba embobada sin pudor.

—Quería preguntarte algo —mencionó nervioso, rascando su nuca junto a una mueca apenada.

—¿Qué cosa? —hablé tímida.

—Si querías venir conmigo por un helado hoy. ¿Ya saliste de clases? —En su rostro se formó una fina sonrisa segura que tanto lo caracterizaba.

«Esto no podía ser real».

Sentía una pequeña mujercita bailando en mi estómago de la alegría que me llenaba. Se me hacía drástico ver cómo Matthew se fijó en mi existencia un día y al otro me invitaba a salir. No sabía si realmente se había dado cuenta de mi presencia unos días antes o semanas atrás. Era la mejor amiga de Zev Nguyen y Luke era un claro ejemplo de que sí podían saber sobre mí.

—Claro —contesté sin pensarlo y luego me arrepentí de lo desesperada que soné.

Él echó una risa.

—Bien, solo voy a dejar esto en mi casillero —apuntó unos libros que yacían debajo de sus brazos— y paso por ti. ¿Te veo en el tuyo?

—Sí, ahí nos vemos en unos minutos —titubeé.

Asintió gustoso y se dio la vuelta alejándose por el pasillo. Dejé salir el aire de mis pulmones y salí corriendo directo a mi casillero. Dentro de mí un montón de emociones crecían, no asimilaba el escenario de hace unos minutos atrás. ¡Por Dios!

Preferí guardar todo lo que no ocuparía y escogí las materias que me habían dejado tarea. Al cerrar el casillero, di un brinco de pánico al ver a Luke apoyado de un lado mirándome fijamente.

—¡Mierda, Luke! —maldije, llevando mi mano a mi pecho—. Me espantaste.

—Weigel —me llamó.

—¿Qué quieres? —cuestioné apurada, necesitaba que Luke se fuera antes de que Matt viniera.

—Quería enseñarte algo. —Se encogió de hombros.

El hecho de que él le hubiese restado importancia al asunto, me dio la iniciativa de hacerlo yo también.

—¿Podría ser otro día? —rogué, suplicando en mi interior que no se pusiera de un carácter pesado y comenzara con sus oraciones o acciones de chiquillo terco.

—¿Por qué? —Quiso saber, ladeando su cabeza.

—Hoy realmente no puedo.

Miré a los lados del pasillo, asegurándome que Matthew no estuviera a unos cuantos metros cerca de nosotros y presenciara la escena que teníamos el chico y yo.

—¿Esperas a alguien? —preguntó.

—Puede ser.

—Será rápido —aseguró con un semblante un poco irritado.

Quizás ya se estaba enojando por mi forma de estar negándolo y no darle ninguna explicación. No tenía idea de qué hacer, tal vez esto era algo con lo cual me podría acercar a él, pero de igual manera Matthew fue quien me invitó primero a ir por un helado. Ambas cosas no se veían todos los días.

Tallé mi cara y suspiré.

—Luke, de verdad no puedo —me exasperé.

—¿Qué es tan importante que no puedes acompañarme a que te enseñe un poco de mi mierda?

Su tono de voz replicó fuerte y duro, enojado por haberlo rechazado. Quise responderle con toda la sinceridad del mundo, dándole una explicación. Sin embargo, me quedé con la palabra en la boca.

—¿Estás lista, Has? —Matt intervino, apareciendo en frente de los dos.

Luke enarcó una de sus cejas, entendiendo lo ocurría a su alrededor.

—Ah, yo…

El balbuceo me inervó, impidiéndome formular una justificación o dejar salir la sencilla respuesta que planteaba en mi mente.

—Claro que lo está —Luke habló por mí—. ¿No es así, Weigel?

Dirigí mi vista al rubio, rogándole que no dijese nada malo delante del chico que me gustaba. Sería muy injusto de su parte si lo hacía. Él movió sus ojos, creando una seña con ellos, obligándome a responder.

—Sí, lo estoy. —Reí nerviosa.

—Bien. —Incómodo, Matthew me mostró su sonrisa.

Tratando de aligerar el ambiente, saco del bolsillo de su pantalón una cajetilla y la sujetó, esperando a que nos fuésemos y fumarse uno lejos del plantel.

—A Weigel no le gusta el olor del tabaco. —Luke pronunció esta sentencia fríamente, sin ningún tipo de expresión.

Yo lo miré incrédula, eso fue hipócrita de su parte. De aquí, el menos indicado para que dijese eso se reducía a él.

—Oh, ¿en serio? No tenía ni una idea. —Jones se disculpó, ocultando el pequeño empaque.

—Claro, la acabas de conocer. —El rubio se interpuso, rascando la punta de su nariz.

Lo asesinaría con mis propias manos. Joder, igual él lo acababa de hacer.

—Descuida, no soy alérgica. Después de un tiempo se vuelve soportable, ¿cierto, Luke?

El humo me fastidiaba con Luke, aparte de que era un poco jocoso cada vez que lo hacía en mi presencia. Le divertía mi mal humor y mis gestos de asco.

—Oye, si no te gusta no puedo obligarte a que inhales el humo.

—En verdad no importa —insistí.

Aquello no sirvió de nada, ignoró lo que dije y se alejó yendo a un cesto de basura cerca del pasillo. El rubio se acercó a mí y llevó su boca a mi oído.

—Eres patética —murmuró.

—Cállate —gruñí de la misma manera, alejándolo con una de mis manos libres.

—El sábado vienes conmigo —demandó firme.

—¿De qué hablas? —pregunté sin entender.

—El sábado vienes conmigo —repitió ecuánime—. Promételo, Weigel.

—Luke, yo...

Y me interrumpió una vez más.

—Promételo.

—¡Bien! Lo prometo. —Me rendí—. ¿Ahora te puedes ir?

Luke entreabrió sus labios para tomar la palabra, pero no pudo porque Matthew regresó junto a nosotros.

—Tiré mi cajetilla —informó apenas me miró.

—No debiste hacerlo —me apené, sintiéndome ridícula por mi actuación delante del pelirrojo.

Dios mío, quizás Luke tenía razón con ello.

—Creo que fue lo mejor. —El rubio sonrió hipócrita.

Podía decir que no le agradaba en lo absoluto Matthew, se le veía en la mirada que le daba y las oraciones despectivas que utilizaba para dirigirse a él.

—Me dijiste que ya te ibas, ¿no era así? —hablé entre dientes.

Luke no contestó y tampoco quitó su sonrisa ególatra. Metió sus manos a los bolsillos de su pantalón pasando a un lado de Matthew, empujándolo a propósito por el hombro haciendo que este se tambaleara.

—Es un agradable chico —suspiró en una risa sarcástica.

—Sí, claro.

La ironía desbordó, puesto que él pensaba así de Luke como si en realidad lo fuese, cuando le tiraba tanta basura a su persona.

Algo que me agradaba de Jones es que nunca intentaba meterse en problemas y era un gran chico, siempre tomaba las situaciones de forma relajada y sin preocupaciones. Cero dramas.

—¿Nos vamos? —inquirió.

Yo asentí con la cabeza dándole una sonrisa viéndome segura y decidida.

Por una parte, me sentía mal porque indirectamente rechacé a Luke pero él ni siquiera me advirtió; tal vez si lo hubiera mencionado antes habría reconsiderado la petición de Matthew, aunque probablemente hubiese sido el mismo resultado.

Capítulo 7

Hasley

Luke me miró apenas entré al salón de clases, derrochaba concentración y sumo cuidado con cada uno de mis movimientos, con sus brazos firmemente flexionados por detrás de su cabeza mientras su espalda se encontraba perfectamente apoyada al respaldo de la silla. Yo solté un suspiro y con la absurda idea me dirigí hasta su lugar, dejando caer mi mochila al suelo para luego sentarme. Luke alzó una ceja, pero no mencionó nada. Llevaba un *beanie* color crema y, de alguna manera, me pareció adorable; sus ojos resaltaban más con aquel color. Se veía pacífico sin abrir la boca para decir cualquier incoherencia y es que ya, en tan poco tiempo, sabía que podía llegar a ser un completo idiota.

Me fijé bien que una chamarra de cuero cubría sus hombros y esta vez fui yo quien arqueó una ceja, un poco interrogativa y confundida, porque no estábamos en la época de frío. Por el contrario, había calor y él no usaba mucho de esas.

—¿Por qué traes eso? —cuestioné, apuntando con mi dedo índice aquella prenda.

Luke me dio una mirada con los ojos entrecerrados y se incorporó, uniendo sus manos y apoyando los codos sobre el pupitre.

—Ha ocurrido un accidente con la lavadora —pronunció, separando sus manos y con una de ellas bajó la parte que cubría su hombro. No pude evitarlo, solté una risa y el negó varias veces—. Metí un calcetín rojo que pintó de rosa las otras prendas.

—Jamás debes combinar la ropa de color con la blanca —indiqué aún riendo. Él se encogió de hombros y mordió sus labios—. ¿Tu madre no te lo ha dicho? ¿Por qué lavas tú?

—Haces muchas preguntas, ¿ya te lo he dicho? —devolvió. Solamente asentí sin culpa alguna—. Y no, es la primera vez que lo hago. Mis padres salieron de viaje y tenía que ver por mí solo, sino ¿quién lo haría?

—Tienes razón. —Esbocé una sonrisa y regresé mi vista al frente.

Me gustaba pensar en Luke como una persona independiente, me agradaba demasiado la idea, tenía la imagen de no necesitar la ayuda de nadie pero quizás para las tareas domésticas sí.

Todo estaba en silencio, hasta que volvió a hablar.

—Necesito tu dirección —pronunció suave y lento.

—¿Mi dirección? ¿Para qué? —pregunté, girándome para mirarle a los ojos.

Él se acercó a mí quedando a una distancia corta. Me incomodé.

—¿Piensas que llegaré mágicamente porque adiviné en donde queda tu casa? —Su voz ronca hizo que me estremeciera sin razón. Al ver mi confusión, él rió con gracia—. ¿Lo has olvidado?

—¿Olvidar qué?

—Lo has olvidado.

Él suspiró y dejó caer su espalda al respaldo de la silla nuevamente, arrastrándola hacia atrás para poder estirar bien sus largas piernas por debajo de la mesa. Su gesto cambió a una expresión seria. Hizo una mueca y pasó sus manos por su delicado rostro. Relamió su labio pasando la punta de su lengua sobre su arito.

—Has prometido venir conmigo el sábado, o sea, mañana —destelló, mirándome sin expresión.

Su recuerdo, obligándome a prometer que iría el sábado con él, vino a mi mente. ¡Mierda! Entreabrí los labios y maldije en mi interior.

—Cierto —asentí —. ¿Pretendes pasar por mí?

—No sabrás a dónde llegar si te digo.

—¿Es algún lugar de mal agüero?—indagué, queriendo obtener un poco de información sobre el lugar donde me quería llevar con él a solas.

—No —respondió.

—¿Cómo sé que es verdad? —pregunté.

—Weigel, ¿confías en mí? —interrogó.

—No —respondí segura.

—Excelente —carcajeó.

Y es que en realidad estaba siendo sincera. Apenas lo conocía hace algunas semanas y la información que tenía de él era nula: solo su mal humor, su música pesada y sus cigarrillos. Oh, también que no sabía lavar la ropa y terminaba metiendo un calcetín de color con su ropa blanca.

Luke se llevó las yemas de sus dedos hasta la comisura de sus labios. Escuché que gruñó, en unos segundos la parte posterior de su labio donde se encontraba su *piercing* empezó a sangrar.

—¿Qué has hecho? —gemí horrorizada por ello.

—Tienden a resecarse, es normal —comentó pasando el dorso de su mano por su labio lastimado—. ¿Me darás tu dirección?

Dudé unos segundos pero finalmente accedí. Saqué de mi mochila una hoja de papel y un lapicero para anotar mi dirección. La tinta se plasmaba en aquella hoja mientras sentía la mirada de Luke en cada movimiento que hacía.

—Ten. —Se la tendí. Él me miró con una sonrisa triunfante y la agarró—. ¿A qué hora pasarás por mí?

—Cierto.

Sacó su celular y empezó a buscar algo. Pensé que me ignoraba, pero cambié de pensamiento cuando dirigió su vista hacia mí y volvió a hablar:

—A las cinco, ¿está bien?

—Por supuesto —respondí.

—Weigel, ni un minuto más ni un minuto menos. Suelo ser puntual. —Me guiñó un ojo y volvió su vista al frente. Rodé los ojos.

La maestra Kearney entró con sus labios rojos y saludó a todos. Aquella mujer pelirroja con pecas era envidiablemente hermosa. Era joven y tenía que soportar las palabras y susurros de adolescentes hormonales. Volteé hacia Luke para ver si formaba parte de aquel grupo de estúpidos, pero me llevé una sorpresa al encontrarlo con su mirada vacía —algo normal en él— al frente, mientras intentaba poner atención a lo que sea que la profesora estuviese explicando. Sonreí internamente y regresé mi vista a donde se encontraba antes.

La clase pasó tan rápido que ya me veía corriendo entre los pasillos del instituto buscando a Zev, hasta que me topé con uno de sus amigos que me informó que el entrenador lo llamó a una junta porque los partidos ya comenzarían y habría uno próximamente, al igual que no podría salir temprano porque se quedaría con el mismo a ver las fechas. Le di las gracias y gruñí. Saqué mis auriculares y los conecté a mi reproductor de música.

Me tendría que ir sola.

___

Pedirle permiso a mi madre después de estar castigada fue uno de los retos más difíciles. Después de dos horas de súplica desde el celular, ella accedió de manera quejosa, diciéndome que solo esa vez me lo permitiría y no habría próximas. Chillé como niña pequeña cuando lo dijo y le respondí con muchos *te quiero*, los cuales ella desechó.

Ahora me veía buscando por debajo de mi cama el otro par de mi zapato. Me parecía increíble que perdiera mis cosas en mi propia casa; tenía en claro que era demasiado despistada, así como también los adjetivos que me ponía Luke eran verdaderos. Realmente solía ser muy idiota en ocasiones.

Al momento de alzar la cabeza, no me fijé en la repisa, lo que causó que me golpeara.

—¡Auch, auch! —me quejé sobándome la zona adolorida.

Todo era culpa de Luke, si él no me hubiera dicho que fuese puntual no estaría como un torbellino buscando mis tenis apresurada. Faltaban quince minutos para que dieran las cinco y realmente me sentía irritada. Me rendí tirándome en la cama mirando al techo. Mi celular sonó avisando que un nuevo mensaje había llegado, iba tomarlo cuando el timbre de la puerta hizo presencia. No podía ser Luke, faltaba unos minutos para la hora y Zev lo descartaba.

Me puse de pie con pesadez dirigiéndome a la puerta principal para abrir. Puse los ojos en blanco al ver de quien se trataba.

—Igual a mí me agrada verte —ironizó.

—Cállate, Luke —demande. Él solo rio. Quiso dar un paso al frente pero, al instante, se lo negué al ver que llevaba consigo un cigarro encendido en mano—. No puedes pasar con eso a mi casa, ¡la impregnarás de ese feo olor!

Luke elevó ambas manos en forma de inocencia y dio un paso hacia atrás. En unos segundos, escaneó mi cuerpo para detenerse en mis pies.

—Lindo calcetín de Pucca —carcajeó.

—Al menos yo no lo meto con la ropa blanca —me burlé en un

mofo y él me regaló una sonrisa lánguida—. ¿Es posible que se te pierda el otro par en tu propia casa?

—Cuando eres distraída... sí. —Traté de ignorarlo y me di la vuelta para seguir con mi búsqueda—. ¿No es aquel que está por ese florero rojo de suelo?

Miré a Luke que apuntaba el florero de tulipanes que se hallaba en la esquina cerca de las escaleras. Rápidamente corrí a él y lo cogí. Tomándome mi tiempo, me lo coloqué y volví de nuevo al chico.

—¡TE DIJE QUE NO ENTRARAS CON ESO! —grité.

Después de discutir unas cuantas veces con Luke sobre mi torpeza y su prepotencia, terminamos saliendo de mi casa. Mencionó que nos transportaríamos de la forma antigua, la cual era caminando. Me quejé un par de veces y me ignoró, dejando por completo a la deriva mi propuesta de tomar un taxi y acortar más el camino. Le grité que a él esto se le hacía más fácil por sus malditas piernas que eran demasiado largas y se tomó a burla mi palabrerío.

—¿Qué tan lejos está? —inquirí, sonando quejosa nuevamente para así cabrear aún más a Luke, quien solo dio un suspiro pero no se dignó a responderme.

Habíamos caminado mucho y, según él, estaba cerca. Luego de unos minutos, me tomó de la muñeca sacándome del camino.

—Entra por aquí. —Luke señaló una abertura en aquella barda de madera fea y podrida.

—¿Estás seguro? —dudé.

—Vamos, Weigel —apuró. No muy decidida y bajo presión, lo hice—. Ahora cierra los ojos.

—¿Qué?

—Sé que no confías en mí, puedo entenderte —apoyó—. Pero juro que no te haré daño, solo ciérralos y los abres cuando te diga.

Suspiré profundo y cerré los ojos. Sentí cómo Luke me tomó por los hombros indicándome el camino. Mi labio inferior temblaba y no sabía si se trataba de los nervios o el frío que creía que sentía cada vez que caminaba. Luke se alejó de mí y entré en pánico. Creí que fue eterno.

«Tranquila».

—Abre los ojos —indicó. Dudosa, mi campo de visión se apoderó de la imagen más bella—: *¡Bienvenida al boulevard de los sueños rotos, Weigel!*

Mi boca se abrió completamente. Estaba en un lugar que parecía como un callejón. Y no, no uno cualquiera; se llenaba de tupidos árboles de color lila. Había visto en fotos aquellas plantas, pero no creía que se dieran aquí; había otros de color verde con plantas rojas y el piso estaba combinado entre arena y un césped verde muy brillante que parecía artificial. Un lugar perfecto, algo inefable.

—Es hermoso —articulé.

—Más que eso. —Luke halagó, orgulloso de aquel lugar y, tomándome de nuevo la mano, me haló—. ¡Ven!

Me guió más adentro de aquel lugar y, poco a poco, veía que en donde estábamos se volvía perfección.

—Cuando la luna se pone encima de aquel árbol —apuntó a uno frondoso de color lila, que parecía el más grande de todo el callejón— su luz se proyecta hacia aquel cristal que está allí. —Me fijé por detrás de mí, un rectángulo de cristal colgaba entre dos árboles—. Crea los colores de un hermoso arcoíris.

—¿Hay más? —Curiosa, cuestioné.

En realidad, me interesaba saber más.

—Demasiado, por ahora solo debes disfrutar del lugar —confesó, apretando más el agarre de nuestras manos y esbozando una sonrisa.

—¿Cómo sabes de este lugar? —interrogué, meciendo nuestras manos durante unos segundos. Luke no le tomó importancia a ello, seguía con su mirada perdida a su alrededor.

—Venía con mi hermano cada domingo o cuando nuestros padres peleaban —mencionó sin importancia, encogiéndose de hombros.

—¿Ya no vienen más?

Sí, preguntaba demasiado. Sin embargo, no podía culparme; si bien sabía él que yo me pintaba sola para mis cuestionamientos, no podía mostrarme esto, decirme sobre su vida y esperar a que yo me quedase callada.

Soltó nuestro agarre y me sentí un poco vacía.

—Yo sí, mi hermano ya no —murmuró un poco inquietante.

—¿Por qué? —pregunté.

—Niñerías.

—Oh, entiendo —cedí—. ¿Cómo me dijiste que se llamaba el lugar?

Me volteó a ver y arrugó su nariz.

—Boulevard de los sueños rotos, al menos así le puse.

—¿Le pusiste?

—El lugar no tiene nombre como tal —explicó, creando una mueca disgustosa.

Ahora entendía cuando me dijo que no sabría cómo llegar.

Luke comenzó a caminar y lo seguí, cada paso que daba en el callejón me gustaba más. Todavía seguía sin superar aquel hermoso lugar. Dios, ¿podía vivir aquí?

—Luke —lo llamé—, ¿por qué un lugar tan hermoso tendría como título la palabra roto? Se supone que sería lo contrario.

El chico me miró penetrante, como si con la mirada quisiera responder.

—Esa es una excelente pregunta. Cuando un sueño muere, alimenta al boulevard.

—No entiendo. —Desconcertada, ladeé mi cabeza.

—Cuando uno de tus sueños se rompa, lo entenderás.

Y, efectivamente, no entendí pero preferí no seguir preguntando. Empecé a fijarme en mi entorno, todo lo que tenía como vista.

El sonido de mi celular, indicando que alguien llamaba, me obligó a salir de mi burbuja. Lo cogí para contestar.

Zev.

—¿Qué pasa? —contesté sin saludar.

—¿Dónde andas? —La voz de Zev sonó agitada.

—Fuera de casa, ¿ocurre algo?

—Hasley, hoy a las seis es el partido de Matthew.

Todo en mi interior se removió, como si el peso de un elefante estuviese pisando mi interior y las ganas de tirarme al suelo fueran las principales ideas en mi cabeza.

—¿Qué?

Mi voz sonó aterida. ¿Hoy era el partido? No podía ser real, se supone que se programó la otra semana.

—¿Dónde estás? Te mandé un mensaje.

Y caí en cuenta que fue cuando sonó y Luke me interrumpió tocando el timbre. Observé al susodicho durante unos segundos, que me miraba con su expresión tan común: inexpresivo.

—Te llamo luego —colgué y lo miré con culpabilidad—. Hoy es el partido de Matthew.

—Ya —chistó, acompañándolo de una sonrisa lobuna—. Hasley, ya te puedes ir, acompáñalo, yo ya te enseñé lo que quería que vieras.

—¿En serio?

—Sí, esto no tiene mucha importancia en comparación de ir con el chico que te gusta.

—¿Y si vienes conmigo? —pregunté por la situación en la que nos encontrábamos.

—¿Y ver a una bola de idiotas cómo se satisfacen humillando a otros? No gracias, yo paso —respondió.

—¿No disfrutabas las desgracias de los demás?

—Lo hago. Es diferente—dijo.

—¿Seguro?

—Vete —insistió.

Mordí mi labio y preferí ya no volver a hablar. Me di la vuelta y comencé a trazar mi trayecto por el mismo camino donde habíamos venido. Sentía una pequeña presión en mi pecho y es que no sabía descifrar qué era. Antes de salir del callejón, volteé hacia Luke que se encontraba de espaldas. Mi celular volvió a vibrar, lo tomé y contesté sin ver quién era. Sabía que se trataba de Zev.

—¿Hasley? —habló la voz ruidosa del rizado cuando no obtuvo respuesta al principio de mi parte.

Miraba a Luke que comenzaba a caminar y una parte de mí se removió, no podía hacerle esto, no a él cuando se estaba mostrando de una manera menos apática y más soluble conmigo. No es que fuera la mejor persona en el mundo o con la que quisiera pasar un día entero soportando sus quejas de todos, las indisposiciones con las que no contaba pero, después de todo, quizás Luke no era lo que yo tanto pensaba sino más divertido, extrovertido, curioso y entretenido de lo que no se disponía a mostrar.

Y solo, quizás, me podría retener por su indiferencia.

No sé qué diría a continuación y sería algo por lo cual me arrepentiría durante mucho tiempo, haciendo también enojar a mi mejor amigo.

—No iré, dile a Matt que lo siento.

—Hasley… —Y colgué.

Volví mi celular al bolsillo de mis tejanos y corrí a Luke con el corazón en la boca, mi respiración agitada, así como mi ritmo cardíaco acelerado.

—¡Howland! —grité. El chico se giró y me mostró un ceño fruncido—. Quiero ver cuando la luna se ponga.

Él apretó los labios intentando reprimir una sonrisa.

—Sigues siendo patética, ¿lo sabes?

—Lo sé, pero esta patética se quedará hoy contigo. ¿De acuerdo? —espeté.

—¿Tengo opciones?

Rodé los ojos y negué divertida. Él empezó a caminar y lo seguí. Lo había rechazado una vez, no podía hacerlo dos veces. Aparte, habría más partidos.

—Gracias —susurró.

—¿Por qué? —pregunté.

—Por no dejarme solo —respondió.

Capítulo 8

Hasley

Estaba inmóvil bajo el cuerpo de Zev quien me aplastaba en el césped del campo del instituto. Como todos los domingos, se suponía que entrenaba con su equipo pero todos se encontraban tirados bebiendo un poco de agua. Una bola de flojos, no había otra forma de describirlos.

—Realmente hueles pésimo —me quejé por vigésima vez.

—Es tu castigo por no haber ido al juego de Matthew. —Sacudió su cabello haciendo que unas gotas cayeran en mi cara.

El sudor de mi mejor amigo se colaba por mi ropa y por más que le reclamara, él decía que me lo merecía. Al parecer estaba más indignado él que Matt por no haber asistido al juego.

—Te he dicho que de verdad no podía.

—Te he pedido que me digas el porqué y no me has dicho. —Zev atacó—. Parecía la pareja de él.

Su comentario causó una fuerte carcajada en mí, imaginándome a Zev apoyando a Matthew desde las gradas. No resultaba ser una escena muy agradable que digamos, pero sí chistosa. Tal vez otro día tendría la oportunidad de verlo y poder reír mientras grababa aquel espectáculo.

—En serio quería ir, pero las circunstancias me lo impidieron. —Hice una mueca.

Después de haberle dicho a Zev que no podría ir me arrepentí, Luke estuvo después de un humor insoportable. Sin embargo, lo que había dicho de la luna era cierto, creo que jamás había visto algo tan hermoso como eso. Terminó contándome que el nombre lo sacó de una de sus bandas favoritas y me comentó que me llevaría a un viaje de la buena música un día de estos. Luego su humor se puso de los mil demonios cuando por fin me atreví a hablar sobre su marca en la muñeca.

«Creo que fue una gran equivocación».

—¡Nguyen! —La voz del hombre que se hacía llamar entrenador hizo que Zev se quitara encima de mí y todos se levantasen del césped—. ¿Qué hacen de flojos? ¡Muevan sus traseros y pónganse a entrenar! ¡Tienen que ganar un partido la próxima semana, perezosos apestosos! —Siempre solía llamarlos así y siempre terminaba burlándome cada vez que les gritaba—. ¡Nguyen!

—¡Voy! —Zev me miró, susurrando— Ese hombre está loco.

—¡Nguyen, quiero su trasero aquí!

—¡Le dije que ya voy!

—¡Quiero que grite así cuando ganemos!

Siempre me parecía cómica la relación que solía tener Zev con el entrenador David, gritándole y él devolviéndoselo. Sin embargo, creo que era algo que los hacía sentir bien y lograr que los entrenamientos fuesen sencillos.

El equipo del instituto estaba dividido en dos grupos: el capitán mandaba al grupo A, que era el de Zev, y el subcapitán al equipo B, que era el de Neisan.

Mi mejor amigo se puso una venda en la muñeca y le dio una señal a su grupo. Segundos después el balón salió volando, provocando que todos empezaran a correr. El entrenador venía hacia las gradas donde yo me encontraba sentada y me miró.

—¿Crees que ganemos? —me preguntó mientras tomaba un poco de agua.

—Sí. —Mecí mis piernas.

—Halsey, ¿podrías pasarme la mochila que tienes a un lado? —pidió indicando mi lado derecho.

—Es Hasley, no Halsey —corregí por décima ocasión pasándole lo pedido.

Solía cambiar el orden de la S y la L en mi nombre, era algo que odiaba, pero igual algo a lo que ya me acostumbraba viniendo de aquel hombre

—Lo sé, lo sé —dijo lo de siempre, meneando su mano para alejarse y detener a los chicos.

Minutos más tarde, el chico de rizos dorados se acercó hasta mí quitándose el vendaje. Estaba demasiado sudado, haciendo que sus rulos desaparecieran pegándose a su frente.

—Te juro que huelo el olor de Jones, jamás vuelvas a dejarme solo —dramatizó recordando el tema.

—Oh, ¡supéralo!

—Nunca. Neisan y Dylan se han burlado de ello. Ha sido muy vergonzoso, Hasley.

—Para recompensarlo, vamos al cine —propuse deseando que dejara a un lado su trauma.

—¿Y tú pagas todo?

—Y yo pago todo —bufé, rendida sin otra opción.

—Perfecto —sonrió—. Después del entrenamiento vamos y puedo elegir la película que yo quiera.

—Estás en todo tu derecho pero, ¿irás todo sudado?

—No seas tonta, me cambiaré en tu casa —mencionó, revolviendo mi cabello con una de sus manos y, a la vez, regalándome un guiño.

Antes que pudiese reclamar, Zev se dio la vuelta y comenzó a correr hacia el campo. ¿Qué? Genial, mi madre estaría en casa y saldría con sus preguntas bombas sobre si él y yo teníamos una relación y se lo ocultábamos.

En todo el transcurso, todos corrían en el orden como les tocó: el grupo A atacaba al B y viceversa. El entrenador David ordenó que se acercaran y empezó a explicarles la técnica. Todos prestaban atención y repetían lo que él decía.

—Entonces si hay un oponente a la derecha, ¿a quién le tienes que dar pase? —El entrenador cuestionó otra vez.

—Al de atrás —respondió Zev.

—¡No, no y no! ¡Al de tu izquierda!

—¿A Jason?

—¡No! Bueno, sí... ¡No! Sea quien sea, pero al de tu lado contrario en el que esté el oponente.

—¿Sea quien sea? ¿Y si es otro oponente?

—¿Qué? —preguntó incrédulo—. ¡Zev!

—¡Lo siento, estoy nervioso!

—¿Y dices ser capitán del equipo?

—¡Usted me nombró como tal!

Era como la tercera vez que volvían a repetir todo porque Zev no entendía que si tenía un oponente de un lado le iba dar pase al de su lado contrario pero, claro, solo si se trataba de su equipo. ¿Tanto le costaba entender?

Gruñí cansada. Sabía que esto tardaría un poco más de lo común, todos se ponían nerviosos y tensos en los juegos iniciales de la temporada. Saqué mi celular y conecté mis auriculares para dejar que la melodiosa voz de Michael Bublé inundará mis tímpanos.

—¡Te prometo regresar temprano! —le grité a mi madre antes de cruzar la puerta.

Corrí tras Zev y subí al auto, yendo hacia el centro comercial. El camino era un poco largo, pero se nos hacía corto cuando íbamos hablando de cualquier babosada que saliera, tema tras tema. Las calles estaban vacías y un poco frías, común en un domingo. Normalmente se llenaba de gente los viernes y sábados porque las personas salían a clubes nocturnos. Zev venía hablando de lo entusiasmado e igual de lo nervioso que lo ponía el próximo partido; sabía que el entrenador y sus compañeros confiaban en él y eso lo hacía entrar en presión.

—¿Cuáles crees que estén? —preguntó refiriéndose a la cartelera.

—Realmente no he revisado la página web. —Quité mi suéter de mi cintura y lo pasé por mis brazos, sintiendo la calidez.

Él hizo un ruido por lo bajo para luego hacer una mueca causando que yo riese. Caminamos a la parte del centro comercial donde se encontraba el cine; el olor a palomitas llegó a mis fosas nasales causando que se me antojaran.

—Definitivamente me volvería gay por Adam Sandler.

Empecé a reír imaginando a Zev besando una foto del actor; el chico poco a poco eliminó su gesto y plasmó una pequeña sonrisa. Aunque todo tipo de emoción que habitaba en mí se borró al instante cuando me di cuenta de quién estaba detrás del mostrador. Esto no podía ser real. El destino jugaba conmigo de una muy mala manera.

Luke, al verme, se quitó con rapidez el gorrito de color café con diseños amarillos y lo arrojó por encima del mostrador. Mi cara lo miraba con un sentimiento de sorpresa y, al mismo tiempo, de incredulidad.

—¿Qué haces tú aquí? —demandé cuando llegué hasta donde él.

Su cara cambió de un rostro vacío a una sonrisa lánguida, como si no le sorprendiese mi presencia en absoluto.

—Estoy trabajando, hago algo productivo con mi vida, Weigel, y es algo que tú deberías de hacer. ¿No crees? —atacó, alzando una de sus cejas por lo alto.

—¿Desde cuándo? —inquirí con una voz ecuánime, aún sin poder creer esto.

—No tengo por qué darte explicaciones —rodó los ojos—. ¿Viene por algún reembolso, consultar saldo o algo más?

Entrecerré mi vista para darle a entender que no bromeaba, pero él me ignoró. Iba a hablar cuando Zev pasó en frente de mí y me interrumpió.

—Si tengo la tarjeta de invitado, ¿aplica el descuento de dos por uno? —interrogó el rizado siendo amable.

Si no estuviera aún desconcertada, le hubiese dicho a mi amigo que yo no tenía tarjeta.

—Depende, todos los días hay promociones. Esa es los sábados. Hoy es domingo, mañana lunes.

—Esa ya lo sé. —Zev murmuró—. Dame dos para *Pixels*.

—Bien, no parece… —Luke retomó la discusión.

—Zev, ¿por qué no mejor te adelantas? —le dije.

—Pero…

—Vamos, corre, yo recibo los boletos.

Mi amigo, no muy convencido, se alejó de mala gana. Negué varias veces, sacando de mi pantalón el dinero para poder pagar. El rubio me miró por unos segundos y sonrió lobunamente.

—¿Tú vas a pagar?

—Sí, bueno, eso pasa cuando no asisto a los partidos en donde Mattie me invita —respondí dejando el dinero en su mano.

—Oh, ya le pusiste Mattie —dijo sarcásticamente—. Me das risa, Weigel. —Me limité a poner los ojos en blanco y cruzarme de brazos—. Si tanto te afecta mi presencia aquí solo te diré que de lunes a viernes trabajo de seis a diez de la noche y los domingos de una a seis de la tarde —informó buscando el cambio.

—¿Y por qué tu horario no coincide hoy? —acusé.

—Se enfermó al que le corresponde.

Miré detrás de mí para confirmar que no hubiera nadie más esperando y así no preocuparme por seguir hablando. Luke en un segundo cambió su semblante a uno de fastidio y como si odiara el simple hecho de estar ahí en ese momento. Bien, ya éramos dos.

—Mientes —añadí.

—No me importa.

Nguyen regresó a mi lado sin nada en las manos. ¡Uhg! El dinero. Yo le extendí los boletos, esperando a que el rubio me devolviese el dinero.

—Oye... —El rizado inició—. Yo no pedí boletos para esta película.

—Oh, claro que lo hiciste. —Miró al castaño falsamente.

—No, no lo hice.

—Sí, sí lo hiciste. —El otro afirmó, apretando sus labios en una tensa línea durante unos segundos.

—Ninguno de los dos pidió esa, al menos yo no, y lo sé porque no me gustan las películas de terror. —Zev apoyó los boletos en frente de Luke—. Las detesto.

—Bueno, pueden exigir un cambio pero con otra persona.

—Ningún cambio porque nosotros no pedimos nada. —Se puso altanero el castaño—. Te dije *Pixels*.

—Si no te gusta puedes reclamar con el gerente. Ahora muévanse que ya hay personas esperando —siseó.

Atisbé detrás de nosotros, comprobando que efectivamente esperaban por su turno.

—Luke —llamé al rubio—, no te cuesta nada cambiar los boletos.

—Sí, me cuesta el patético tiempo de mi patética vida solo porque ustedes se equivocaron —farfulló molesto. Después de unos segundos nos dedicó una sonrisa demasiado falsa arrastrando por el mostrador con una de sus manos varias monedas—. Que disfruten su película.

—No voy a... —Zev empezó a balbucear, pero se vio interrumpido porque Luke cerró de golpe la caja registradora.

—Se acabó mi horario —habló firme causando que su mandíbula se tensara.

—Eso es mentira, aún no acaba tu horario —hablé, recordando lo que me dijo.

—¡Qué desgracia! —murmuró con un toque sarcástico—. El mío para ustedes sí.

—¡Luke! —lo llamé.

Aunque eso no lo detuvo, él siguió caminando y, antes de que Zev y yo reaccionáramos, el rubio ya había salido de la escena.

«Ojalá lo despidan», mi mente deseó.

—Las drogas le hacen mal... —susurró el chico a mi lado, sacándome de mi pequeño trance.

—Cállate, Zev —reprendí cansada.

—Yo solo quería ver la película de Adam...

—¿Sabes? Ya, déjalo. —Volqué los ojos, quitándole los boletos.

Zev hizo un mohín indicando que no le agradaba la idea. Sin embargo, caminó detrás de mí quejándose en todo el camino a la sala. No le gustaban las películas de terror, terminaba gritando y las personas callándolo.

El humor de Luke iba subiendo de temperamento con los días y mis ganas de querer darle un golpe en su rostro también. Tendría que sobrevivir con ello.

Capítulo 9

Hasley

—Esto es basura —susurré al instante que mis pies tocaron el suelo de aquella casa.

—Venga, Hasley, anímate —Zev chilló por lo bajo.

Me limité a rodar los ojos, entrando completamente con él de su brazo, esquivando a todas las personas para poder llegar a donde fuese el destino que mi amigo quisiera.

—¿Crees que haya venido? —pregunté acercándome a su oído.

—¿Lo dudas? ¡Por el amor a Dios, Hasley! —exclamó irónico negando varias veces con la cabeza—. Matthew no se pierde estas fiestas, aparte nos invitó o, para ser exactos, a ti. ¿Crees que no me he dado cuenta de que solo me está utilizando? Pero realmente no me molesta mientras no te haga daño, claro.

Miraba a Zev con el entrecejo fruncido, no me esperaba que él dijera aquello. Solía pensar que era muy ingenuo con sus amistades, pero creo que estuve equivocada todo este tiempo. Después de todo, yo soy la única ingenua porque no se me había cruzado por la mente que eso podía ser una razón por la sorprendente amistad que se formó entre ellos dos. Dejaba de concentrarme en todo y esperaba por Zev, a que se detuviese en algún lugar. A los minutos, llegamos junto a Dylan y otros chicos.

Matt nos invitó a una fiesta que habían realizado los integrantes de su equipo de baloncesto, al parecer para celebrar algo. No sé qué pretendían estos chicos al hacer fiestas en días de clases pero casi todo el instituto asistió y ni uno tenía cara de que les preocupase que mañana habría escuela. Asistí por dos cosas: una de ellas es que Zev insistió en que lo acompañara, ya que no salía mucho y con lo estricta que era mi madre prácticamente le rogó para que me diese permiso; y la segunda tenía nombre y apellido, Matthew Jones.

—¡Esto está a reventar! —Dylan alzó los brazos un poco mareado por el alcohol.

Podía contar la cantidad de vasos ingeridos con tan solo oler.

—No creo que solamente haya personas del instituto aquí. —Un chico rubio, de nombre Eduardo, opinó mirando a su alrededor—. Les recomiendo que no vayan al patio trasero, hay chicos vendiendo droga.

—¿Droga? —pregunté incrédula recibiendo un asentamiento de cabeza por parte suya.

Por un instante, Luke vino a mis pensamientos pero fueron borrados cuando Zev habló.

—No te separes, ¿bien? —se dirigió a mí.

—Sé cuidarme —refunfuñé.

Algunos rieron, pero el rizado me miró serio. Odiaba su sobreprotección. Tendría que estar a su margen si quería salir viva de aquí.

Fue todo lo contrario.

Empezaron a platicar sobre cosas sin sentido, como los partidos, equipos, chicas y problemas que algunos tenían con sus novias, comiéndose el tiempo tras vasos y más vasos con alcohol en ellos. Mi niñero ya perdería la cordura y sería yo quien cuidaría de él, de eso estaba segura. Se sumergían en su plática y decidí dejarlos, probablemente Zev se daría cuenta dentro de media hora… o nunca.

Caminé entre todos los chicos que olían a alcohol, sudor, cigarrillos y, puede ser, a semen… ¿Acaso el semen tenía olor? Eliminé, en definitiva, aquella pregunta tan absurda y me concentré en mi camino; busqué la mesa donde había varios tipos de bebidas y decidí llenar mi vaso con un poco de ponche. Fresa, a juzgar por el color. Me apoyé en la mesa mirando al frente, sería parte de todo aquel grupo de chicos bailando si supiera bailar. Observé mi vaso por unos cortos segundos, los hielos chocaban entre sí creando pequeños movimientos en el líquido. Con esto podía confirmar cuán aburrida me encontraba.

Suspiré hondo y regresé hacia donde dejé a Zev. No supe si yo fui la distraída o la otra persona, pero mi ponche se derramó sobre mi blusa causando que los hielos me dieran un escalofrío al hacer contacto con mi piel.

—Yo he sido el culpable. —Matthew levantó las manos con una sonrisa tímida y no pude evitar que la comisura de mis labios formase una sonrisa.

—Yo... —Me callé.

Sentí mis mejillas calentarse al grado de taparme la cara.

—En serio, lo siento tanto. ¡Ven!

Él me cogió de la mano y, definitivamente, quise gritar de la emoción. El chico me pasó un trapo para que me pudiera secar. Esto quedaría pegajoso, aunque mi obsesión con el chico ganaba y no me importó en lo absoluto. Matthew me indicó que me sentara en una silla para que estuviese más cómoda y pudiera limpiarme bien.

—¿Quieres ir arriba para limpiarte mejor? La casa es de un amigo y la conozco como la palma de mi mano —ofreció, mirándome con aquellos ojos que tanto me gustaban y no me cansaría jamás de ver.

—No, gracias. —Reí retirando mi vista de él hacia mi blusa, la cual era tallada por un trapo azul.

—Estarás pegajosa y eso no es nada cómodo —insistió.

—Lo soportaré. En serio, no te preocupes. —Alcé mi mirada y él hizo un mohín.

—Bien, para ser honestos te tropecé a propósito para tener una excusa con la cual pudiera hablar contigo y sin muchas personas. No me fijé en el ponche —confesó Matthew.

Eso podía sonar y ser estúpido, pero en él era todo lo contrario.

«Soy tan patética», gemí en mis adentros.

—No sé qué decir al respecto.

—Solo acepta mi *ayuda.* —Él hizo énfasis en la última palabra, causando que soltara una risa tan boba.

Finalmente asentí, poniéndome de pie. En el camino pude fijarme en que Zev me vio, pero no reclamó nada. Subimos las escaleras y nos detuvimos en una de las puertas. Matt me indicó que entrara y así fue, para después cerrar la puerta tras él. Era una habitación, no un baño como yo esperaba. Lo miré, tenía una sonrisa traviesa y me sentí incómoda ante su gesto.

—El baño está en aquella puerta.

—Gracias —murmuré, dirigiéndome hacia el baño.

Rápidamente me limpié lo mejor que pude, tratando de quitar el líquido que ya se estaba poniendo pegajoso. Me observé en el espejo por unos segundos, las ojeras eran tan visibles que ni con maquillaje se quitaban. Salí del baño y Matthew miraba su celular en el centro del cuarto.

—Listo —avisé.

Él giró sobre su eje y guardó el celular en el bolsillo de su pantalón, sonrió haciendo que sus finos labios se viesen delgados y más rojos de lo común. Matt se acercó a mí y soltó una risita. No me alejé.

—Me siento menos culpable —susurró cerca de mis labios.

Sentí cómo los vellos de mi piel se erizaban, acortó un poco la pequeña brecha causando que mi respiración se entrecortara y me pusiera nerviosa. Su nariz rozaba la mía, obligándome a cerrar los ojos, sabía lo que pasaría a continuación y no quería que se detuviera.

¡No! ¡No!

Oí como la puerta se abrió de golpe, dejando que mis tímpanos se llenaran de la música ruidosa que albergaba la casa. Él se separó y maldije miles veces al causante que estropeó el momento.

Mis manos se hicieron puños y quise golpearlo apenas lo vi. Luke se apoyaba de lado en el margen de la puerta con su mirada tan típica. Esto se estaba volviendo tan común en él para mí, desde que lo conocía había estado encontrándomelo en casi todos los lugares a los que yo iba. Podía comprender sus apariciones, pero en ocasiones todo parecía tan a propósito y jamás lo descartaría. No me imaginaba que él asistiese a fiestas así, por su forma de ser podía creer que no era de aquellos chicos que iban de fiesta en fiesta todos los días, mucho menos en días de escuela.

Su cabello se revolvía, vestía con unos pantalones y un suéter negro.

—Buscaba un baño, lo siento por... —Él dejó la frase en el aire como si estuviese pensando en algo—. No, la verdad no siento nada, solo busco un baño en esta estúpida casa y me he equivocado de puerta.

—Pues aquí hay uno. —Matt indicó sonando lo más amable y paciente. Luke no le respondió y caminó sin mostrar la cara hasta el baño en donde yo había salido hace unos minutos atrás—. No creo que se haya equivocado.

—Lo mismo pensé —apoyé pero, a diferencia de él, fastidiada.

El rubio salió del baño y se posicionó en frente de nosotros dos.

Quería golpearlo.

Elevé mi vista para dejarle en claro con mi cara de que me comenzaba a estorbar. Ay, no. Mis labios se separaron de la impresión:

el lado izquierdo de su cara mostraba un claro moretón cerca de su ojo, al igual que un pequeño corte en su labio. Me acerqué a él para poder verlo mejor, podía suponer que no tenía muchos días.

—¿Qué te pasó?

—Un pequeño accidente que ocurrió ayer. —Luke tocó la herida y me miró.

—¿Te duele? —Sonaba preocupada y en realidad lo estaba.

No entendía mis emociones con este chico.

—No —musitó sin despegar su vista de la mía.

—Bien, voy abajo. —Matthew interrumpió—. Ojalá te recuperes, Luke.

Miré al chico pelirrojo, un poco decepcionada, aunque solo me dedicó una sonrisa a medias y salió de la habitación dejándome sola con el más alto. No quería que se fuera. Regresé mis ojos a Luke.

—¿Estabas a punto de dejarte besar por él? —demandó antes de que yo pudiese pronunciar algo.

—Creo. —Mordí mi labio y me alejé.

—No lo vuelvas a hacer.

—¿Perdón? —pregunté.

—No lo hagas. Tómalo como un consejo, Weigel. —Se encogió de hombros y puso todo su peso sobre una de sus piernas.

—No me hacen falta, sé lo que hago —espeté irritada.

—No seas tan tonta, sé lo que te digo pero si no quieres tomarlo para añadirlo a tu block de consejos, me vale un carajo. Tienes suerte de que no sea de las personas que dicen te lo dije. —Luke tenía un filo en sus palabras.

Me sorprendía lo directo y crudo que sonaba, manteniendo siempre sus palabras claras y sin colarse ningún tartamudeo. Me llegaba a sorprender que tuviese las palabras correctas y soltar todo lo que pensaba, sin enseñar algún rostro de arrepentimiento.

—Te detesto. —Por fin, después de unos segundos en silencio, fue lo único que salió de mi boca, sin quitarle o sumarle nada a él.

—El sentimiento es mutuo. —Pasó su lengua por su labio, estaba lastimado y observó mi blusa. Estiró uno de sus brazos y sus dedos rozaron la tela.

—¡No toques! —reprendí alejándolo de mi pecho.

—Quítate la blusa —murmuró mirándome a los ojos.

—¿Qué dices?

No podía comprender lo que me pedía, de hecho, no entendía los monosílabos de este chico. Tenía que adivinar qué era lo que intentaba decir con ellos, pero resultaba ser tan fácil. Él no me ponía nada en bandeja de plata.

—Sigues húmeda y a causa de eso te puede pillar un resfriado, te daré mi suéter —explicó— y no te niegues, porque terminaré siendo yo el que te quite la blusa y te lo ponga a la fuerza. ¿Entendiste, Weigel?

¿Se preocupaba por mí?

A este chico nunca la entendería. Me dijo tonta hace unos minutos atrás y ahora trataba de cuidarme, vale, sostenía mis ganas de querer golpearlo. Preferí no decir nada al respecto, Luke se quitó su suéter para tendérmelo, dudé unos segundos causando que arqueara una de sus cejas, lo tomé de mala gana y fui al baño.

—¿A dónde vas? —lo escuché preguntar.

—Al baño. ¿Piensas que me quitaré la blusa en frente de ti?

Luke rodó los ojos y se acercó a la ventana.

Sin tardar, quité mi blusa rápidamente y pasé mis brazos entre el suéter de Luke. Su olor se impregnó en mis fosas nasales, me parecía de una forma extraña que me agradara, la prenda albergaba comodidad y me hacía entrar en calor. Quedaba fuera de lugar aclarar que me quedaba demasiado grande.

Salí y la mirada del rubio me escaneó de pies a cabeza una vez que volteó de nuevo.

—Te ves tan diminuta. —Los ojos de Luke se veían cautelosos y muy en el fondo notaba que escondía una sonrisa.

—Es claro que tú eres más... —Mi voz se fue apagando cuando me fijé con mucho cuidado en sus brazos.

Mi cuerpo se estremeció.

La piel de sus brazos era presa de unos claros moretones, los hematomas se podían ver fácilmente debido a su piel pálida; los círculos eran diluidos por tres colores. Me acerqué al chico hasta el grado en que dejé de oír cualquier ruido alrededor de nosotros, la música que hace unos segundos me atormentaba fue sustituida por los latidos de mi corazón y los suyos. Aunque sonase muy increíble, acompañada de su respiración entrecortada al igual que la mía, mis ojos no daban crédito a lo que mostraba como un tatuaje.

Acerqué mi mano con delicadeza y miedo a que Luke me alejara, diciéndome cosas grotescas de que no lo tocara, pero supe que no lo haría cuando no se movió dándole acceso a mis dedos de tocarlo. Pase mis yemas por encima de los círculos amoratados como si de la porcelana más fina y frágil del mundo estuviera ante mí. Recibí un quejido por parte de Luke y retiré rápido mi mano.

—¿Te duele mucho? —pregunté por lo bajo.

—Estos de aquí solo un poco —señaló los hematomas de su brazo, restándole importancia a los demás, pero sabía que mentía.

Luke solía mentir casi siempre.

—¿Que te ha ocurrido? —inquirí tratando de no sonar tan demandante.

—Ya te he dicho, tuve un pequeño accidente —intentó de reír, pero en lugar de eso su rostro se formó en uno adolorido.

—¿Pelea de chicos malos marcando su territorio? —bromeé recibiendo un ceño fruncido de su parte.

—A veces me preguntó por qué te sigo hablando —pronunció girando sobre su mismo eje— y siempre obtengo la misma respuesta —susurró casi inaudible.

Detestaba ser tan necia y preguntona. Me armé de valor y volví a hablar.

—Solo quiero saber qué te ha ocurrido.

—Solo fue un maldito accidente, estoy bien. —Su voz fue calmada.

—Luke...

—¡Deja de insistir, Hasley! —ladró interrumpiéndome, dándose la vuelta y quedando frente a frente.

Mi interior se removió al oír que me había llamado por mi nombre. Se sintió diferente, como si yo fuese la mala. Sin embargo lo dijo enojado, dejando en claro que no le gustaba pronunciarlo.

—Bien —balbuceé.

Él intentó mover la cabeza indicando que lo olvidará, en un suspiro cerró los ojos y volvió a mirar.

—No quise gritarte, no me gusta hacerlo.

—Fue mi culpa —le indiqué.

—No, no lo fue. Jamás te sientas así. Nadie debería gritarte ni hacerte creer que ha sido tu culpa.

—Ya no sé qué pensar —dije en un murmullo.

—Ni yo. Ven, estar aquí no es lo mío.

Me tomó de la muñeca para salir de aquella habitación y bajar las escaleras. Luke esquivaba algunas personas o simplemente era demasiado grosero y terminaba empujándolas.

—¿A dónde vamos? —le interrogué cuando me di cuenta de que estábamos dejando aquel lugar y alejándome de la única persona que me llevaría de vuelta a mi casa.

—Lejos de aquí —mencionó sin detenerse.

Existían cosas por las cuales Luke me molestaba y una de tantas es que creía que tenía poder encima sobre mí o de decidir por mí.

—Pero Zev me llevará de regreso —informé, queriendo soltarme de su agarre. Él no cedió.

—Weigel, Zev será el último en llevarte a casa, está demasiado alcoholizado para tomar su auto. Dudo que la mitad de los que han asistido a esta fiesta vayan mañana al instituto —explicó sin detenerse.

Odiaba que tuviera razón. La última vez que me alejé de mi amigo fue cuando iba por el sexto vaso de refresco con licor; probablemente terminaría durmiendo encima de Dylan y creyendo que me han hecho algo malo mientras la culpa lo invadía, pero si algo le pasaba, jamás me lo perdonaría.

—¿Y si le ocurre algo? —jadeé al tan solo pensarlo—. No puedo dejarlo allí.

Luke detuvo su caminata cerca de una moto y, por ende, también yo. Él se apoyó en ella y se cruzó de brazos.

—¿Ocurrirle algo? —preguntó irónico—. Weigel, es el capitán del equipo de rugby, prácticamente las chicas se tirarían al suelo para que él no se ensucie, por favor. No le pasará nada. —No respondí, el silencio respondía más que un tienes razón. Sacó de su bolsillo un cigarrillo y lo encendió—. ¿Te has subido a una moto antes?

—Sí —confesé.

El verano pasado le habían regalado una a Nico —el hijo de Amy— por su cumpleaños. Aprovechaba cada oportunidad para usarla, llevándome a mí de pretexto. El único problema aquí es que no sabía cómo Luke se comportaba encima de una.

—No eres el tipo de personas que piensan que la calle es su propia pista automovilística personal, ¿cierto?

Luke hizo un mohín divertido que, poco a poco, se formó en una risa burlona. Deshizo el cruce de brazos, apoyándose en la moto, se inclinó hacia el frente quedando a unos centímetros cerca de mi cara. Aun así, seguía un poco más alto que yo.

—Sí estás conmigo, me veo en la obligación de evitarlo.

Su sonrisa se hizo de lado haciéndolo lucir tímido, sus ojos se veían demasiado brillantes por la tenue luz del faro que iluminaba el vecindario y la de la luna. Después de todo, sí había algo que me gustaba de Luke: sus ojos. Quería tocar su rostro.

—Súbete y trata de no aferrarte a mi torso, es demasiado incómodo.

Desenganchó el casco y me lo puso; él hizo lo mismo con el suyo y perdí todo tipo de contacto visual cuando se levantó de la moto para montarse en ella. Dudé unos segundos aún insegura de dejar a Zev en aquella casa, pero bastó solo un momento para que diera un suspiro y subirme detrás de Luke. Le daba gracias al Señor por haberme puesto unos tejanos.

—Trata de ser suave —susurré enrollando mis brazos en su torso.

Él soltó una pequeña risa que causó que frunciera el ceño.

—Le he tomado doble sentido.

Luego de decir aquella oración, dio una fuerte carcajada haciendo vibrar su espalda y sintiéndolo en unas de mis mejillas que se encontraba apoyada en su ancha espalda.

—Eres un... —Él me interrumpió por segunda ocasión en la noche antes que le pudiera decir lo que pensaba.

—Sujétate —avisó para emprender el recorrido, sentí que rió, aunque no sabía si era eso o por la vibración que transmitía la moto hasta su espalda.

Nadie volvió a mencionar nada. Luke seguía manejando y yo intentaba no ejercer mucha fuerza en mi agarre. El aire fresco de Sídney hacía contacto con la piel de mi rostro al grado de llegar a sentir fría mi nariz. La moto se detuvo y yo me separé de Luke desorientada.

—Esta no es mi casa —demandé al ver que se trataba de unos departamentos.

—Eso lo sé, no me has dado tu dirección. ¿Piensas que la adivinaré? —habló girando su cabeza para poder verme con el rabillo del ojo.

—¡Te la he dado el día que me fuiste a buscar para ir al callejón! —chillé recordándole—. ¡Te burlaste de mi calcetín!

Dio una gran carcajada.

—¡Pucca! —mencionó en un gritó. Trató de tranquilizarse y cuando dejó de reír volvió a hablar—. No lo recuerdo, solo dámela de nuevo.

Solté un gruñido y le volví a dar el nombre de mi calle.

Minutos más tarde se detuvo pero esta vez, a diferencia de la otra, pude visualizar mi casa. Toqué el suelo y retiré uno de mis mechones para depositarlos detrás de mi oreja y observar a Luke, quién sacó de su bolsillo otro cigarrillo y lo prendió.

—Uhmm, gracias. —Rompí el silencio que se formó.

Él dio una calada y soltó el humo hacia arriba.

—¿No me invitarás a pasar? —vaciló.

—Oh, vamos, ¿de verdad quieres? —La pregunta salió irónica porque ambos sabíamos la respuesta.

—Tienes razón, mejor no te molestes en repetirlo.

—Entonces me voy —informé indecisa.

¿Así me tenía que despedir de él? Porque no sabía cómo hacerlo.

—Weigel... —Su voz suave como el mismo terciopelo llamó mi atención, pero la llamó aún más la manera en cómo lo había hecho—. Mañana me acompañarás después de clases a un sitio.

—¿Es una pregunta o una afirmación? —pregunté levantado una de mis cejas.

—Si quieres hacer algo bueno por ti vendrás y si no quieres, entonces vete a la mierda —Luke atacó y encendió la moto.

—A veces eres tan molesto —siseé al no comprender el cambio de su actitud tan repentino.

—Bien, entonces mejor me voy para que deje de molestarte. Mañana me dices.

En un parpadear se marchó antes que yo pudiese reclamar o protestar sobre ello. Me quedé ahí parada en el mismo sitio mientras observaba cómo se alejaba, llevándose con él mi calma y dejándome la inquietud desgarrando mi interior junto a mi curiosidad.

Capítulo 10

Hasley

—Joder, mi cabeza ya no la soporto. —Zev se volvió a quejar por décima vez mientras sobaba su sien con las yemas de sus dedos.

Al parecer tenía resaca y no quería ver ni la luz del día. Sus ojos estaban cubiertos por unas gafas de sol, sus ojeras se apoderaban de su cara y, a pesar de que intenté ponerle un poco de maquillaje, no se ocultaban. Como era de esperarse, me había regañado por haberme ido y dejarlo solo sin avisar; según él, me buscó hasta en el más mínimo rincón de la casa. No siguió, pues tan fuerte se volvió la jaqueca que decidió darle punto final a su propia discusión.

—Solo falta una clase, trata de no caer rendido al suelo. —Lo animé, bromeando.

—Y es Andrea, la maestra con la voz más chillona del instituto —dramatizó.

—¡Hola, plebeyos! —Neisan saludó en un grito, golpeando a la mesa.

—¿Qué te ocurre, imbécil? —Zev gritó cabreado y apretó con sus brazos su cabeza.

—Hola, Neisan —le devolví el saludo en una sonrisa agradable.

—Creo que a alguien no se le quita la resaca imperdonable. —El chico rió y lo apoyé—. Te vengo avisar que el entrenador ha llamado a todo el equipo.

—¿Ese hombre quiere matarme? No tengo humor de soportar sus gritos de mujer menopáusica. —Mi amigo levantó la cabeza y gimió.

—Al menos te has salvado de Andrea —pronuncié en una risita por lo bajo.

—Prefiero arrancarme la cabeza antes de elegir entre ellos dos —gruñó levantándose de la mesa—. ¿Me esperarás?

—Oh, no, iré a otro lugar —murmuré apenada.

Y sí, iría con Luke.

Había pasado casi toda la noche pensado sobre lo que me propuso. Después de darle vueltas al asunto, decidí que lo mejor sería tratar de convivir con el chico. Desde el día en que habíamos cruzado palabras eso es lo que quería: saber más de él a pesar de los insultos que me dirigía o lo grotesco e insípido que se comportaba. Sí, demasiado esfuerzo estaba haciendo al intentar amoldarme a sus cambios de humor. Lo peor de todo es que yo misma me contradecía. Este es el efecto Luke.

—¿Con quién? —Zev inquirió, sin quitar su cara de mal humor que se podía ver a kilómetros con un claro letrero: *tócame y lo último que verás y sentirás será mi puño en tu rostro.*

—Con Luke. —Mi voz sonó tan firme, transmitiéndole que lo que dijera no haría que cambiara de opinión.

No me gustaba mentirle y muchos menos para esconder algo que no le hacía daño a nadie.

—Solo porque tengo una resaca de los mil demonios no discutiré, mantente al margen —bufó con molestia, tomando su mochila del suelo.

—Oh, vamos, Zev, tú sabes que el chico no es tan malo. —Neisan susurró haciendo que lo mirase extrañada.

—Cállate, Neisan, tu voz aumenta más mi dolor —mofó Zev, tendiendo su mano y luego cubrir sus ojos.

—¿Has intentado tomar una aspirina?

—¿Tú crees que no? Me tomé la caja entera —gruñó.

Los dos siguieron discutiendo mientras se alejaban del lugar y sus voces se hacían cada vez inaudibles, dejándome sola en aquella mesa con una sola pregunta dando vueltas en mi cabeza: *¿por qué dijo eso Neisan?*

Sabía que Zev conocía a Luke, eso me lo dejó en claro Nguyen el día en que me pidió que me alejara del chico y, por otra parte, porque él solía reunirse en el campo con su equipo y el entrenador por alguna junta. Luke permanecía casi todo el tiempo en las gradas, existía la posibilidad de que ellos hubieran cruzado palabras y tal vez Zev era la persona que podía responder algunas de mis preguntas, pero tan solo pronunciaban el nombre del rubio mi amigo se alejaba cabreado. Tendría que alimentar mi propia curiosidad. No me iba a quedar esperando a que algo relevante pasara por parte de ellos dos para que mis preguntas tuvieran respuestas, yo misma tendría que buscarlas en dos libros que no eran fáciles de abrir y empezaría con el más difícil: Luke.

Tomé mi mochila después de que el timbre sonara, indicando que la última clase ya había empezado. A pasos flojos y pocos interesados caminé hasta el aula de ciencias sociales.

Una hora más tarde, el profesor Sullivan indicó que daba por terminada la clase y que nos podíamos retirar. Cerré mi libreta y la metí a mi mochila junto a mis otras cosas, la pasé por encima de mi cabeza como era de costumbre y caminé hasta la puerta, aunque alguien me empujó.

—¡Fíjate, animal! —vociferé al chico que ni tomó en cuenta mi insulto, al contrario, solo se giró y soltó una risa—. Lo voy a golpear.

—Refunfuñona —dijeron atrás de mí, acompañado de una risita que pude intuir de quién se trataba.

Me giré para ver a Luke apoyado en la pared mientras intentaba mantener el equilibrio de su mochila encima de su cabeza, lo que me evitaba ver su cara. Solo gruñí y él volvió a echar otra risa, bajó su mochila aún sosteniéndola a la altura de sus rodillas y me miró.

Otros días no me tomaba la molestia de observarlo porque no me interesaba; en cambio hoy preferí hacer la excepción. Se veía demasiado bien en aquella chaqueta negra con una camisa blanca debajo, sus tejanos tan comunes y su cabello despeinado. Regresé a su rostro y todo tipo de atracción a su ropa se esfumó cuando miré sus ojos, los cuales no tenían el azul intenso que solían poseer, tenían un contraste apagado y opaco. No me importó, resaltaban de igual manera por los círculos oscuros que descansaban debajo de ellos, las ojeras sobresalían ante su blanca piel.

—¿Qué haces aquí? —le pregunté.

—Estaba pasando —habló obvio y moviendo su brazo que sostenía su mochila— pero ya que te veo, ¿decidiste o te sigo molestando?

—Empezaste a molestar desde que me dijiste refunfuñona —respondí rodando los ojos.

—Bien —mofó frunciendo sus labios—. Lo siento. —Me tomó de sorpresa lo que dijo, dejándome bloqueada sin poder mencionar algo. Mis ojos viajaron a los suyos sin entender sus disculpas, él solo suspiró y bajó la cabeza volviendo a hablar——. Soy un imbécil.

Luke jadeó, levantando su mochila a la altura de su hombro y se alejó. Mis piernas se movieron por inercia a la dirección donde se había ido con pasos rápidos, pero pude divisarlo un poco retirado saliendo de las instalaciones. Sus piernas largas le daban ventaja. Esquivé a algunos estudiantes que iban saliendo y reduje mi paso al fijarme que se detuvo afuera del instituto.

——No eres un imbécil ——murmuré a sus espaldas cuando estuve cerca de él——. Iba a decirte que sí iré.

Luke se giró y me miró un poco calmado, algo que me extrañó. Por la manera en que dejó el lugar, pensaba que estaría enfadado por lo que yo dije. Su semblante estaba neutro y solo asintió para comenzar a caminar en dirección contraria del estacionamiento.

——¿No traes tu moto?

——No suelo traerla al instituto ——respondió con la mirada baja.

¡Maldita sea Luke y sus cambios de humor!

——¿Está muy lejos dónde quieres ir? ——insistí.

——Creo que jamás vas a dejar de preguntar, ¿cierto?——Él soltó una risa y eso me hizo sentir entrar un poco en confianza. Y repetía: sus cambios eran un vil desastre para mi hábito de tratar a las personas. Yo negué causando que levantara la cabeza y entrecerrara los ojos——. No es muy lejos, a unas tres o cuatro cuadras, solo intenta ignorar los metros.

——Gran consejo ——me burlé.

Luke empezó a decirme que llegaba a irritarlo con mis quejas y berrinches. Fue en el momento en que le dije que estaba cansada, cuando me tomó de la mano y comenzó a correr conmigo sin soltarme; al parecer le divertía mis gritos que eran inútiles diciéndole que se detuviera porque sus carcajadas eran como un sonido ya extraído de la naturaleza. Me gustaba cómo sonaba.

Quería la risa de Luke para tono de llamada.

Nos fuimos deteniendo en unos de los tantos callejones que habían en aquella colonia y no dudé en sentirme incómoda, los edificios que se hallaban entre aquel callejón estaban un poco viejos. Le preguntaba si aquel lugar era seguro pero, como siempre, solo recibía un *"¿puedes dejar de hacer preguntas, Weigel?"*

Llegamos al fondo del callejón y pude ver una tienda pintada de negro, azul y rojo. Afuera tenía varios carteles de artistas y discos, entonces supe que era una tienda de discos. Luke se aferró a mi mano y entramos al local. Por dentro lucía mucho mejor, estaba dividida de dos formas: rústica y urbana; las secciones tenían diferentes colores. Cabe mencionar que olía a lavanda mezclada con olor a tabaco. Entendía por qué Luke amaba este lugar. El chico caminó hasta el fondo de la tienda y nos detuvimos en una sección que le pertenecía a la parte rústica.

—¿El viaje a la buena música? —inquirí.

—Así es—asintió. El hoyuelo en su mejilla se hizo visible haciendo que sus ojos tomaran un poco de brillo, a pesar del color opaco que tenían—. Me siento bien al enseñarte mis gustos musicales...

Él dejó la frase en el aire y no la continuó, empezó buscando algún disco. Metía y sacaba algunos diciendo uno que otro *"estos no valen la pena", "buena afinación de voz, pero letras sin sentido".*

—¿Sueles escuchar mucha música? —Traté de sacar algún tema en específico para no sentirme excluida en su burbuja.

—El mayor tiempo sí, más cuando estoy en casa —habló encogiéndose de hombros sin dejar de buscar—. A veces es bueno ignorar la mierda que suele hablar la mayoría de las personas en el mundo.

—Lo he sentido como una indirecta —murmuré. Él negó.

—¿Acaso has visto que he reemplazado tu voz quejona con unos auriculares?

—¿No? —dudé.

—Claro que no, Weigel. —Chasqueó su lengua unas cuantas veces negando—. Empecemos con The Doors. —Luke sonrió orgulloso de ellos mientras me daba un disco.

Se veía tan emocionado, con una sonrisa que lo hacía ver tan adorable que, por unos instantes, olvidaba su mal temperamento. Hablaba de más y más bandas mientras me las mostraba; algunos me los pasaba y otros los dejaba de nuevo en su lugar. Veía las imágenes de los discos, unos eran tétricos mientras otros me daban escalofríos.

Dirigí mi vista a uno en frente de mí, la imagen llamó mucho mi atención y, por primera vez, me sentí orgullosa de conocerlos al leer su nombre.

—The Fray... —susurre tomándolo con mi mano libre.

—¿Los conoces? —Luke preguntó a mi lado quitándomelo.

—Sí, he escuchado un par de canciones de ellos, especialmente Fall Away—expliqué mirándolo.

—Mencionaste que no conocías a nadie, a excepción de uno, el día en que te enseñé la lista. —Elevó sus manos y me miró incrédulo.

—¡Acababa de despertar! ¡En las mañanas no soy tan inteligente! —Me traté de defender.

—¿Solo en las mañanas? —Sus labios esbozaron una sonrisa burlona y yo lo empujé con una de mis manos—. A mi hermano le gustaban.

—¿El mismo con el que ibas al callejón? —Arqueé una ceja intentando que hablara.

—Sí —afirmó—, los amaba demasiado. Veo que después de todo sí sabes de buena música.

—Te puedo llegar a sorprender —susurré.

—Vaya que sí. —Rió dejando el disco en donde lo cogí.

No supe descifrar si había sido sarcasmo o ironía. Así que decidí ignorarlo y seguir mirando los estantes llenos.

—¿Has escuchado sobre The Offspring? —preguntó mirando con interés, pero negué con la cabeza —. ¡Mierda, Weigel! Necesitas escucharlos.

—¿Llevaremos todo? —pregunté al ver que ya eran muchos y mi presupuesto se reducía a mi domingo que mamá me dio.

—Pagaré la mayor parte. —Sonrió de lado divertido y mi rostro se tornó a uno confundido—. Hey, tómalo como un pequeño regalo de este ser desalmado.

—¿Regalo? —Reí.

—Ajá.

—¿Por qué?

—Cállate, Weigel, haces muchas preguntas y sinceramente me estás estresando —espetó sobándose con sus dedos la sien.

—Tú las procreas —defendí enfadada.

Luke me miró unos segundos mientras jugaba con su *piercing* para luego girarse y seguir observando. Me aburría, él solo hablaba sobre sus álbumes favoritos y yo no entendía nada. Está bien. Todas las bandas que ponía en mis manos no las conocía, mis gustos musicales eran muy diferentes a los de él; no era amante a la música en onda de hoy en día, si es que aquellas bandas lo eran.

El rubio tomó entre sus manos uno y sonrió girándose a mí, sus ojos azules brillaban haciéndolo lucir inocente y no pude evitar apreciar lo lindo que se veía con sus mejillas coloradas.

—Dejé lo mejor para lo último, te presento a Pink Floyd. —Su voz se oía emocionada y eso me causaba ternura—. Estoy seguro de que no tendrás una canción favorita de ellos, quiero que los escuches. The Dark Side of the Moon es mi álbum favorito —gimió dando unos saltitos como un niño pequeño haciéndome reír—. Juro que si dices que no te dio ganas de seguir escuchándolos, espero y lo pienses dos veces. Te recomiendo Any Colour You Like y Brain Damage.

Cogí el disco y aprecié la imagen, era la misma de su playera de aquella vez: el triángulo y un arcoíris saliendo en un lado de este. Mordí mi labio cuando volteé para leer los títulos de las canciones que al parecer parecían un poco abstractos.

—¿Por qué los amas tanto? —inquirí arqueando la comisura de mis labios.

Necesitaba que hablara un poco más. Me gustaba descubrir más allá de los sentimientos de las personas y Luke parecía alguien lleno de ellos, a pesar de ser una completa roca por fuera.

Adoraba verlo hablar de lo que más amaba.

—Trasmiten tanta tranquilidad a través de sus canciones y eso es algo sorprendente en ellos. Cuando los escuches entenderás. —Me guiñó el ojo y siguió caminando entre los estantes.

Pasé mi lengua por mis labios y lo seguí, estábamos en otro pasillo con más discos alrededor. Luke se detuvo y saco dos.

—Green Day, creo que ellos no podían faltar y sobre todo este álbum. —Me entregó uno y pude notar la imagen de este. Sin duda eran muy raros, volteé hacia los temas y leí. Todo tuvo un poco de sentido al leer el cuarto título—. American Idiot es uno de mis favoritos pero, ¡Dookie no puede quedarse atrás!

—Dookie suena al perrito que sale en el canal para niños —contesté.

—Weigel, por el amor a Dios, ¡concéntrate! —me regañó, quitándome los discos y caminando lejos de ahí.

Lo seguí y nos detuvimos en el mostrador. Luke puso los discos encima para que el chico los pasara por la máquina y nos dijera el costo. Como él había dicho, pagó la mayor parte. Con su cabeza indicó que tomara la bolsa, le hice caso y nos dirigimos a la salida. Luke sostuvo la puerta para que saliera primero y después él.

—¿Se supone que tengo que escuchar todo esto en un solo día? —cuestioné.

—Trata de hacerlo. —Él se detuvo y se puso en frente de mí, tomándome de los hombros para agitarme—. ¡Es un buen viaje a la buena música, Weigel!

—Pues deseo detenerme de este viaje porque muero de hambre. — Elevé ambas cejas y quité sus manos.

—Aburrida... —se burló y sacó la lengua—. Hay un puesto aquí cerca —indicó volviéndome a tomar de la mano y caminar conmigo.

Luke aumentó la velocidad conmigo esquivando a las personas, no supe qué tanto recorrimos hasta que nos detuvimos en un puesto de comida. Miré a Luke incrédula y arrugué mi nariz.

—¿Comida rápida?

—La mejor de la colonia —sonrió con orgullo—. Pide algo, yo no tengo hambre —avisó alejándose de mí.

Me quedé mirándolo y después volteé hacia el puesto. Decidí ignorar su orden y seguirlo. Luke caminó por un callejón a espaldas de mí y sacó algo de su bolsillo para después llevárselo a la boca, sabía lo que era y me disgustaba el simple hecho de saber que estaba en lo correcto. Detestaba que Luke fumara eso sin darse cuenta de que disminuía su tiempo de vida, pero a él no le importa.

—Entiendo por qué no tienes hambre —pronuncié con mi voz un poco apagada.

Luke se giró y se quitó aquello de sus labios para dejar escapar una nube de humo. Me miraba sin ninguna pizca de culpabilidad, como si fuera lo más común del mundo y, bueno, para él lo era, pero yo no me acostumbraba a verlo en aquel estado. Él se acercó a mí quedando a unos pasos de distancia.

—Es la única forma en la que puedo liberar toda la mierda que siento —habló después de unos segundos en silencio.

—Hay otras maneras de hacerlo.

—Cierto, unos beben, otros se cortan, dibujan, cantan… Pero esta es la mía y desgraciadamente no puedo cambiarla —respondió relamiendo sus labios.

—No es porque no puedas, es porque no quieres. Eso te hace daño.

—No te tiene por qué importar, Hasley —mofó.

Ahí íbamos de vuelta con el nombre.

—Tienes razón, solo intento que te des cuenta que es malo para tu salud y tal vez cuando lo hagas sea demasiado tarde —hablé demasiado rápido, tanto que tomé una bocanada de aire al finalizar.

—No puedes llegar a mi vida y fingir que me conoces en tan pocos días para hacerme cambiar de opinión acerca de esto cuando lo he hecho antes de que aparecieras, ¿si entiendes? Deja de meterte en lo que no te incumbe —masculló entre dientes. Él hablaba en serio.

Apreté mi mandíbula intentando guardar un poco el dolor que causó sus palabras, desvié mi mirada de la suya hacia otro punto que no fuesen sus malditos ojos azules—. Ve a comer, tú lo necesitas más que yo.

—Ya no tengo hambre —finalicé dándome la vuelta para caminar lejos de él.

Sentía cómo mis ojos empezaban arder y odiaba por un instante el simple hecho de ser sensible. Me sentía mal por él, lo hacía, porque no quería aceptar el hecho de que un día acabaría mal si seguía en la misma situación; podía llegar a ser tan jocoso con sus cambios de humor y aun así no quería alejarme porque me había estado acostumbrando a él.

Le tomé cariño y me interesaba.

Aunque era verdad, yo no podía llegar así tan pronto a su vida e intentar que cambiara de opinión acerca de todo eso. A pesar de que me doliera aceptarlo, no sabía mucho de él pero sí que no era una excusa para eliminar sus problemas de tal modo.

Escuché cómo comenzó a decir mi apellido y lo ignoré, aumentando la velocidad de mis pasos. No quería estar por ahora cerca de él, no quería escucharlo, simplemente no quería estar presente mientras fumaba marihuana.

—Weigel, mírame. —Tomó mi brazo deteniendo mi andar, poniéndose en frente de mí. No quería hacerlo, porque si lo hacía era para meterle un puño en su maldito rostro tan perfecto—. Está bien, mira, solo quiero decirte que no puedes venir y decirle a una persona que deje de hacerlo cuando tú no lo has hecho, cuando tú no eres presa de una adicción. Eso no funciona así. —Fruncí los labios y me negué a todo lo que había dicho, no le daría la razón en ello. Jamás lo haría porque no era así. Él suspiró y vi por el rabillo del ojo que relamió sus labios—. Pensé que por primera vez alguien en la vida me entendería, pero me volví a equivocar.

Después de eso se dio la vuelta y se marchó dejándome ahí parada con mi dignidad. Sin embargo, esta vez mis piernas no se movieron para ir tras él.

Capítulo 11

Hasley

Era el tercer día en que Luke no me hablaba y comenzaba a odiar mi sentimiento de necesidad.

Había estado evitando todo tipo de contacto conmigo. En las clases con la señorita Kearney llegaba tarde para sentarse hasta el fondo del salón, no lo veía en la cafetería y lo más extraño del mundo es que tampoco se encontraba en las gradas echando humo como chimenea.

Durante esos días me la pasaba encerrada en mi habitación escuchando los discos que habíamos comprado antes de la discusión. Descubrí que algunas canciones eran muy buenas, sin embargo, su banda favorita me sorprendió: era instrumental con frases enigmáticas. Una sorpresa total. Elegí de entre todas las canciones las que más me gustaron, postulándolas como mis favoritas. Letterbomb de Green Day no podía sacarla de mi cabeza.

Apoyé mi frente en el cristal de la ventanilla del auto para suspirar haciendo que este se empañara, tracé un pequeño corazón con mi dedo y esbocé una sonrisa. Estaba en camino al instituto junto a mamá, quien venía hablando sobre algunos de sus pacientes que la tenían un poco malhumorada.

—Eres psicóloga, se supone debes tenerles paciencia —informé en un canto, de manera en recordarle lo que con ello implicaba la psicología.

—Lo sé pero, créeme, algunos me hacen perder mis estribos —mofó en una mueca graciosa haciéndome reír.

—Eres una psicóloga muy rara —vacilé.

—Pues vete bajando porque esta rara necesita ver los expedientes de sus pacientes —indicó sacándole el seguro al auto. Ya habíamos llegado al instituto.

—Bien, nos vemos luego. Te quiero —me despedí, antes de cerrar la puerta. Ella me respondió con un cálido *"yo igual"*.

Caminé a la primera clase: literatura, con mi querido profesor Hoffman. Recordando bien las cosas, por su culpa conocí a Luke; si no me hubiese dejado fuera de la clase yo no estaría hambrienta de que el chico me hablará. De alguna manera extraña, necesitaba su maldito humor molestando.

En el salón estaban unos cuantos chicos ya sentados esperando a que el profesor se presentara o, más bien, que no lo hiciera. Fueron los minutos suficientes para que el profesor apareciera dando los buenos días junto a sus tantos sermones. Indicó leer un libro que para mi suerte era de mi agrado y había leído millones de veces: El Ruiseñor de Hans Christian Andersen.

Algunas clases pasaron rápido y otras simplemente aburrían. La hora libre se dio cuando avisaron que la profesora María no había asistido. Corrí rápidamente a la cafetería donde estaba segura de que Zev se encontraría, pero me equivoqué. Iba a regresar de vuelta a los pasillos del instituto cuando la voz suave de Matthew gritó mi nombre.

—¡Hasley! —El chico se acercó hasta mí con una sonrisa tan única que él solo sabía hacer—. Estás buscando a Zev, ¿no es así?

—Sí —murmuré un poco nerviosa por su mirada.

—Está en junta, me dijo que si te veía te dijera eso. —Hizo una mueca y rió.

—Oh, gracias —sonreí.

—Te quería preguntar si querías que almorzáramos juntos... con Zev, claro, si tú quieres, porque todavía estas en clases —habló tan rápido que sus blancas mejillas tomaron un color carmesí.

Matthew Jones nervioso y sonrojándose. ¿Acaso no podía ser eso más adorable?

—Claro, te veo aquí —sonreí intentando no ponerme como él, pero sabía que era demasiado tarde.

—Bien —asintió—. Hasta luego —se despidió, alejándose para regresar con sus compañeros de equipo.

Expulsé todo el aire cuando salí de la cafetería. Después de todo, algo estaba saliendo bien con Matt sin Luke metiendo sus narices en mis asuntos con el chico.

Sentí cómo algo se removió en mí al tan solo recordar al rubio. Odiaba mi maldita necesidad de querer hablarle; sin embargo, mi orgullo fue aún más fuerte y grande que eso. Decidí esperar la siguiente clase que, para mi mala suerte, era historia con la profesora Kearney, la clase que compartía con Luke.

Ojalá no lo deje entrar esta ocasión.

Al final yo fui la única que recibió la bofetada. Había llegado tarde y la profesora Kearney me leyó su maldito reglamento. ¿Por qué siempre se fijaban cuando yo llegaba tarde y no otros? ¿Por qué los maestros me detestan?

Después de escucharla me dejó pasar y mi suerte fue aún peor cuando me di cuenta de que el único asiento libre era el del lado de Luke. Quería tirarme del quinto piso, pero resultaba imposible porque solo eran cuatro. Caminé indecisa, con los nervios hasta la punta de mi lengua. Dejé caer mi mochila al suelo para sacar mi libreta para apuntar. El problema es que no tenía idea en qué tema estaban o qué estábamos haciendo y preguntarle a Luke era una opción tachada con marcador negro muy grueso, así que opté por la más sensata.

—Disculpa —susurré estirando mi brazo para tocar con mi dedo el hombro de mi compañero que se encontraba en frente de mí.

—Mmmm, ¿sí? —Él sonrió coqueto. Era Josh, el chico de piel pálida con cabello color negro azabache.

—He llegado tarde, por lo que has visto, y no sé qué están haciendo —expliqué un poco dudosa—. ¿Podrías decirme?

—Claro —afirmó y me sentí feliz hasta que continuó—: pero, ¿qué gano yo?

—¿Disculpa? —solté anonada.

—¿Qué gano yo si te explico todo? —Él levantó una ceja y sonrió de una manera que comprendí rápido. Abrí la boca para responder, pero alguien más lo hizo.

—Un maldito golpe en tu estúpido rostro de metrosexual si no quitas tus repugnantes ojos de encima de ella, ¿escuchaste, jodido idiota? —Luke habló entre dientes con un tono tan seco y duro.

Josh levantó las manos en forma de inocencia y se giró de nuevo para mirar hacia al frente y fingir prestar atención a la profesora. Miré lentamente a Luke sin saber qué decir o cómo reaccionar ante lo que había hecho, pero él no dijo nada al respecto. Mordí el interior de mi mejilla y fijé mi vista en mi libreta. Luke no volvió a mencionar nada y, por lo tanto, yo tampoco. La clase terminó y la profesora dejó tarea, una que no sabía de qué trataba. Empecé a recoger todas mis cosas y a guardarlas en mi mochila para pasarla, como de costumbre, por encima de mi cabeza. Sin quedarme otro segundo cerca del chico, salí del salón de clases.

Me sentía un poco incómoda por lo que había pasado. Luke llegaba a ser un poco extraño, pero agradecía que le hubiera contestado al chico; lo más probable es que yo le hubiera respondido con un patético "eso fue grosero". En ocasiones mis buenos hábitos se revelaban cuando más necesitaba mi lado grotesco.

Era hora del almuerzo. Fui directo a mi casillero para poder guardar todas mis cosas e ir a la cafetería. Busqué con la mirada el cabello rojo o rizado de alguno de los dos chicos, hasta que los visualicé en una de las mesas de en medio. Caminé directo hacia ellos con una sonrisa.

—Hey —saludé tomando asiento.

—Hola, Hasley. —Matthew me sonrió tomando una de sus papas fritas.

—¿Has oído que están planeando fiestas? —Zev preguntó—. Dicen que cada grado hará la suya.

—Y... —pronuncié para que siguiera.

—Y, bueno, somos del mismo grado, podemos hacer una. —El pelirrojo siguió.

—¿Si saben que los dos son capitanes de los equipos más importantes del instituto? —inquirí—. Harán que nadie haga su fiesta y ustedes tendrán que ver por casi todo el alumnado.

—Estoy acostumbrado a eso. —El chico se encogió de hombros y estaba en lo correcto. Él ya era un amo en las fiestas, sin embargo, mi mejor amigo no.

Preferí no decir más, Matthew cada vez que me veía me guiñaba un ojo y yo me veía con la necesidad de bajar la mirada para así cubrir mi rostro sonrojado de él. Zev avisó que iría por más jugo de uva y supe que mi nerviosismo me traicionaría. Fue así hasta que el chico que estaba en frente de mí habló.

—¿Te llevas con Luke? —Su pregunta me sorprendió.

—Algo así —dije en un titubeo.

Él solo asintió, entonces era mi turno para preguntar.

—¿Lo conoces?

Rió un poco y suspiró.

—Saber de su existencia, sí; ser amigos, no —chistó un par de veces y me miró—. Pero he oído unas cosas que hablan de él, como que se droga y asiste a terapia.

—Me gustaría decir que no es verdad, pero así es. —Fruncí los labios. No entendía por qué estábamos hablando de Luke, pero era más confuso que fuese con Matt.

—Bien, dejando el tema de Luke —El chico prosiguió y comió una de sus papas fritas—, he estado pensando y me gustaría que saliéramos —dejó escapar tan fácilmente. Si hubiese estado tomando agua, creo que la habría escupido. Él se dio cuenta de cómo sonaron sus palabras y rápido se retractó—, como una cita... de amigos.

Solté una risa por lo bajo al oír la elección de sus palabras para poder definirlo. Actuaba conmigo de una forma boba y me gustaba tal cual. Si aceptaba, tendría una cita con él, aún fuera de amigos, saldría con Matthew Jones y eso, para muchas, era un gran paso.

—Claro. —Traté de que mi voz sonara firme, ocultando la emoción calando mis huesos.

—Podríamos ir al cine y después a comer —propuso—. ¿Te apetecería?

—Sí —le sonreí cálidamente—. ¿Podría ser el sábado a las siete?

—El sábado a las siete será —confirmó, tomando por la pajilla de su jugo—. ¿Después me darías tu dirección?

Asentí. A los segundos Zev regresó y no solo con su jugo, traía otro poco de comida, así que fue inevitable robarle el *hot dog* recibiendo un quejido por parte de él.

Empezamos a hablar sobre algunas cosas que salieron, tema tras tema, mientras me limitaba a reír por las experiencias que Matthew contaba, pero se vio interrumpida cuando uno de sus amigos del equipo de baloncesto le avisó que su entrenador lo estaba llamando. Despidiéndose entre disculpas se marchó, dejándome con Zev, el cual solo servía en este instante para molestarme y poner mis mejillas completamente rojas. Fue poco el tiempo cuando sonó la campana indicando que cada quien regresaba a sus clases. Al final, Zev me acompañó a mi clase entre trompicones y burlas en todo el camino.

Mis pies se movían con velocidad entre los pasillos del instituto, tratando de esquivar a cualquiera que se interpusiera en mi camino. La primera hora del día era historia y no quería volver a llegar tarde para escuchar a la profesora con sus reglas que se deben respetar al pie de la letra.

Hoy mi día empezó bien cuando me di cuenta de que Luke todavía no había llegado, tomé uno de los asientos de adelante dejando caer mi mochila al suelo.

El salón empezó a llenarse y segundos después la profesora entró con Luke detrás de ella. Mordí mis labios al fijarme que su mirada estaba pérdida en algún punto no específico. La mujer acomodó todo en su escritorio y se puso en frente.

—Muy buenos días, chicos —saludó con una sonrisa—. Solicito que dejen sus trabajos en dos pilas a un lado de mi escritorio, califico y los entrego —indicó tomando un marcador de su escritorio y voltearse para escribir algo en la pizarra. La mayoría comenzó a levantarse de su lugar para dejar lo pedido por ella.

Bajé la cabeza sintiéndome culpable. Esto arruinaría mi calificación. Tal vez debí poner más empeño en tratar de entenderle a la tarea en casa pero, siendo honesta conmigo misma, no me apetecía hacerla.

Sentí la mirada de alguien a mis espaldas y no tuve que voltear para saber de quién se trataba. Mi sensación me decía que era Luke. Mordí el interior de mi mejilla y saqué mi libreta para poder anotar lo que la profesora había escrito. Tarea en el salón de clases. Bien, si quería recuperar algo, tenía que hacerla lo suficiente bien para alcanzar la nota intermedia.

Minutos más tarde, todos estaban haciendo la tarea o eso fingían. Se trataba de encontrar algunos puntos en el libro y anotarlos en la libreta, algo fácil de hacer pero con mucho esfuerzo de escribir. La profesora empezó a dar los trabajos llamando a uno por uno para que fuera a buscarlo y decirle en qué fallaron o qué tan suficiente había sido.

—Hasley Weigel. —La mujer me llamó con su voz suave.

Si mi estado emocional hubiese estado descontrolado, literalmente estaría en el suelo. Mi boca se abrió por sorpresa y miré en donde ella se encontraba. Por un segundo mi mente pensó que me llamaba por no haberlo entregado, pero no era así. Ella sostenía una carpeta mirándome. Yo no había entregado nada, ni pagado para que me lo hicieran. Me levanté de mi asiento un poco insegura con mi cabeza hecha un torbellino de dudas y preguntas.

—¿Sí? —pregunté en un susurro no muy segura.

—Muy buen trabajo. —La profesora me regaló una sonrisa extendiendo la carpeta hacia mí.

—Pero... yo... —Quería decir que yo no había entregado nada, pero mi lado ambicioso me gritaba *"no seas tonta y tómalo"*. Decidí hacerle caso a mi otro yo.

Asentí con la cabeza y caminé de regreso a mi lugar. Probablemente alguien que no fuera yo diría que era suerte y seguiría como si nada hubiese ocurrido pero, a diferencia de mí, me sentía como una ladrona que no ha robado. ¿Acaso eso tiene sentido?

Abrí la carpeta para poder ver el trabajo impreso, a un lado, en la pestaña de la carpeta tenía escrito con bolígrafo negro mi nombre. Aquella caligrafía tan descuidada era difícil de olvidar. Por encima de mi hombro volteé hacia el propietario de aquella letra. Luke tenía la mirada y concentración en su libreta, sin alzar la cabeza e ignorando como siempre a todos a su alrededor.

No entendía a este chico. Quería levantarme e ir directo a preguntarle qué era lo que pretendía, porque yo no entendía nada sobre sus acciones. Me dejaba de hablar por días y luego hacía una buena causa hacia mí. ¿Quién se creía?

Estaba tan confundida y creando preguntas con respuestas empleadas por mí que no me di cuenta de que la clase había terminado, hasta que vi cómo varios chicos se levantaban para dejar sus libretas en una esquina. La tarea. ¡Demonios! Dejando lo único que tenía escrito en ella, me levanté y la deposité junto a las otras.

Rápidamente busqué con la mirada a Luke, aunque ya no estaba en el salón. Corrí directo hacia la puerta en busca del chico, dando con su caballera y su ancha espalda que era cubierta por un buzo negro. Por un segundo pensé que iría a las gradas pero me equivoqué cuando me di cuenta de que se dirigía al patio trasero; apresuré mis pasos para poder alcanzarlo, casi no había muchos alumnos por acá y podía suponer por qué venía.

—¡LUKE! —grité tratando de que se detuviera. Y así fue, él detuvo su paso y dio media vuelta.

—Weigel —pronunció cuando me vio.

¡Qué satisfacción era oír eso!

—¿Has sido tú el que ha hecho pasar su trabajo por el mío? —inquirí una vez que estuve cerca de él.

—¿Es una afirmación o pregunta? —Elevó una de sus cejas.

—Pregunta. —Soné un poco dudosa de ello.

—A veces tu estado de inteligencia me sorprende. —Y aquí íbamos con sus toques de ironía. Fruncí mis labios y él rió pasando uno de sus dedos por su labio donde yacía su *piercing*—. Sí, he sido yo.

—¿Por qué? —pregunté demasiado confundida y es que realmente así estaba. Él relamió sus labios y suspiró.

—Creo que me sentí culpable —confesó—. Si no le hubiese respondido al idiota de ayer te hubiera dicho lo que querías saber, pero no pude evitar quedarme callado.

—¿Acaso eso no afectará tu calificación?

—Sé cómo recuperar la nota. —Me guiñó un ojo.

Asentí no muy segura. En cierto punto, Luke me seguía preocupando y era algo que odiaba por el simple hecho de que él no quería eso y hacía que lo sacara de quicio. O ambos lo hacíamos.

—Gracias —pronuncié.

—Uh-huh —musitó sin importancia.

Se dio la vuelta y sacó del bolsillo de su pantalón un cigarro para encenderlo y comenzar a caminar lejos. Quería decirle a mis piernas que dieran la vuelta para ir a mi siguiente clase, pero ya me veía al lado de Luke con él mirándome extrañamente. No sabía qué estaba haciendo.

—Lo siento —murmuré. Adiós dignidad y estúpido orgullo.

—¿Por? —Su voz sonó confundida y estaba claro por su entrecejo fruncido.

—Por tratar de imponer algo en tu vida —susurré un poco incómoda mirando el suelo mientras seguíamos caminando.

—Solo... déjalo ir. —Sacudió su mano y rió—. Es grandioso que te preocupes por mí.

—Lo hago por todos —recalqué para darle a entender que él no era el único por quien me preocupaba.

—Una pregunta —dijo deteniéndose y, con ello, también yo. Su mirada, difícil de descifrar, no era vacía pero tampoco divertida. Tenía un pequeño toque de sentimiento con disfraz de seriedad—. ¿Ellos se preocupan por ti? ¿Por qué darles importancia cuando no lo hacen?

—Mi madre me lo ha enseñado —respondí—. Es bueno ayudar a los demás, aunque ellos no lo hagan.

—Eso es algo estúpido —jadeó, abrió su boca para volver hablar pero fue interrumpido por el sonido de un celular. El suyo. Sacó del bolsillo de su buzo el pequeño aparato y observó la pantalla dando un bufido para llevárselo al oído—. Estoy en clases, ¿qué demonios quieres? —farfulló a la persona del otro lado de la línea—. Oh, yo tengo una mejor idea, ¿por qué no mejor me pagas todo? —Su voz estaba llena de sarcasmo, él rodó los ojos y bufó—. Llevas dos meses sin pagar entrada con tus citas, todo por mí. Deja de ser un cabrón aprovechado y paga. —Luke rió, tomó una calada de su cigarrillo y luego expulsó el humo—. André, ojalá tu próximo condón salga defectuoso. Aparte, hoy no trabajo.

Después de eso, colgó la llamada y devolvió su celular al bolsillo de su buzo. Lo miré y alcé una ceja.

—¿André? —pregunté un poco intrigada.

—Sí, un... —Él dejó la frase buscando una palabra para definirlo.

—¿Amigo? —pregunté intentando completarla.

—No es mi amigo, Weigel. —Sonó burlón, retirando el cigarro de sus labios para luego tirarlo al suelo y aplastarlo—. Solo es un conocido.

—Oh. —Fue lo único que dije.

El ambiente se volvió un poco incómodo y mis ganas de querer salir corriendo eran una de las principales ideas que gritaba mi subconsciente. Con Luke todo se mantenía un poco tenso, querer hablar de algo implicaba saber qué tema era conveniente tocar solo por él. Al final, fue él quien terminó hablando.

—Ven. —Él sonrió, causando que el famoso hoyuelo se marcara en su mejilla. Tomó mi mano y corrió conmigo un poco más atrás, llegamos a un árbol frondoso y alto para meternos debajo de este—. El aire aquí es fresco, me gusta la tranquilidad que hay.

Él tomó asiento en el pasto en frente del tronco y con una de sus manos indicó que me sentara. Hice caso a su petición y me senté haciendo que mi espalda se apoyara en el tronco del árbol. Luke seguía con la sonrisa en sus labios, haciéndolo lucir un poco indefenso.

—Escuché algunos discos —informé mirándolo.

—¿Algunos? ¿Cuáles?

—Las últimas dos bandas —confesé, puliendo una sonrisa de oreja a oreja.

Comenzamos a hablar de cuáles me gustaron más y qué pensaba de cada canción, así como de los artistas. Luke me mencionó pequeños datos curiosos, la historia de las letras, de cómo se inspiraron los compositores, así como también el significado de los vídeos. Era grandioso verlo sonreír y escucharlo hablar con mucha emoción.

Me dijo sus estrofas favoritas y el porqué de ellas, aunque no entró muy a fondo en ciertos temas, fueron suficiente para que pudiese comprender al menos un poco de sus sentimientos, así como el estado de ánimo que cada una de ellas le transmitía.

Se acostó en el pasto mientras seguíamos hablando sobre las canciones que habían sido buenas, aunque para él todas eran asombrosamente geniales, sin defectos. Un gran fan, sin dudas. Adoraba cómo hablaba con entusiasmo sobre las canciones o tarareaba el coro de alguna, su voz era linda. Intentaba dar el ritmo de alguna palmeando con sus manos. Luke podía llegar a ser entretenido y una gran persona cuando podías conocer sus gustos o lo que solía agradarle. La música era un tema demasiado bueno para poder entablar una buena conversación con él.

—¡La música es genial!

Reí al ver que chillaba de emoción como un niño pequeño. Si de algo jamás me cansaría, sería de verlo sonreír.

—Eres como un incógnito, como algo desconocido, escondes tanto que no quieres dar a conocer —murmuré.

Me di cuenta que pensé en voz alta cuando Luke se incorporó para mirarme directamente. Sentía de nuevo venir una discusión.

—Sin embargo, contigo dejo de ser tan incógnito. —Él habló cálidamente. Me había equivocado sobre mi pensamiento.

—A cuestas —siseé.

Él frunció el ceño como si algo le molestara.

—Realmente lo haces. —Pasó su dedo pulgar por su labio y tragó saliva para crear una sonrisa sin despegar sus labios—. Mañana vienes conmigo después de clases, ¿sí?

Mi mente estaba trabajando demasiado rápido que no sabía qué responder, no tenía qué hacer a menos que ir a casa y esperar a que mi madre llegara muy tarde.

—Bien —accedí.

Luke sonrió y se levantó del césped tendiéndome su mano, la cual tomé y me ayudó a levantarme.

—¿Qué clase tienes a continuación? —preguntó.

—Geometría —respondí—. ¿Y tú?

—Deportes —gruñó causándome gracia, porque su lugar favorito eran las gradas y no le apetecía ir al campo.

Saber que ya volvía a hablar con él y no tener que evitarlo me hacía sentir bien. En estos días que no interactuamos me había dado cuenta de que el chico ya estaba siendo una pequeña parte de mi vida. Solía ser una gran persona cuando se mostraba como era en realidad y no como otras veces, con su disfraz de insípido.

Él se movía demasiado rápido en su mundo, que quemaba tratar de seguirlo.

Capítulo 12

Luke

Cuando alguien consumía ciertas cosas no saludables para el cuerpo, muchos tenían un concepto erróneo y lo etiquetaban como un *drogadicto*; creían que esa persona tenía echada a perder su vida, que era alguien peligroso y malo, destructivo y tóxico. Pero muy pocos eran los que se tomaban en serio el querer averiguar por qué lo hacían. Bien, a mí me catalogaban de esa manera.

Decían que bajo sustancias actuábamos de una forma diferente a lo que solíamos ser en realidad. Yo jamás me atrevería a dañar a la persona que tanto amaba. No había tenido casos de querer golpear a alguien cuando estaba demasiado cruzado, ni mucho menos sentía la necesidad de ser agresivo o violento.

Juzgaban sin saber absolutamente nada. La mierda era más honesta que ellos, porque al final de todo era yo contra el mundo y nadie más.

Bajé las mangas de mi buzo negro que cubrían por completo mis manos, asegurándome que cada una estuviese a su temperatura normal. El tiempo se puso un poco helado y el cielo comenzaba a teñirse de un color gris, con eso sabía que la lluvia caería muy pronto.

No despegaba mi vista del suelo, mis tenis negros iban golpeando una botella que encontré en el camino de mi casa al instituto. Sabía que llegaría un poco tarde, pero no me preocupaba tanto. La profesora Caitlin solía preguntarme si tenía algún problema familiar que me hiciera desvelar; según ella, los adolescentes no deberían tener caras tristes, ojeras notables, piel pálida y unos cuantos kilos por debajo del peso normal; ella decía que eran síntomas de la depresión, yo le llamo:

efectos del *joint*.

La mayoría de mis profesores sabían mi relación con esas cosas, pero muchos se hacían de la vista gorda. Al fin de cuentas, no era el único estudiante que se dopaba y ellos tenían sus propios asuntos que cuidar o por los cuales preocuparse más que por un adolescente.

Duro, pero real.

Mi buzo de algodón se sentía cálido. Mi favorito, mamá me lo compró hace dos años en un viaje a Darwin. Divisé la entrada del instituto abierta y decidí correr antes de que la cerraran y me viese con la floja necesidad de saltarme la barda.

Caminé entre los pasillos, algunos alumnos corrían y otros tenían la cabeza dentro del casillero sin querer entrar a su primera clase. Mi vista se detuvo en la pelinegra que se apresuraba hacia su casillero mientras trataba de abrirlo para meter y sacar desesperada algunos libros. La comisura de mis labios se curvó y decidí alcanzarla.

—¿Llegando tarde? —pregunté en un susurro.

Esta pregunta la había repetido unas cuantas veces, pensaba en bautizarla como su nombre.

Hasley giró bruscamente y me miró unos segundos para después bufar, hizo una mueca con sus labios y asintió.

—¿Es tan difícil para mis oídos oír el maldito despertador? —gruñó cerrando de golpe su casillero y guardar todo en su mochila—. Mi madre me va a matar si me mandan a detención.

—Ve el lado bueno —proseguí—. Podrás contarles esto a tus hijos —vacilé guiñando un ojo.

Ella me miró sin una pizca de humor y rodó los ojos.

—No ayudas, Luke —farfulló.

—No intento hacerlo —confesé burlón.

Creí que con eso me mandaría al diablo y se daría la vuelta para dejarme ahí, pero se mantuvo de pie y se cruzó de brazos. La observé durante unos segundos y sentí la necesidad de burlarme en ese instante. Pasé mi lengua por mi labio inferior y llamé su atención:

—Weigel.

—Mande —contestó.

Detestaba que a veces fuese tan educada porque yo era todo lo contrario hacia ella.

—Creo que en realidad necesitas un despertador eficaz —pronuncié entrecerrando los ojos. Por su cara supe que no entendió, por lo que fui directo—. Te has puesto la blusa al revés.

Al instante que terminé por completo mi frase, su cara se tornó en un color rojizo, sus ojos se abrieron y supe que esto fue como una limpia bofetada de vergüenza. Mordí mis labios evitando soltar una carcajada; con el simple hecho de hacérselo saber podía ser suficiente para agregarle una risa y hacer de esto aún más vergonzoso.

—Demonios... —maldijo por lo bajo y agachó la mirada.

—Y creo que esto es pasta. —Apunté la pequeña mancha blanca que resaltaba en la tela negra.

Si pudiera leer su pensamiento sabría que estaría pidiéndole a cualquier santo que la desapareciera del mundo en este instante, pero ambos sabíamos que eso no pasaría. No me sorprendía si se trataba de Hasley Weigel.

—Necesito... ir al baño —avisó. Sin embargo, no se movió.

—¿Segura? —cuestioné—. ¿Con quién te toca en este momento?

—Con Hoffman —respondió en una mueca.

—¿Es el que te mandó la otra vez un reporte? —inquirí.

Mi memoria era un poco buena, podía recordar perfectamente cuando se quejó de ello y yo llamé idiota al profesor, pero ella fue tan lenta que me cuestionó y terminé insultándola de igual manera.

—Sí —bufó cruzando sus brazos para tomar con sus manos cada hombro haciendo semejanza a una equis con ellos.

Una idea se cruzó por mi mente y no entendía por qué diablos lo haría.

—Ve al baño, en menos de dos minutos necesito que estés en frente del salón —ordené. Antes que ella pudiese decir algo, hablé de nuevo—. Hoffman... ¿es el que tiene una calva pero un bigote enorme?

Ella soltó una risa y asintió. Sin otra cosa por decir, tracé mi trayecto hacia el salón de aquel hombre que solía ser el presidente de la feria del libro en el instituto. Una vez que estuve delante de la puerta del aula, di unos toques para nada delicados. A los pocos segundos un hombre con calva y anteojos salió revelando su claro ceño fruncido.

—¿Ocurre algo? — pronunció su voz rasposa y pude sentir el olor a café al instante.

Odiaba el olor a granos de café.

—Sí. —afirmé arrugando la nariz. Al ver cómo seguía su vista sobre mí, aclaré mi garganta, añadiendo—: ¿Es el profesor Hoffman?

La directora me ha mandado a decirle que lo quiere en este instante en la dirección con la lista del grupo C.

—¿Justo ahora? Pero estoy dando clases —se excusó.

Me encogí de hombros y cambié mi mueca a un rostro neutro.

—Solo estoy cumpliendo —masculló y me di la media vuelta.

Caminé unos dos metros y doblé en una esquina, deteniéndome en un peldaño de las escaleras y poder ver hacia el salón. Fueron unos diez segundos cuando el hombre salió para ir hacia la dirección.

Golpeaba con mi dedo índice uno de mis dientes del frente un poco desesperado de que Weigel no apareciera cuando vi que del otro extremo del pasillo caminaba a pasos rápidos, fui hasta ella y la tomé del brazo haciéndola girar.

—Luke... —susurró un poco paranoica, pero la interrumpí.

—Se supone que cuando el profesor no se encuentra en el salón dando clases, puedes entrar —informé—. Él no está.

—¿Cómo sabes que no está? —cuestionó confundida.

—Entra —ordené.

Liberé mi agarre de su brazo y me alejé de ella dirigiéndome a la mía, que muy a cuestas tendría que aguantar toda la basura de la profesora. La clase me aburrió como las demás, no fue hasta que me tocaba historia y decidí faltar, al igual que la siguiente, perdiendo el tiempo con mis auriculares. Miraba la hora y me preguntaba si quería repetir el año. Al final, reforzaría mi conocimiento, ¿no?

Subí las gradas con pasos largos que, por un segundo, creí en no llegar hasta el último peldaño; asesté mi pie en uno para poder impulsarme, seguido de tirar mi mochila en algún lado y sentarme.

Jugaba con el rollo de marihuana antes de encenderlo entre mis dedos. Me servía de mucha ayuda distraerme, así podría ignorar todo tipo de sonido a mi alrededor, el mundo se acallaría, solo sería yo, mi cajetilla y mi marihuana contra el mundo.

Todo un guerrero. Sarcasmo.

Admitía que lo odiaba, odiaba que esto se hubiera convertido en mi única forma de sentirme en calma. Se convirtió en algo tan adictivo que me hacía sentir bien, podía eliminar y olvidar algunos de mis sueños, los cuales hoy estaban hechos trizas, como el fino cristal de cualquier copa de vodka.

Estaba jodido.

Empecé a consumir marihuana a mis dieciséis años de edad, nunca tan seguido, de hecho, me daba miedo y lo dejé; fue hasta que llegué a los diecisiete y recurrí a eso como un pequeño escape. Probé por primera vez cocaína a mis dieciocho y, sin embargo, prefería miles de veces mi buen rollo.

Mi madre, hace dos años, tenía una expectativa de mí como un increíble arquitecto y mi padre, como el hijo menor, que sería mejor que mis otros hermanos. Hoy las esperanzas de mi madre se habían ido y de la boca de mi padre solo salía lo imbécil que yo era.

Mis calificaciones bajaron hasta la mínima. En realidad, no me veía en un futuro, no podía imaginarme salir adelante. Desde ese entonces, la dirección vio mis cambios y decidió aportarme un psicólogo fuera del instituto. Según mis profesores tenía un mal temperamento.

Mi humor era de los mil demonios, no solía ser tan paciente, prefería quedarme callado, mirando y calculando a cada persona que pasaba en frente de mí. Me podían irritar con tanta facilidad y solía ser tan accesible para decir lo que pensaba, causando muchos conflictos por ello. Detestaba que me llevaran la contraria y, lo más irónico del mundo, es que todo lo que repelaba Weigel lo era.

Sabía cómo era, llegaba a ser tan infantil y estúpida. En cuarto año se veía tan testaruda; me preguntaba cómo Zev la podía soportar, era un poco cerrada para sus gustos y aparentaba ser chica de ciudad, cuando en realidad figuraba más a una chica de campo. Solía dormirse cada vez que llegaba al salón y su mejor amigo cubrirla. Ella era un año menor que yo, desde chicos, compartíamos tres clases que no importaba en qué grado ibas, siempre te juntaban con los demás: Taller, computación e inglés.

Dejé de verla debido a que repetí un año y de esa forma fue que volvimos a toparnos actualmente.

Tan inocente e ingenua que no se daba cuenta de ello y de que solo era una cara bonita ante los ojos de Matthew Jones.

Eché mi cabeza hacia atrás para llevarme aquel rollo a la boca y darle una profunda calada. Cerré mis ojos dejando que el humo me consumiese y el efecto actuase en mi cuerpo.

Los días en que no escuchaba sus quejas o veía sus molestas acciones me hacían sentir más solo de lo normal. La extrañé a un cierto punto y, francamente, odiaba el hecho de hacerlo porque tenía en claro que extrañar es dolor, y por mi cuenta no era algo que necesitaba en esos momentos.

Minutos después ya me sentía más relajado y mi cabeza daba vueltas. No sé por cuánto tiempo me mantuve así hasta que sentí mi boca seca. Me puse de pie y cogí mi mochila, dirigiéndome a la cafetería. Sentía como si estuviese caminando en las nubes y todos los que pasaban a lado de mí eran como el aire.

La cafetería se veía un poco vacía. No sabía la hora, pero lo más seguro es que el tiempo del almuerzo ya había pasado y probablemente en menos de una hora las clases terminarían. Caminé hasta la máquina de jugos para meter algunas monedas y sacar uno de sabor a limón. Bebí un poco y el sabor ácido se coló por mis papilas gustativas.

Una vez que mi sed desapareció, empecé a deambular por los pasillos del instituto, tal vez en busca de la chica con dificultad de despertarse temprano. Creo que eso era algo que la caracterizaba mucho, de alguna manera se convertía en un don, creo.

No, la verdad no era un don.

Mi búsqueda se terminó cuando la vi apoyada en uno de los casilleros, pero mi estómago se revolvió cuando vi con quien estaba. Matthew Jones no me agradaba en lo absoluto. Rodé los ojos, sabiendo que nadie podía verme y fruncí mis labios para hacer algunas muecas. ¡Qué desagradable! Arruinar su charla sería lo mejor que podía hacer en ese momento.

Caminé en dirección a ellos y no bastó menos de medio metro cuando la mirada azul de Weigel me observó y, con ella, la de Jones.

—Luke. —Ella saludó en una media sonrisa.

Sabía que mi presencia en este instante le desagradaba.

—¡Hey! —La voz del chico hizo que lo mirara. Hizo un ladeo de cabeza en forma de saludo, pero recibió una mirada vacía por parte de mí—. Bien... entonces me voy. —Matthew apretó los labios y elevó ambas cejas—. Nos vemos, Has.

«Has... ¡Estúpido!», pensé.

Se acercó a ella y le brindó un simple beso en la mejilla. Él, sin dirigirme la mirada, se alejó por el pasillo. Regresé mi vista a la chica y no pude evitar poner los ojos en blanco al ver el estado en el que se encontraba.

—Eres patética —escupí.

Su rostro se tornó color carmesí y con ganas de querer gritar.

—Cállate —pidió cubriendo su boca con ambas manos—. Es el primer contacto que tengo con sus labios.

—Eres patética —repetí mirándola.

Weigel solo negó con una sonrisa y bajó la cabeza para ocultar su emoción de mí. Esta chica era demasiado hormonal, me preguntaba por qué mis piernas no estaban alejándose de aquí, lejos de ella.

—Gracias —murmuró después de unos minutos en silencio.

Sabía a lo que se refería por lo que, con una seña, le di a entender que no importaba.

—¿Tienes alguna otra clase? —pregunté elevando una ceja.

No quería que faltara, por alguna razón veía que eso le preocupaba mucho. Y no era que viera por ella y me importara mucho lo que ocurriese, solo un poco de buena causa.

—No —negó y pasó por encima de su cabeza la mochila.

—Bien —asentí, saqué mi celular y me fijé en la hora. Tres de la tarde con nueve minutos—. Vamos y no hagas preguntas. No te quejes, si es posible finge que no existes.

—Al menos debería saber a dónde me llevarás para matarme —dramatizó.

—¿Qué? —hablé irónico—. No seas estúpida.

—Eres tan molesto —chilló.

—Comienzas a darme dolor de cabeza. —Toqué mi sien y comencé a caminar.

Escuché cómo gruñó y la sentí siguiéndome el paso. Seguía jodiendo la poca paciencia que llegaba a tener. Al final, ella terminó guardando silencio y caminando a mi lado; de vez en cuando la miraba por el rabillo de ojo. Iba distraída y a veces mordía su labio inferior con nerviosismo.

Caminamos unas cuadras más y llegamos al lugar en donde días atrás la traje y por el cual no asistió a la invitación del partido de Matthew. No podía negar que me sentí con una satisfacción enorme.

—¿Para qué hemos venido aquí? —inquirió mirándome con el ceño fruncido.

—Quería venir… —Mi voz salió fuerte y terminé con un aludido— contigo.

Me alejé de ella y comencé a trotar, dirigiéndome a uno de los árboles más altos del callejón. Me detuve en la punta del tronco de este y miré al cielo: seguía nublado, creí que llovería en el horario de clases, pero al parecer me equivoqué. Siempre me equivocaba.

Luke Howland era sinónimo de equivocación.

—¿Has escuchado aquella frase que dice que los árboles son el mejor amigo del hombre? —Dirigí mi vista a la chica quien se detuvo a un lado de mí frunciendo el ceño.

—Sí, pero no son los árboles, son los perros —corrigió y chasqueé.

—¿Podrías hacer el mínimo intento de darme la razón, Weigel? —gruñí acercándome al tronco para sentarme en el pasto. El árbol era enorme, por lo cual tenía demasiadas raíces sobresalientes creando medianos arcos en el suelo.

—Sí, Luke, he escuchado esa frase —ironizó rodando los ojos y copió mi acto.

Preferí no contestar nada. Apoyé la parte trasera de mi cabeza en el árbol y cerré los ojos dejando que el fresco aire acariciara mi rostro. Tenía la necesidad de fumar y no en especial un poco de marihuana, solo tabaco, porque en realidad estaba en calma, me sentía bien y solo por costumbre quería sentir un poco de humo entrar a mis pulmones.

Palpé el bolsillo de mi pantalón hasta sentir la cajetilla y el encendedor, tomé un cigarrillo para llevarlo a mi boca y encenderlo. Sentía la mirada de Hasley, a ella no le agradaba la idea; sin embargo, no pronunció palabra alguna.

Mis ojos seguían cerrados mientras el humo del tabaco se adueñaba de mis pulmones, pero me vi con la necesidad de medio abrir uno para ver a Weigel halando de los hilos que se escapaban del corte de mi pantalón, sus dedos rozaban delicadamente la piel descubierta de mi rodilla, causando una sensación de picazón.

—¿Qué haces? —mofé abriendo por completo mis labios para verla neutralmente.

—¿Tú los rompes? —preguntó y sacó por completo el hilo que estuvo molestando.

—Solo este y otros dos —suspiré incorporándome para ponerme a su lado. Su hombro chocó con el mío.

—¿Por qué? —Ella volteó a verme, sus ojos tenían una pizca de curiosidad.

—Realmente no me he puesto a pensar en eso —confesé sacando el cigarro de mi boca. La chica miró el humo que este creaba y después a mí.

—¿Puedo probar? —pidió cautelosa apuntando la pequeña arma entre mis dedos.

—¿Qué? —Mi voz salió incrédula. Estaba anonadado.

Ella no pudo haber dicho eso, no, no se podía referir al tabaco. Había escuchado mal, ese era mi única excusa para no poder aceptar lo que pronunció.

—¿Puedo probar el cigarro? —formuló mejor su pregunta para que yo pudiera entender.

En ese momento me sentí tan ingenuo y con la defensa baja.

—¿Esto es en serio? —ironicé—. No pienses tirarlo cuando te lo dé porque tengo una cajetilla casi llena.

—No quiero hacer eso, solo quiero intentarlo. —Mordió su labio hacia adentro mirándome con curiosidad.

La miré durante unos segundos, tratando de ver más allá de sus ojos pero ellos gritaban inocencia y sinceridad. ¿Se supone que tendría que darle con tanta facilidad algo que podía ser malo? No le haría daño, no cuando la persona no se volviera adicta a eso.

—Bien —accedí acercando el cigarro a sus dedos, pero antes de entregárselo por completo me detuve sujetando su mano—. Solo prométeme algo, Weigel.

—Claro —susurró débilmente sin despegar sus ojos de los míos.

—Por más calma que sientas al hacerlo, no recurras a él como un método de anestesia cada que te sientas mal. —Sonaba tan cínico, yo hacía eso siempre, pero había una gran diferencia entre ella y yo...—: Tú no necesitas de esta mierda.

Hasley Weigel tenía más esperanzas que yo.

—Lo prometo. —Su voz sonó firme, como si supiera lo que hiciera.

—De acuerdo —asentí soltando su mano y dejando que ella tuviera el poder del pequeño rollo—. ¿Ya lo has hecho? —Negó y solté una pequeña risa—. Solo aspira un poco, como si dieras un suspiro y mantenlo en tus pulmones durante unos segundos, ya después solo dejas que salga.

Ella hizo lo que le indiqué, aunque estaba seguro de que no lo haría bien y terminaría botándolo.

—¡Mierda! —maldijo entre tosidas, no pude evitar reír.

—Tranquila, es normal que ocurra la primera vez. —Sonreí—. Inténtalo de nuevo pero esta vez procura no hacerlo tan acelerado, te desesperas y no está bien.

—Va. —Arrugó la nariz y repitió la acción un poco más calmada. Esta ocasión volvió a toser, pero salió mejor que la anterior, intentó dos veces más hasta que la última salió bien—. ¿Es posible que me maree tan rápido? —Ella tocó su sien y cerró los ojos durante unos segundos intentando desvanecer aquella sensación.

—Sí, sí lo es, más cuando es la primera vez que lo haces y no tan bien como se supone que se debe de hacer —respondí a su pregunta—. Trata de no quejarte mucho, Weigel.

Miré hacia el cielo, el cual se ponía más nublado y el aire se hacía cada vez más fresco; las temporadas de lluvia ya empezaban a llegar a la ciudad.

—Nada mal —murmuró y dejó caer su cabeza en mi hombro

causando un pequeño toque de electricidad en mi cuerpo.

Volteé para poder verla, sus ojos se cerraban y su respiración era lenta pero reconfortante. Uno de sus brazos se apoyaba en mi pierna. Estaba en calma. Podía sentir cómo cada célula de mi cuerpo se desvanecían creando una sensación agradable, una mucho mejor de la que alguna vez había sentido.

En ese instante supe lo que tenía que hacer. Las personas que quería siempre terminaban lejos de mí. Por alguna razón, Weigel me hacía sentir bien y para que no se alejara de mí, no debía quererla.

—Lo sé —confesé.

—¿Luke? —me llamó.

—Dime.

—¿Estamos bien?

Su pregunta me dejó aturdido, sin entender el significado. No sabía la razón por la cual musitó eso, aunque le respondí, basado en el pequeño escenario donde nos encontrábamos juntos.

—Sí, estamos bien, Hasley.

Y me arrepentí de haberle dado el cigarrillo.

Capítulo 13

—No quiero sonar ridículo, pero estuve esperando esto por mucho. —Matthew dijo entusiasmado pasando uno de sus brazos por mis hombros para acercarme a él.

—Igual —confesé en una sonrisa mientras nos adentrábamos al cine.

Era sábado, lo que implicaba mi cita con el chico que me tenía abrazada. Me había pasado a buscar en mi casa, para mi mala suerte mi madre fue quien abrió la puerta. Lo estuvo interrogando mientras yo ataba una coleta a mi cabello; terminé su "charla" haciéndola a un lado con mi cadera y decirle que no alcanzaríamos la función a tiempo y, antes de cruzar la puerta, recibí una mirada de advertencia de su parte. Quedamos en no llegar muy tarde, según Matt quería seguir al pie de la letra las órdenes de mi madre.

Nos detuvimos en la parte de las carteleras para poder elegir alguna película que nos interesara, no había alguna que llamara nuestra atención; a él no le gustaban las de acción y a mí no me agradaban las románticas. Llegamos a la conclusión, después de unos diez minutos de suposiciones, que lo mejor sería ver una de terror.

Caminamos hacia la fila, para nuestra suerte era corta. El chico me empezó a platicar las razones de las cicatrices que tenía en sus brazos, contándome la anécdota de que algunas fueron durante su infancia cuando jugaba con sus primos y las demás por el fuerte entrenamiento que hacía cuando practicaba para algún juego importante. Matthew era interesante, tenía la facilidad de hablar de cualquier cosa mientras una mueca o sonrisa era estampada en su hermoso rostro. Amaba cuando reía y algunas arrugas se formaban a los extremos de sus ojos.

Él detuvo su charla cuando fue nuestro turno en pedir. Una chica de tez blanca con cabello negro y ojos azules nos dedicó una sonrisa de lado, por un segundo pude ver a Luke en una versión femenina. Matthew le dedicó una sonrisa coqueta y sentí un pequeño nudo en el estómago.

«*No dramatices*», me regañé.

—¡Pushi! ¡Se volvió a atorar la caja! —La chica gritó en un tono aniñado—. ¡Pushi!

¿Pushi? Solté una risita por lo bajo al oír lo gracioso que sonaba el nombre o apodo.

—¡Maldita sea, Jane! ¡¿Cuántas veces te tengo que decir que no me digas así?!

Esto no podía ser real.

Todo tipo de sonrisa, celos o paz en mi interior se esfumó al escuchar esa voz y me sentí decaer cuando el cuerpo del rubio apareció a través de la misma puerta de aquella vez que vine con Zev, que salió del sitio hecho una furia por no querer cambiarnos los boletos.

—Pushi... —La chica repitió con una sonrisa juguetona—, la caja se atoró.

Luke le dedicó una mirada amenazadora y se acercó a ella sin rechistar, pero algo hizo que volteara hasta donde yo me encontraba y se detuvo al instante, su boca se entreabrió y alzó una de sus cejas, arrastró sus ojos con lentitud a Matt y regresó a mí con el ceño fruncido.

—Lárgate, yo me ocupo —ordenó sin quitar su mirada.

La chica no pronunció nada pero tampoco obedeció. Me acerqué a la caja y puse mis manos encima del mostrador.

—Se supone que hoy no trabajas —demandé.

Estaba molesta con él y conmigo misma, al igual que con Matthew por haber decidido venir al cine y sobre todo a este, existiendo otros en toda la ciudad. ¿Por qué a los Village y no a Luxurs? Cierto, el dinero, promociones, economía.

—¿Qué dices? Luke siempre trabaja, ya sea aquí o en los otros cines. —La chica, de nombre *Jane,* intervino poniendo su codo en la barra para mirar al rubio—. ¿No es así, Pushi?

—¿No te dije que te largaras? —escupió dedicándole una mirada asesina.

—Oh, ya veo... —Negó unas cuantas veces haciendo tronar su lengua—. ¿No le has dicho que tú...?

—¡Mierda, Jane! —vociferó cabreado.

—Bien. —Jane alzó las manos fingiendo inocencia y caminó de espaldas mostrándole una sonrisa burlona.

Debía conocerlo ya desde hace tiempo para que actuara de tal manera con él; no sabía la relación que tenían ellos dos y, por muy curiosa que me pusiera, tampoco quería averiguar.

Me sentía incómoda al estar presenciando la escena, no entendía por qué mejor no me daba la vuelta para regresar a mi casa y gritar lo tanto que odiaba a Luke y todo a mi alrededor. Al menos sabía algo: no era a la única chica que trataba de tal forma.

—Mmm... —Matthew se hizo notar, dando dos pasos al frente para aclarar su garganta —. Queremos dos entradas.

El rubio miró al chico y rodó los ojos de una forma muy grosera, pero fue más grosero lo que a continuación dijo:

—Se me olvidaba que estabas aquí.

—¡Luke! —reprendí.

Matt soltó una risita por lo bajo.

—No te preocupes, Has —dijo, abrazándome—. Luke solo es sincero. — Él sobó mi hombro creando una tensión horrible, la mandíbula del rubio se tensó y bajó su mirada—. Serán dos boletos para Insidious, la siguiente función.

El chico volvió a alzar su mirada, pero ahora una sonrisa maliciosa acompañaba sus ojos. Esa mirada la conocía perfectamente.

—Antes no hubo cambio... —Arrastró las palabras en un canto seco y me miró frunciendo los labios—. Hoy no hay boleto.

Finalizó con la voz dura y firme.

—Eso no... —Matthew intentó intervenir pero guardó silencio al ver los movimientos del otro chico.

Luke puso sus manos en la barra ejerciendo fuerza, poniéndose de pie sobre esta y llamar la atención de las pocas personas. Llevó sus manos alrededor de su boca creando un megáfono con ellas.

—¡Lamento informarles que solo por hoy las funciones no estarán disponibles!

Si mi mandíbula no estuviese sujeta a mi cara, literalmente estaría hasta el suelo. Lo miraba sorprendida y aturdida pero, sobre todo, enojada. ¿Qué ocurría en él? ¿Qué demonios sucedía en su maldita cabeza? No podía arruinar mis planes siempre que él quisiera.

Ya, suficiente. No podía soportar más, había estado aguantando todas sus estúpidas rabietas pero esta vez rebasó el vaso de mi paciencia.

—¿Qué estás haciendo? —Jane apareció alarmada a lado de él—. ¡¿Estás loco?! ¡Te va a matar mi tío!

—Cierra todo. —Luke ordenó con la voz neutra dándose la vuelta.

—¡Luke! —llamé, pero no me hizo caso—. ¡Maldita sea, Howland! ¡¿Qué está mal contigo?! ¿¡Qué es lo que te he hecho!?

—Hasley, detente... —Mi acompañante intentó tomarme del brazo. Falló.

—¡Joder, ven aquí!

—¡Que eres patética! ¡Eso ocurre! —me respondió.

—¿Disculpa? —hablé irónica y eché una risa.

No era la primera vez que me decía así, pero estaba tan molesta que todo en este instante le agregaba otro gramo de enojo a mis ánimos de querer meterle un puño.

—¡Estás mal, muy mal! ¡Necesito hablar con el dueño! —farfullé enojada.

—¿¡Qué crees!? ¡ESTÁS HABLANDO CON EL HIJO DE ÉL! —gritó fuerte que sentí su garganta doler.

No intenté responder, mi voz no salía de lo estupefacción en la que me encontraba. No había sido su grito lo que me hizo guardar silencio, la frase lo fue. ¿El dueño? ¿Luke era el hijo del dueño del cine? ¿Cómo es que aquello era cierto? La frase se repitió y no pude armar nada.

Quizás ahora todo tenía sentido.

—¡Mierda! —gruñó y desapareció por la misma puerta de la cual entró.

—Oh, yo lo siento. —Jane murmuró, aunque no sentí sincera su disculpa.

Decidí no responderle y salir de aquel lugar lo más rápido que pude olvidando por completo a Matthew. Una vez que estuve afuera maldije todo lo que pude. Estaba tan exasperada que necesitaba hundirme en un poco de agua, era tan fulminante como Luke llegaba a ser tan insoportable, el chico debía tener serios problemas mentales para actuar de tal modo. Un día podía actuar natural y al otro ser un completo ser despreciable.

El chico era peor que una *ruleta*.

Matthew y yo habíamos decidido no mencionar nada de lo ocurrido el sábado a Zev. Me encontraba en la cafetería con los dos chicos, hablaban de algo de lo cual yo no prestaba absolutamente nada de atención, solo veía mover los labios del pelirrojo para después formar alguna sonrisa y ser acompañada de la carcajada de mi mejor amigo a un lado.

Para mi mala suerte, fracasé en mi intento de no pensar en Luke porque era el nombre y la persona principal que ocupaba mis pensamientos justamente ahora. No asistió a la clase de la profesora Kearney, pasaba cerca de mí ignorándome por completo; intentaba que no me doliera, sin embargo era algo que no estaba consiguiendo de la mejor manera. Lo más triste de mi caso es que esto no lo podía discutir con Zev porque al parecer solo pronunciaba su nombre y su rostro cambiaba a un gran letrero diciendo que no hablara más.

Estaba claro que Luke por alguna razón no se sentía bien, lo decía porque cuando pasaba su mirada se perdía, como si estuviese pensando en algo que no tuviera solución y de lo cual no pudiera librarse, tenía la sospecha de que era algo referente a lo de la noche pasada. De manera que necesitaba saberlo, me preocupaba el tan solo ver su mirada triste y sus ojos sin ningún tipo de brillo que tanto caracterizaba aquellas dos esferas azules del mismo color del océano.

La mano de Matthew pasó en frente de mi cara unas cuantas veces hasta que captó toda mi atención. Miré a su rostro, donde sus ojos se encontraban entrecerrados y una sonrisa de lado iba acompañada a ellos.

—¿Ocurre algo? —preguntó alzando una ceja.

—Uhmm, no... Nada. —Mi respuesta fue más un balbuceo que una afirmación segura.

—¿En qué tanto piensas, Has? —Ahora la voz de Zev preguntó a un lado haciendo que le dedicara una mirada.

—En nada. —Traté de que esta vez mi voz sonara firme para que los dos me creyeran y dejaran de preguntar—. Lo que pasa es que tengo sueño, no he dormido bien. Me desvelé viendo una nueva serie.

—¿Segura? —Zev insistió y yo asentí.

—Ni siquiera has tocado tu comida. —Matt demandó, lo miré durante unos segundos para después voltear a ver el sándwich de queso que estaba totalmente entero todavía en su envoltura.

—No tengo hambre.

—¿Te sientes bien?

Odiaba que fuesen tan insistentes, a veces me irritaban tanto que quería salir corriendo. Ahora sentía lo que Luke sentía conmigo. Miré de reojo al pelirrojo quien me hizo la pregunta y traté de responderle sin sonar tan grosera.

—Lo estoy, no se preocupen...

Mi voz se apagó cuando vi al rubio pasar por las puertas traseras de la cafetería con una bufanda cubriendo la mitad de su rostro y un trapo en su mano. Mi sentido de alerta despertó y aquello hizo que mi piel se erizara. Me levanté del asiento recibiendo la mirada de ambos chicos.

—M-me tengo que ir.

—¿Quieres que te acompañe? —Jones se levantó de la silla y lo mire rápidamente.

—¡No! —chillé y me arrepentí—. Dios, solo voy al baño, ¿de acuerdo? Nos vemos luego.

Ignorando los gritos de Zev salí corriendo en dirección por donde pasó Luke, creía que jamás había corrido tan rápido como en ese mismo instante, así como lo hacía. Lo necesitaba en deportes donde siempre me hacían correr el doble por ser una de las últimas en terminar las vueltas a la pista.

Una vez que estuve afuera, el frío viento hizo contacto con mi piel haciendo que por inercia e instinto me abrazara a mí misma. Con la mirada empecé a buscar al ojiazul pero fue inútil, él ya no estaba ahí. A pesar de eso, no me rendí y mis pies comenzaron a moverse recorriendo todo el patio trasero teniendo la esperanza de encontrarlo.

Di un gran suspiro cuando lo encontré debajo de un árbol que se hallaba retirado de los edificios del plantel educativo, si alguien nos llegaba a ver esto equivaldría a una suspensión por tres días. Bien, eso no me importaba ahora, empecé a acercarme al chico quien se hacía un ovillo, hundiendo su cabeza entre sus rodillas mientras abrazaba sus piernas.

—Luke...

No tenía planeado decir aquello, pero mi voz salió sin siquiera avisar o esperar la orden de mi mente, fue totalmente automático, como si necesitara pronunciar su nombre.

Él alzo su mirada tan rápido que no me dio tiempo de parpadear. Mi corazón se encogió de una manera tan abrupta que sentí la necesidad de tocar mis sentimientos. Sus ojos estaban hinchados y rojos, cubiertos por lágrimas que descendían desde ellos y resbalaban por sus pálidas mejillas; pude ver que su labio lastimado una vez que la bufanda negra dejó de cubrir la mitad de su rostro. Dolió verlo de tal manera.

Sus ojos me miraban de una manera tan indescriptible. El mismo miedo, temor, sorpresa, impotencia, dolor, vergüenza, enojo y demás sentimientos eran transmitidos por medio de aquellos orbes azules que antes brillaban con tanta intensidad.

—¿Qué haces aquí? —Su voz fue como un aludido, sin embargo no perdió su toque de demanda entre dientes.

—Quería verte —confesé.

No sabía por qué estaba aquí, ni por qué decía tal cosa.

—Yo no, vete —ordenó bajando la mirada hasta sus pies.

—¿Por qué? —Ahora era yo quien seguía de insistente y necia.

—Solo vete —repitió en un murmuro.

Mis pies no accedieron a su petición, al contrario, se movieron acercándose a su cuerpo y con mucho cuidado me arrodillé al frente de él tratando de no tropezar o hacer algún contacto con su cuerpo. Luke alzó la mirada poco a poco y sus ojos se quedaron viendo fijamente los míos, fue increíble cómo pude ver su corazón roto a través de ellos.

Su labio lastimado temblaba demasiado, no podía descifrar si era por el frío, el miedo o por el nerviosismo. Me fijé que ya no llevaba consigo el arito negro en él.

—Hasley... —Arrastró sus palabras que fueron arrebatadas por un sollozo que escapó de sus labios.

Se aferró aún más a sus piernas y otro sollozo raspó su garganta, al igual que mi corazón.

—No me pidas que me vaya, porque no lo haré —susurré—. No me corras. Yo sé que tú tampoco quieres.

Pasé un mechón de mi cabello por detrás de mi oreja y Luke jadeó dejando que algunas lágrimas bajaran humedeciendo por completo sus mejillas. Dudosa moví una de mis manos hasta la rodilla de él posándola ahí, con mi dedo pulgar hice leves caricias, sabía que eso no lo calmaría pero quería transmitirle que estaba en ese momento solo para él y para nadie más.

Sentí una pequeña ola de electricidad cuando agarró mi mano entre sus dedos y la apretó aumentando más sus jadeos. Su tacto era frío, las yemas de sus dedos heladas. Fue tan rápido y sorpresivo cuando Luke bajó sus rodillas soltando mi mano para acercarme aún más a él y tuviese accesibilidad a su cuerpo. Me bastó solo un segundo para pensarlo y rodearlo con mis brazos, tan fuerte, haciendo que él enterrara su rostro en la parte de mi cuello y hombro.

Mi pecho dolió cuando sus suspiros eran mezclados con sollozos mucho más fuertes que antes, la piel de mi cuello se humedecía por las lágrimas del chico pero no me importó en lo absoluto. Solo quería que su dolor parase, no sabía qué era lo que había ocurrido pero no lo dejaría.

Esta faceta de Luke era tan irreconocible, como lo que sentía yo en esos momentos.

Dificultosamente me dejé caer en el pasto sin soltar a Luke. Me dolía verlo en tal estado, se veía tan indefenso y lo peor de todo es que por algunos segundos sentía su dolor quemando mi alma.

¿Podía sentirse un corazón roto por medio de un abrazo?

—Shhh... —susurré acariciando su espalda—. Aquí estoy, no pienso irme.

Aquello hizo que se aferrara aún más a mí y gimiera entre llanto. Levantó un poco su vista, dejándome ver de nuevo aquella herida en su labio. Veía a un Luke diferente, uno que demostraba que era humano y algo lo dañaba de una forma tan cruel. En ocasiones llegaba a actuar tan cretino pero, después de todo, me demostraba de qué estaba hecho.

—¿Qué ocurrió? —pregunté tratando de que mi voz no sonara tan demandante y que lo llegase a incomodar—. Hey, Luke, dime, ¿quién te hizo esto?

—Nadie —musitó—. No fue nadie.

—Cariño, tienes que enfrentar a la persona que te hizo esto. —Llevé mis dedos a su cabello, acariciándolo como si de la porcelana más frágil se tratase—. Y si quieres un apoyo, me tienes a mí.

—No —negó—. ¿Cómo se supone que debo enfrentar a mi padre? —inquirió con ironía amarga. Fruncí el ceño a lo que había dicho y clavé mis ojos sobre los de él—. Ya no puedo fingir que estoy bien, me ha costado hacerlo todo este tiempo, se supone que es mi padre. No le haces daño a una persona que amas, si es que él lo hace.

—¿Él te hizo esto? —repetí desconcertada y horrorizada por su confesión.

Él no volvió a responder, se limitó a bajar la cabeza y volver a sollozar. Lo volví a abrazar lo más reconfortante que pude sintiendo cómo los pedazos rotos de su corazón punzaban el mío.

¿Su padre le hizo eso? ¿Por qué? ¿Él también era el causante de los moretones de Luke? Descartaba esa idea por el simple hecho de que aquellos no eran creíbles para unos golpes de alguien, estaba segura de que su padre no le hizo esos del brazo, en Luke había algo más. Y temía que la autolesión fuese la respuesta.

—Intento ser lo mejor para él, no molestarlo y no ser una carga de basura, pero todo lo que hago está mal. Nunca puedo llenar sus expectativas. Siempre jodo todo.

El chico no volvió a alzar la mirada y se mantuvo en esa posición. Yo solo permanecí abrazándole, cumpliendo lo que dije de quedarme a su lado. Desde el inicio en que lo conocí sabía que el chico jugaba a ser un incógnito, sin embargo, llegando al día de hoy, descubría más en él.

Aclamaba a gritos con su corazón que todo el daño parase. Es decir, con solo ver detenidamente sus ojos se podía ver todo el dolor reflejado en ellos, aún con el brillo azul que destacaban una parte de él se encontraba oscura y rota. Lo supe, al verlos por primera vez supe que un color como el que poseía él debía destacar lo suficiente.

Luke era un poco de nada y todo a la vez. Nada es perfecto. Todo es imperfecto.

Luke Howland era perfectamente imperfecto.

Capítulo 14

Hasley

—En mi lista de sueños tengo resaltado que algún día voy a bailar en un centro comercial sin que me importe absolutamente nada —pronuncié con una sonrisa mirando hacia la nada.

—No sé qué es más ridículo, que tengas una lista de sueños o tu sueño. —Luke carcajeó.

Estábamos en camino al boulevard, nos habíamos ido del instituto y aunque eso me costaría muchas consecuencias con mi madre, creía por un segundo que por el rubio valdría la pena. Después de lo ocurrido ayer, él y yo nos quedamos en el mismo lugar hablando durante algún tiempo hasta que se calmara y sus ojos dejaran de estar hinchados. La herida de su labio seguía siendo notable, aunque ya estaba cada vez más sana.

—Al menos uno ya se hizo real —presumí con una sonrisa.

—¿Ah sí? Dime, ¿cuál? —inquirió elevando la comisura de sus labios.

—Hacerte reír —confesé.

Por un segundo pensé que su rostro cambiaría por completo a uno serio y sin ganas de seguir escuchándome. Su rostro sí cambió pero, en lugar de eso, su sonrisa se hizo más grande causando que su hoyuelo se remarcara con más profundidad.

—Estás demente, Weigel. —Volvió a reír.

—¡Y dos veces! —chillé de emoción.

Nuestras carcajadas se unieron creando un perfecto sonido para mis oídos, sabía que la suya hacía de este momento aún más especial. Él se detuvo intentando recuperar su respiración, una vez que lo consiguió habló:

—Interesante. Cuéntame, ¿cuáles son tus otros sueños en esa lista?

—¿Estás seguro? Puede ser que te aburra —advertí—. Te conozco, puedo llegar a aburrirte y termines diciéndome algo déspota.

—¿En qué concepto me tienes? —se ofendió—. Vamos, quiero escucharlo.

—Bien —asentí con la cabeza, tocando mi mejilla con la palma de mi mano—. Practicar paracaidismo y buceo; escribir un poema en sueco; viajar en una furgoneta hippie; ser rociada con polvos de hada, ya sabes, esos que son de colores... —Enumeraba cada uno de ellos con mis dedos. Luke solo sonreía enternecido, sus ojos tenían una pizca de diversión, me prestaba toda la atención, me escuchaba y eso me hacía sentir feliz—. Crear un columpio como el de Heidi; hacer un muñeco de nieve y que dure por semanas sin ser destruido; no dormir durante cuarenta y ocho horas; bañarme en una cascada; me gustaría encender fuegos pirotécnicos...

—Espera —me interrumpió—. ¿Nunca has encendido uno? —Luke preguntó incrédulo, yo negué—. ¡Por Dios, Weigel!

—¡Mi madre los detesta! —me defendí—. Ahora te toca a ti, ¿cuáles son los tuyos?

—Yo no tengo sueños —respondió al instante sin pensarlo.

—¿Por qué?

—¿Para qué tener sueños? Muchos suelen romperse, un sueño es algo que es inventado para tener alguna meta con la cual seguir adelante y darle sentido a tu patética vida. ¿De qué sirve vivir a base de mentiras? Lo sueños fueron creados para ocultar la realidad de uno. Los humanos somos imbéciles y crédulos.

—Uno se cumplió y fuiste tú quien lo hizo.

—Claro —dijo en un sarcasmo—. Qué casualidad que lo tenías en tu lista, ¿no?

—¡Bien! ¿Cómo llamarías tú algo que quisieras cumplir? No sé, como tirarte de un puente o comer una galleta que nunca has probado. ¡Sé que tienes algo por ahí! —jadeé irritada.

—En realidad no sé, ¡deja de insistir! —exclamó llevándose las manos a su cara para bufar en forma de frustración.

—Luke... —dije en un canto diminuto tratando de no hacerlo

explotar en ira.

—¡Bien! ¡Me gustaría comer un *space cake*! —Me miró mal.

—¿Qué es un *space cake*? —pregunté confundida.

—Un pastel con marihuana —habló lobuno.

—¡Oh, solo en eso piensas! —chillé golpeando su hombro causando que él riera.

—Claro que no, también me gustaría nadar con delfines; conducir en una carretera sin ningún destino; cantar tan fuerte sin importar quién me mire; hacer un grafiti que tenga sentido; saltar de un acantilado; ir a un concierto masivo de rock y fumar marihuana en Ámsterdam. —Terminó en un tono divertido y entrecerré los ojos por lo último.

Seguimos caminando en dirección al callejón mientras hablábamos sobre cosas que salían. Luke respondía algunas de mis preguntas y él hacia otras. Me gustaba cómo empezábamos a tener una buena comunicación, no era una de las que yo esperaba, pero al menos habíamos avanzado en algo. Llegamos a nuestro destino y nos sentamos en aquel árbol en el que la otra vez estuvimos.

—¿Color favorito? —Luke preguntó tomando una de mis manos para jugar con los dedos de ella.

Me quedé en silencio pensando en su pregunta. Hace algún tiempo le hubiese dicho que el verde pero, por alguna extraña razón, ya no me agradaba tanto aquel color. Si tuviera que decidir justamente uno ahora, estaba segura de que era el azul; sin embargo no era cualquier azul, era como el de sus ojos. Me gustaba el color de sus ojos.

—El azul —respondí saboreando la palabra.

Luke me miró durante unos segundos y sonrió.

—Igual es el mío —murmuró desviando su vista hacia otro punto no tan en específico —. Un azul muy especial. —Pude ver que sonrió cuando su hoyuelo se marcó en su mejilla —. Uno que, aunque intentes combinar todos los azules del mundo jamás podrás conseguir igualar.

No sabía por qué o tal vez sí, pero mis mejillas empezaron a arder y supe que ya habían tomado un tono carmesí que no podía ocultar. Bajé mi rostro un poco apenada por mis propias ideas que giraban en mi cabeza, tomaba un rumbo diferente al que solía tratar. Estaba confundida en mis sentimientos y es algo que no se puede detener, porque está el querer en positivo, al mismo tiempo de forma tan negativa y realmente resultaba frustrante tener que lidiar con ellos.

—Weigel. —Luke me llamó causando que volviera mi mirada a él.

—¿Sí? —Asenté mi cabeza con firmeza para incorporarme en una cómoda postura.

—¿Confías en mí? Es que hace un tiempo cuando te lo pregunté dijiste que no y yo creo... Creo que dolió.

Él quitó sus ojos de los míos al instante que lo dijo y siguió jugando con mis dedos ahora con entusiasmo, como si estuviese nervioso por mi respuesta o apenado por lo último que pronunció.

Creo que a mí me dolió más que admitiera aquello, porque en realidad en ese instante cuando me lo preguntó apenas lo conocía y no negaba que hoy en día todavía lo seguía conociendo, pero en el transcurso del tiempo me había mostrado tantas facetas de él. Y verlo llorar fue como la gota que me hizo sentir con la necesidad de quedarme a su lado y ayudarlo. Cuando me hizo aquella pregunta fue tan repentina y, justamente, cuando hace unos días atrás me gritó lo patética que era, nunca se me pasó por la mente que aquello le haya dolido por la manera en que actuó al instante que le contesté, solo carcajeó en compañía de un *excelente,* desbordando ego.

Me sentí culpable por haberle dicho eso, pero no podía retractarme, yo lo sabía y él igual, no era creyente del arrepentimiento. Pasé mi lengua por mis labios y suspiré entre ellos, observé por unos segundos cómo jugueteaba con mis uñas mientras con su pulgar hacía leves caricias en la parte inferior de mi mano.

—En aquel entonces no te conocía lo suficiente para responderte con un sí —musité apenas encontré las palabras correctas para responderle.

—¿Y hoy me conoces lo suficiente para hacerlo? —inquirió mirando con una ceja arqueada.

—Creo —titubeé.

—No, no lo haces, aunque no puedo negar que me conoces lo requerido para destruirme —confesó ladeando sus labios—. Puede sonar estúpido, pero créelo.

—¿Destruirte? —reí—. ¿Por qué lo haría?

Él se encogió de hombros evadiendo mi pregunta, soltó mi mano y se levantó del suelo alejándose a una distancia requerida de mí, movió su pie impaciente y se giró dando tan solo tres zancadas y arrodillarse ante mí mirándome con tanta profundidad que pude sentir un choque de electricidad entre nosotros.

—Weigel, ¿te puedo pedir un favor? —preguntó impaciente, su labio volvía a temblar y sabía que estaba entrando en uno de sus ataques de ansiedad.

Sí, fue un dato que igual recogí el día de ayer.

—Claro —hablé en un aludido esperando por sus palabras.

Entreabrió sus labios unos milímetros para poder hablar, pero no dijo nada, podía ver a través de sus ojos que se debatía con él mismo en si debía decirlo o no. Después de unos segundos, cogió una de mis manos y la llevó hasta su pecho tan delicadamente que lo sentí temblar.

—Rompe mi corazón si quieres, pero no te vayas. Nunca lo hagas.

Mis labios se entreabrieron y me fijé en cómo sus ojos se cristalizaron, cerrándolos al instante que bajaba su rostro, ocultándolo de los míos.

Todo dio un giro tan inesperado que no sabía en qué instante o punto de la vida pasó esto. Luke se volvió tan frágil ante mí como una hoja de papel, en tan solo unos días había estado hablando con él acerca de sus problemas y, aunque en realidad no dijese mucho, era lo suficiente para saber que lo que estuviese dañándolo se volvía más fuerte que los abusos de su padre.

No supe qué decir en este momento por lo cual solo hice lo que mi cuerpo me dio a reaccionar, quité su mano de la mía y lo abracé. Luke me lo devolvió.

—No lo haré —prometí.

Puse mi rostro entre su cuello y hombro aspirando su olor, no tenía un olor en específico y era algo magnífico porque me hacía experimentar olores que solo él creaba. En su ropa todavía se podía sentir el olor del tabaco o marihuana y por muy molesto que fuese aquello en mis pulmones, podía soportarlo solo por él.

Luke deshizo el abrazo y sonrió a medias, fue una sonrisa melancolía que me hacía sentir terrible. No pude hacer nada más para que estuviera feliz. Hice una mueca y pasé mis dedos por su cabello observando cómo sus raíces eran de un color más oscuro haciendo que luciera como un teñido que se estaba quedando sin tinte.

—¿Tu padre fue el causante de los hematomas que tenías aquella vez que me diste tu suéter? —pregunté.

No me gustaba aprovecharme de la condición en la que se encontraba, pero era la única manera en que podía decirme algo que pudiera entender un poco más sobre él.

Luke me miro serio y luego aflojó su rostro enseñándome uno más relajado, él solo negó con la cabeza, sabía que decía la verdad, sus ojos lo decían.

—No lo hizo él, fue algo de torpeza por parte mía —pronunció con melancolía.

—¿Te autolesionas?

Silencio.

Entendí.

—¿Por qué me mentiste que trabajas solo algunos días?

Luke relamió sus labios y soltó un suspiro.

—Así es pero mi padre me obliga a ir otros días, es tan insoportable. Desde que mis hermanos y yo éramos chicos, él ya tenía el destino de cada uno planeado. Quería que uno de mis hermanos tomara su lugar pero no se pudo, es por eso que ahora vive cada uno de sus días frustrados jodiendo mi existencia y creo que lo merezco.

—Claro que no —alenté—. No tiene el derecho de tratarte de tal manera, espero y sepas que eso es un delito.

—Lo sé, pero su hijo favorito no ocupó su lugar porque yo lo arruiné. —Una lágrima se escapó secándola al instante y gimió—. Hasley, no quiero hablar de esto.

—¿Por qué?

—¡Porque no! ¡Porque no me gusta hablar de ello!

—Pero... —me interrumpió.

—Por favor, en serio duele —murmuró.

Me limité a asentir y él solo bajo la mirada, se puso a un lado de mí y apoyó su cabeza en mi hombro, podía oír su respiración, no estaba tranquila. Era un poco rápida con algunas pausas pesadas.

—¿Quieres ir a mi casa? —mencionó de la nada.

—¿Qué? —pregunté confundida alejándolo de mí para verlo a la cara.

—Mis padres no están, te quiero enseñar algo.

—¿Y tus hermanos? —demandé.

Él solo rio amargamente por lo que había dicho y negó.

—Ya no viven ahí —respondió—. Si no quieres ir solo dilo, no tienes por qué buscar alguna excusa.

Mofó levantándose del suelo y comenzar a caminar.

¡Este chico era increíblemente raro!

No me dejaba siquiera pensar en su propuesta o tener una respuesta coherente. No tenía ni idea del por qué quería que fuese, así como no sabía que le diría a mi madre sobre mi ausencia en el instituto. Estaba segura de que esta vez me encerraba en el sótano sin comer, aún sonara tan dramático, porque ni siquiera teníamos uno.

Me levanté rápidamente y corrí en dirección al chico gritando su nombre, cuando estuve cerca de él, lo halé del brazo y él volcó los ojos.

—Está bien —acepté—. Voy a ir, ¿feliz?

—Ok —pronunció frío, me miró serio para darse la vuelta y comenzar a caminar conmigo siguiendo su paso.

¡Oh, por Dios! ¡Quería golpearlo!

Capítulo 15

Hasley

Luke me dejó pasar a su casa, mis ojos escanearon todo a mi alrededor. Me removí incómoda al sentir el vacío que habitaba en ella. Pasé un mechón de mi cabello por detrás de mi oreja y me giré hacia el chico.

—Es cálida —dije y luego me quedé desconcertada por mis palabras.

—¿Gracias? —dudó, acompañado de su ceño fruncido y una sonrisa lánguida.

Estúpida.

Sonreí sin despegar mis labios. Palpé mis mejillas intentando desvanecer un poco la vergüenza que sentía en esos momentos. A veces decía cosas solo para romper el silencio o dejar la tensión a un lado, pero en ocasiones simplemente no funcionaba. Esta era una de esas.

Miré al frente de mí donde un poco más al fondo se podía apreciar un piano. Caminé con pasos laxos hasta el instrumento y pasé mis dedos por encima. Tenía polvo, demasiado.

—¿Tocas el piano? —pregunté curiosa a Luke sin siquiera voltear a verlo.

—No —respondió cerca de mi oído—. Mi hermano solía tocarlo, cuando no tenía sueño lo hacía, según él, calmaba su estrés, nerviosismo o solo para que se sintiese mejor. Cada quien tiene sus técnicas, ¿no es así?

Asentí automáticamente. Su forma de hablar tan pausada y sin apuros resultaba ser relajante. Miraba a Luke directamente a sus ojos y en cortos segundos recorría cada extremidad de su rostro. Sus muecas faciales trasmitían varias líricas emocionales. Luke era demasiado apuesto y aquello nadie lo podía negar.

—¿Nunca has intentado tocar? —murmuré más para mí que para él, aunque pudo escucharlo.

—No me relaciono bien con los instrumentos —respondió suave, pasó una mano por detrás de su cuello y suspiró—. No me gustan, prefiero escucharlos. ¿Tú tocas alguno?

—¿La flauta cuenta? —Hice una mueca.

Luke empezó a reír y me encogí de hombros.

—Creo —musitó entre risas.

—Dijiste que querías mostrarme algo. Dime, ¿qué es? —inquirí elevando una de mis cejas.

—Tsss —mencionó. Cerró los ojos durante unos segundos y cubrió con ambas manos su rostro—. Si te confieso algo, ¿prometes no enojarte?

—Tengo la intuición de qué tratará tu confesión, pero quiero oírlo por ti. Así que, adelante, te escucho. —Me crucé de brazos elevando la comisura de mis labios.

—No hay nada que mostrarte —confesó, separó sus dedos para mirar entre ellos. Su ojo azul me observaba y quería morir de la ternura que me ocasionaba—. ¿Esa es tu cara de enojada?

—¿Tú qué crees?

—No te ves enojada.

Y no lo estaba, era imposible enojarme con él cuando actuaba como un niño asustado que está a punto de ser regañado.

—Me has decepcionado, Howland —vacilé.

Él bajó sus manos. Dio un pequeño paso hacia mí y sonrió.

—Me gusta cómo suena mi apellido en tu voz —admitió.

Sus mejillas se pusieron en un tono más carmesí y por un instante las mías también.

—No puedo decir lo mismo —mentí.

En verdad me gustaba cómo sonaba el mío cuando él lo decía y más si lo mencionaba en un tono divertido.

—No me importa, Weigel —bromeó ladeando la cabeza—. Volviendo al tema de que te mentí, tengo algo que a lo mejor sí te interese —explicó, no me dio tiempo de responder cuando volvió a hablar—. Ven.

Dicho eso, me tomó de la mano y comenzamos a subir las escaleras a pasos rápidos; trataba de no tropezar con los escalones mientras era casi arrastrada por Luke. Esto se volvió una costumbre de su parte, cada que él decía un "ven", me cogía de la mano y comenzaba a correr conmigo detrás. Tenía que ir a su paso en el intento de no caer de boca al suelo.

—Algún día terminaré cayendo y de paso te derrumbaré conmigo —amenacé una vez que nos detuvimos en frente de una puerta.

—Caería primero por ti para bloquear tu dolor —aludió abriéndola.

Mordí mi labio inferior hacia dentro y deambulé durante unos segundos, la mirada de Luke me escaneó y seguido de eso me hizo una seña con su cabeza indicando que entrara; junto a pasos dudosos entré. Mis ojos se abrieron al tope de la impresión, para ser hombre tenía bien acomodado su habitación, las paredes blancas, una de ellas tapizada de puros póster de bandas, sus favoritas, lo más seguro. Su cama tenía extendida una sábana negra, con almohadas blancas, todo allí estaba en orden, como si nadie habitara el cuarto.

—Eres muy ordenado —murmuré, por un segundo creí que no me había escuchado pero fue todo lo contrario cuando me respondió.

—Siendo sincero, sí —admitió.

Lo miré durante unos segundos, sus manos estaban metidas dentro de los bolsillos de su pantalón, mientras jugaba con la herida de su labio.

—Por un segundo imaginé tu habitación toda de negra —bromeé.

Luke soltó una risita por lo bajo y negó.

Mis ojos fueron directo al escritorio que había en una de las esquinas, igual como el resto, todo acomodado. Tenía una lámpara blanca con unas calcomanías de *Spiderman*. Sonreí con ternura.

Esperaba a un Luke más rudo, pero fue todo lo contrario. El chico era una especie de actor, utilizaba máscara y cuando bajaban las cortinas podía ser quien era. Se podía despojar del disfraz, aunque no le molestaba usarlo; tal vez, solo tal vez, era como una rosa: mostraba las espinas y, si soportabas las punzadas, eras digno de recibir la rosa.

Llamó mi atención un pequeño pizarrón con varias notas que eran sujetados con unas chinchillas, al parecer eran fechas o cosas importantes. Comencé a leer cada una de ellas sin detenerme, a pesar de que sintiera la mirada del rubio detrás de mí.

2-julio-2011

Entonces recordé, era la misma fecha que había con un borrón en su libreta el día en que me senté con él por primera vez en la clase de la profesora Kearney. Mi curiosidad despertó, pero la mandé al fondo de mi cabeza. No necesitaba que Luke se pusiera de mal humor en estos instantes. Así que decidí leer otra nota.

—Primer tatuaje... —susurré. Esta vez, me giré para verlo, quien me miraba detenidamente sin ninguna emoción en su rostro—. ¿Tienes un tatuaje?

—Ajá —asintió varias veces con la cabeza como un niño pequeño.

—Y desde hace seis meses —declaré y él volvió a emitir su acción pasada—. ¿Dónde?

—En el lado derecho del pecho —indicó. Puso su mano en dicho lugar y lo palpó dos veces seguidas—. Si me pongo una camisa de cuello v se puede notar.

—¿Qué es? —pregunté curiosa.

—¿Quieres ver? —El rubio levantó una de sus cejas con diversión y sentí palidecer.

—Ahmm no-no —respondí en un tartamudeo. Luke carcajeó y desvié mi mirada al suelo.

—Solo tendrás esta oportunidad —sentenció.

Tragué saliva y regresé mis ojos a la anatomía del chico. Mis ojos se abrieron a la par y supe que en cualquier momento caería al suelo. Mis mejillas picaron tomando un color rojo y mis manos sudaban por el nerviosismo. Veía el torso desnudo de Luke. Su piel cubierta era más pálida y, justamente, como había dicho, el lado derecho de su pecho estaba tatuado.

—¿E-esta es tu forma de-de flirtear? —Las palabras se me enredaban y tenía la necesidad de querer hundir mi rostro en una almohada.

—¿Quién dijo que estoy flirteando? ¡Qué modesta eres, Weigel! —habló con diversión. Su torso seguía desnudo sin pudor alguno, por lo cual decidí mirar a sus ojos—. Sin embargo, todavía no empiezo.

—Esto es incómodo —murmuré. Luke bufó rodando los ojos. Sabía que detrás de mi curiosidad había algo más cuando volví a mirar el dibujo con tinta en su piel—. ¿Qué se supone que es?

—Una ruleta. —Se encogió de hombros—. Tengo pensando hacerme otro.

—¿Otro? ¿De qué se trata? ¿Llenar tu cuerpo con tinta sin sentido? —mofé.

—Para mí tienen sentido... —gruñó.

Empezó a divagar con sus palabras mientras se volvía a poner su camisa, caminó al otro extremo de la habitación y se detuvo en un estante. Silenció su habla y pasó sus dedos por encima de este, sus ojos escaneaban detenidamente hasta que se detuvo y sacó una caja plana.

—¿Conoces los discos de vinilo? —inquirió mirándome. Asentí y él sonrió—. ¡Aleluya! —exclamó obteniendo una mirada con recelo por parte de mí—. Esto es lo que te quería enseñar, colecciono estos discos. Tal vez para ti no son tan especiales o algo de valor, pero para mí son como un tesoro retórico. Me gusta lo clásico.

—¿Tienes muchos? —Di unos pasos en donde él se encontraba y me puse a su lado para poder ver el estante.

—Creo... —confesó dejando en el aire la palabra. En realidad, eran demasiados—. Escucha.

Sus ojos tomaron un brillo y puso el disco en el tornamesa, a los segundos empezó a sonar. La melodía era suave y relajante, me gustaba. Luke comenzó a tararear la canción mientras caminaba alrededor de la habitación. Su sonrisa era demasiado enorme, sus ojos se enchinaban y su hoyuelo tan carismático se marcaba con tanta profundidad. La felicidad de Luke se podía sentir.

—Acompáñame —demandó, no sabía a lo que se refería hasta que me haló de la mano y choqué con su cuerpo.

—Oh, no. —Negué varias veces al darme cuenta de lo que quería—. Yo no bailo.

—Ni yo, solo estoy dando vueltas- —Rió.

Y es que solo Dios sabía cuánto amaba la risa de Luke.

—¡No! —chillé cuando di una vuelta con él.

La canción terminó y pensé por un segundo que sería el final de mis vueltas junto al chico pero me equivoqué, apenas terminó esa empezó la siguiente y Luke aferró más su agarre.

—¡Amo esa! —jadeó en un saltito, sonrió despampanante y empezó a tararear la canción ladeando la cabeza.

Y allí nos encontrábamos en medio de su habitación dando vueltas sin un sentido en específico, solo oyendo su voz y la del cantante. Aquella escena me causaba demasiada gracia y no podía evitar reír. Momentos como estos era en los que sabía que Luke no era solo frustración, hierba y mal humor; era más que eso, desgraciadamente nadie se daba cuenta de ello y lo catalogaban como alguien de mala influencia.

Me centré en los ojos azules del chico y él me miró detenidamente. Su sonrisa se eliminó, pero sus ojos seguían manteniendo el brillo. Sentí una presión en el pecho en ese instante, mi respiración entrecortada al igual que la de él. Nunca me había detenido para admirar bien a Luke, él era atractivo, demasiado, era algo que todos podían ver a simple vista y no poder negar.

Detestaba que mi cordura no despertara, que no hiciera caso a mis llamados de alerta; no tenía nada en mente, salvo el rostro del rubio y la petición de querer besarlo. No entendía qué ocurría con aquel pensamiento, pero teniendo a esa distancia al chico no me hacía pensar con claridad.

Sentí su aliento chocar y supe que para arrepentirme ya era tarde, aunque, siendo honestos, no quería hacerlo, esto parecía eterno y que jamás ocurriría, podría jurar que ya había pasado más de cinco minutos pero en realidad eran limitados segundos.

Los labios de él se acercaron a los míos, rozó su nariz con la mía. Cerré los ojos por inercia con la respiración detenida. Podía sentir su aliento sobre mis labios, sin embargo, no hubo contacto. No quería lanzarme a los suyos como si mi vida dependiera de ello, porque no era así. Su labio inferior rozó el mío y se alejó unos escasos milímetros. Me torturaba.

—Si no hago esto ahora, me arrepentiré después... Aunque creo que lo haré de todos modos.

Su jodida voz sonaba tan ronca que envió un pequeño escalofrío por todo mi cuerpo. Sentía mis piernas flaquear.

Después de tanto, sus resecos labios se sellaron sobre los míos, se rozaban con tanta lentitud. La punta de su lengua jugueteó con mi labio inferior, entonces lo odié porque se sentía malditamente bien. Creía que todo terminaría ahí pero no fue así, una de sus manos se posó en mi mejilla y lo peor fue cuando llevé mis manos a la parte trasera de su cabeza.

Nuestros dientes chocaron causando que Luke riera sobre mis labios.

Se sentía bien, sus labios eran suaves haciendo del beso un poco lento y cálido con pequeños momentos de intensidad. No sabía por qué no me detenía o él lo hacía. Estaba en claro que él no me atraía y viceversa... o eso quería hacerme creer yo misma. Mi mente se transformaba en un desastre, jugaba de mala forma conmigo.

Luke detuvo el beso sin despegar nuestros labios aún. Poco a poco abrí los ojos encontrándome con los azules océanos de él mirándome fijamente a mí. Se alejó unos centímetros y entreabrió los labios.

—Esa fue Wonderwall —pronunció en un jadeo.

Estaba muda, no pronunciaba nada. Claramente seguía en shock. Ni siquiera me había fijado que la canción ya había terminado o que había empezado otra.

Di un paso hacia atrás desconcertada sin darme cuenta. El ruido de algo cayendo al suelo y el vidrio quebrándose me hizo salir de mi burbuja. Chillé y me giré para ver la lámpara de Luke hecha añicos en el suelo.

—Mierda —maldije.

Volteé hacia el chico que no mencionó absolutamente nada, sus ojos solo veían las piezas de cristal, sin mencionar nada salió de la habitación dejándome ahí sola donde solo se oía la música en reproducción.

Algo en mi mente daba vueltas, no sabía qué era peor, haber besado a Luke o que me había gustado.

Capítulo 16

Hasley

Las gradas se llenaban poco a poco mientras pasaban los minutos, me encontraba en uno de los partidos de Matthew, me había invitado con la condición de que estuviera cerca para que fuera su amuleto de la suerte, según él.

No pude evitar sonrojarme por lo que había dicho.

Zev no pudo asistir porque tenía una cita con alguien. Al parecer, en estos días que no estuve mucho con él, había estado quedando con una chica; no me dio tiempo de hablar muy bien porque, apenas sonó su celular, salió corriendo de la escena.

Sobre el beso con Luke, no le había mencionado a nadie por dos razones: no tenía a quien y realmente prefería guardar aquel acontecimiento para mí. Después de eso, Luke no mencionó nada, el ambiente se puso incómodo y preferí huir del lugar; no asistió los últimos dos días de la semana al instituto y me preocupaba cómo de igual manera me hacía sentir mal. Tan solo recordar aquella escena me daba golpes mentalmente.

El lugar estaba lleno, solo se esperaba a que el juego empezara para que todos los gritos de los espectadores se hicieran presentes apoyando a cada equipo. Matthew había estado a mi lado estos últimos días en la hora de comer, en los horarios libres y acompañándome hasta mis clases cada vez que tenía tiempo. Era algo muy tierno de su parte, ya no me ponía tan nerviosa cada vez que sacábamos algún tema de conversación, ahora nuestras pláticas fluían con más serenidad y confianza, todo estaba bien. Quería creer eso.

Sentí cómo alguien se sentó a mi lado y por instinto volteé hacia la persona. Fruncí el ceño al ver al rubio a lado mío con dos vasos de refresco mirando hacia la cancha. No mencionaba nada, solo estaba allí con su mirada entretenida al frente.

—¿Qué haces aquí? —Me atreví a preguntar sonando un poco grosera.

—Vine a ver el partido, el aire es libre, ¿no, Weigel? —respondió sin mirarme.

—¿Viniste a ver cómo se satisfacen humillando a otros? —contraataqué con las mismas palabras que me respondió el día en que me mostró el callejón.

Luke volteó a verme lentamente y sonrió de lado, levanté una de mis cejas y su sonrisa se agrandó aún más.

—Y a ver cómo pierde el instituto —completó suspirando—. Ten.

Él ofreció acercándome un vaso de refresco.

—Casi nunca pierde nuestro equipo de baloncesto —defendí porque era verdad, solían ganar casi todas las temporadas—. ¿Me compraste una?

—Tú lo has dicho "casi nunca", quizás hoy sea su día de mala suerte —mofó haciendo comillas—. Y en realidad, estaban a promoción, dos por uno. Ofertas así en la vida no se deben rechazar.

—Eres muy negativo. —Rodé los ojos—. Guao, qué romántico.

—Solo con la gente que me cae mal —susurró regresando la mirada a la cancha.

Fruncí el entrecejo al no entender a cuál de las dos cosas se refería, si al ser negativo o a mi sarcasmo, aunque preferí no volver a hablar, sabía lo irritante que lo ponían mis preguntas "sin sentido", supuestamente para él.

Después de varios minutos en silencio por parte de los dos, el juego comenzó y cuando salió el equipo del instituto siendo encabezado por Matthew tuve que cubrir mis oídos al escuchar todos los gritos a mi alrededor, prácticamente gritaban más el nombre del chico que del equipo.

—¡Agh, zorras! —dejé salir volcando los ojos.

La risa de Luke me hizo voltear.

—Tranquila, Weigel, no sientas celos, al final todas lo sentirán por ti —sonrió amargamente.

—¿Por qué lo dices? —demandé.

—Me he enterado de que Jones y tú han pasado más tiempo juntos —confesó sorbiendo de su pajilla.

—¿Cómo demonios sabes eso tú?

Luke sonrió lobunamente y lo miré extrañada.

—A ver, Weigel —carraspeó—. Estamos hablando de Matthew Jones, el capitán del equipo de baloncesto y tú no eres tan importante, pero eres amiga de Zev y la casi chica del pelirrojo.

Abrí mi boca un poco indignada por lo que había dicho, pero la cerré al instante. Luke era a veces tan insípido que en un momento juraba que golpearía su rostro.

—No sé cómo sentirme respecto a lo que has dicho, pero tampoco me aclara nada, se sup...—No pude terminar, porque él me interrumpió moviendo su mano de un lado a otro.

—Concéntrate en apoyar al chico que te está mirando.

Al instante que mencionó aquello, miré hacia la cancha en donde los ojos de Jones me miraban detenidamente y después a Luke. Regresé mis ojos al rubio y este solo le dedicó una sonrisa amarga al otro chico.

Divisé cómo Matt se acercaba hacia nosotros y sentí sudar mis manos, no me daba buena espina tener a los dos juntos, no entendía por qué pero estaba muy claro que no debían estar en el mismo lugar.

—Hoy eres mi amuleto de la suerte. —Matt dijo sonriente, sus palabras hicieron que soltara una sonrisa boba pero desapareció al escuchar la risa burlona de Luke. El pelirrojo arrastró sus ojos hacia él—. ¿Qué es gracioso?

—Que Weigel no es de buena suerte; al contrario, es un imán para la mala suerte —gruñó divertido.

—Tal vez contigo, pero no conmigo —respondió—. Me tengo que ir.

Matt me guiñó un ojo y regresó a la cancha creando un círculo con su equipo.

—Patético —farfulló Luke.

Reí por lo bajo. El partido comenzó y todos empezaron a apoyar a los equipos, me limitaba a tratar de entender en qué consistía cada cosa del juego pero no era algo que se me diera con facilidad, los deportes no eran mi fuerte. Pasaron los minutos rápidamente y el marcador mostraba un claro empate, todos comenzaban a exasperarse, solo faltaba un tiempo para ver qué instituto se llevaba el premio.

—Weigel. —Luke me llamó y dirigí mi mirada a él—. ¿Beso bien?

Abrí los ojos completamente y sentí mis mejillas arder dejando de poner atención al juego. No podía estar preguntándome esto, estaba loco, ¿cómo se le ocurría tan siquiera? Tragué saliva con dificultad y parpadeé varias veces; en cambio él estaba con su postura cómoda, como si la pregunta fuera la más común del mundo.

—¿Por qué me preguntas eso?

—Solo es una pregunta. —Se encogió de hombros—. ¿Tiene algo de malo? ¡Oh, ya sé! Temes a que lo escuche Mattie.

Se burló.

—Cállate, Luke —reprendí avergonzada.

—¿No me vas a responder? —inquirió levantando una ceja.

—¡No! —chillé.

Él bufó por lo bajo y se cruzó de brazos volviendo a mirar al frente. Hice lo mismo y me di cuenta de que ya terminaría el partido en poco tiempo y, con eso, el triunfo del instituto una vez más. Luke se levantó obligando a que lo mirase.

—¿A dónde vas?

—Van a ganar y... —mencionó frío—. No quiero ver.

Su vista se perdió y se movió entre las personas, no quería que se fuera así sin despedirse o mencionar algo relacionado.

—¡LUKE! —grité su nombre pero no hizo caso—. ¡LUKE!

Al momento en que me levanté dispuesta a seguirlo, todos lo hicieron y los gritos eufóricos de todos los espectadores me hicieron pegar un grito. El partido había terminado, el instituto había ganado. Por más que quise buscar al ojiazul fue imposible, lo había perdido de vista.

Por una razón muy extraña todo se calmó, de los gritos a los susurros, los integrantes del equipo del instituto se pusieron en medio de la cancha con una lona y sus ojos estaban dirigidos hacia mí. De pronto, las demás miradas a mí alrededor iban de ellos a mí.

No sabía qué ocurría, hasta que Matthew se posicionó en medio de todos ellos y sus ojos verdosos me miraron; todo tuvo sentido cuando los chicos extendieron aquella lona que cargaban. Mi corazón se detuvo y mis ojos se abrieron al par al igual que mi boca. Mis ojos no daban crédito a la escena que tenía en frente.

El chico caminó hasta las gradas y se posicionó al pie de ellas, me miró con una de sus sonrisas despampanantes, su cabello rojizo cobre brillaba demasiado y no sé si era por la ocasión, pero todas las luces se dirigían a él. Él rodeó su boca con sus manos y pronunció la frase que había a lo último del cartel:

—¿Aceptas ser mi novia?

Todo el aire se me fue y sentía mi corazón latir a mil por horas, mi cerebro no procesaba con exactitud lo que el chico había dicho, estaba en estado de shock. Mis labios no se movían y mucho menos mis ojos, sino hasta que, como si de una fuerza inexplicable se tratase, sentí la mirada de alguien aún más potente que la de Matthew y odié el hecho de haber volteado. El rubio me miraba desde un extremo contrario al pelirrojo, en donde había más personas observando la escena, de su mano yacía un paquete de patatas fritas. Mi corazón se encogió de una manera tan abrupta y en ese instante supe algo: sentía algo por Luke.

Su mirada era neutra, sin sentimiento, como solía ser él, pero podía ver sus ojos que me miraban con dolor. Pasó su lengua por sus labios y miró hacia abajo para después alzarla, pero esta vez sonrió de lado de una manera tan burlona y cínica. Mis ojos viajaron de nuevo a Matt que seguía esperando mi respuesta con una sonrisa, este momento lo estaba viviendo en cámara lenta y sentía que ya habían pasado minutos, pero en realidad apenas eran microsegundos. Volví mi mirada a Luke y lo odié aún más, pronunció algo con sus labios que increíblemente entendí.

Dirigí mi mirada a mis pies y tomé un suspiro tan profundo para realizar mi siguiente movimiento. Bajé las gradas una por una y sin esperar absolutamente nada, lo abracé con fuerza. Su brazo rodeó mi cintura y me atrajo aún más a él.

—¡Claro que sí! —chillé con un poco de emoción.

Se separó de mí y sonrió. Él tomó con una de sus manos mi mejilla y dio un corto beso a mis labios.

—Hoy es mi día de suerte.

Y con eso volvió a unir nuestros labios una vez más ante las miradas de todos y la de Luke.

___

Matthew jugaba con la pajilla de su refresco mientras uno de sus brazos estaba por encima de mis hombros. Nos encontrábamos en la cafetería junto a Zev, literalmente me ignoraban, solo hablaban de los equipos de fútbol, lo cual, yo no entendía nada. Me aburría estar en medio de ellos dos solo como un objeto.

Creí que ser novia de Jones sería lindo, aunque lo era, en esta semana que llevábamos de noviazgo no podía negar que tenía sus momentos dulces y extrovertidos, pero por el momento mi novio prefería a mi mejor amigo que a mí.

—Necesito ir a clases —avisé interrumpiendo su charla animada.

—¿Tan rápido? —Matt miró la hora en su celular y después hizo una mueca—. Faltan quince minutos.

—Sí, pero quiero llegar temprano.

—¿Quién te toca? —inquirió el ojiverde.

—Kearney —respondí confundida.

Mi novio se quedó un momento pensando y miró a Zev para después regresar sus ojos a mí.

—Vamos, te acompaño —se ofreció levantándose.

—Pensé que querías seguir quedándote con Zev. —Rodé los ojos.

—¿Estás celosa de mí? —Zev molestó divertido en una risita.

—Cállate —mascullé.

—Oh, Has. —Rió él y mi amigo se unió.

—Igual me tengo que ir, voy al campo a escuchar los gritos menopáusicos del entrenador —bufó en un mohín y se dio la vuelta alejándose de nosotros.

—Entonces.... vamos.

Pasó su brazo por mis hombros y me atrajo a él para empezar a caminar a la salida de la cafetería. En los pasillos las miradas por parte de todos eran dirigidas hacia nosotros y aquello era demasiado incómodo, no estaba acostumbrada a obtener la atención de muchas personas, a pesar de que ya hubieran pasado cuatro días obteniéndolas.

—¿Qué harás hoy en la tarde? —El chico preguntó ganándose mi atención.

—Diría que tarea, pero realmente siempre la dejo para la noche —confesé—. ¿Por qué?

—Porque quiero hacer algo contigo —Se encogió de hombros y lo miré—, como ver películas en tu casa o no sé, no tengo buenos planes... Lo siento.

Él me miró un poco apenado entrecerrando los ojos y me causó tanta ternura. Llegamos a mi salón de clases y nos detuvimos a un lado de la puerta. Le sonreí reconfortante y jalé una de sus mejillas.

—Ver películas me parece una buena opción —animé dándole crédito a una de sus ideas.

—Bien, iré a las seis de la tarde para ir a rentar unas cuantas y comprar palomitas, ¿te parece? —propuso y asentí con la cabeza en una sonrisa.

—Estaré lista —confirmé.

Me sentía feliz por el simple hecho de que haríamos algo juntos como una pareja oficial, no como amigos o algo así. Ver películas en casa ya estaba demasiado sobre valorado, pero realmente no importaba cuando se trataba de Matthew, había sido él quien lo propuso, por lo cual estaba feliz, pasar tiempo con él me haría bien.

Rodeó con unos de sus brazos mi cintura y se acercó a mí inclinando su cabeza para rozar sus rosados y tibios labios con los míos. Movió su nariz con la mía haciendo como un gato, aquello causó una risa por parte mía y él ronroneó.

—No hagas eso —reprendí divertida y él volvió a repetirlo—. ¡Basta, Mattie!

—Uhm, Mattie. Me gusta cómo suena —murmuró y besó la comisura de mis labios.

Subió una de sus manos a mi mejilla y profundizó el beso, estaba a punto de seguirlo cuando algo, o más bien alguien, lo impidió.

—Joder, la bodega del conserje queda a solo tres metros de aquí, ¡largo! —Luke gruñó hacia nosotros mirándonos con el semblante vacío.

Desvié mi mirada hasta mis pies y mordí el interior de mi mejilla, sabía que estaba sonrojada por el ardor que sentía en mi cara. Matthew me soltó y dio un paso hacia atrás.

—Solo fue un beso, pero gracias por la información. —El pelirrojo habló.

—Claro —ironizó el rubio—. Ahora quítense de la puerta porque me impiden el paso.

Sentía la mirada de Luke encima de mí, algo me decía que esperara a que él entrara, sin embargo, mis ojos ya estaban dirigidos a sus pupilas.

—Se dice permiso, ¿no sabes lo que implica el respeto? —mofé de mala gana.

—¿Respeto? —preguntó incrédulo y dio una risa amarga. Se acercó hasta mí sin importarle que Matthew estuviera en frente de nosotros y susurró en mi oído—. Entonces aprende a respetar un corazón roto.

Dicho esto, le dio una mirada déspota al otro chico y con su hombro lo empujó para abrir la puerta y adentrarse. Me quedé viendo un punto fijo mientras sus palabras rebotaban alrededor de mi cabeza. ¿Por qué me había dicho? ¿Qué se supone que había hecho ahora?

—¿Qué te ha dicho? —inquirió Matt.

Elevé mi vista hacia él y volví a la realidad.

—Nada importante. —Hice un manojo negando con la cabeza.

—Has... —sentenció.

—En serio, nada por lo cual debas preocuparte —insistí y él suspiró.

—Bien —se rindió—. Necesito ver los próximos horarios de los partidos, cuídate.

Me dio un beso rápido en los labios y salió corriendo por el pasillo. Suspiré con pausa y entré al salón. Busqué rápidamente a Luke para ir directo hacia él, tomé el lugar a su lado y lo miré.

—¿Qué ocurre contigo?

—No entiendo a qué demonios te refieres —masculló sacando un refresco de su mochila y agitarlo.

—Hace días que no me hablas y cuando por fin te dignas es para ser tan, tan... ¡Ugh! —gruñí fastidiada—. ¿Qué hice?

—Tú no hiciste nada —habló entre dientes—. Nací con mal humor, ahora cállate y déjame sacarle el gas a mi refresco.

—Eres tan odioso —murmuré.

—Y tú tan patética para no ver las cosas.

—¿De qué hablas? —pregunté confundida. Ya no entendía nada, con Luke nunca podías entender bien o al menos yo no lo entendía— ¡Vamos, dime!

—Eres muy gruñona —confesó y quise decirle lo mismo, pero me contuve. El siguió agitando el refresco y eso me hacía desesperar aún más.

—¡Deja de hacer eso! —grité.

Le arrebaté la botella de plástico de entre sus manos y me arrepentí al instante. La tapa se cayó y todo el líquido se derramó ante Luke y yo. Me estaba preparando mentalmente para sus gritos, pero nunca llegaron. Luke frunció sus labios y me miró con los ojos entrecerrados.

—Lo siento... —susurré con timidez.

El chico solo rodó los ojos y se levantó del asiento, tomando sus cosas, para salir hecho una furia del salón. No podía sentirme más torpe.

Capítulo 17

Hasley

Estaba tratando de controlar mi respiración y no caer en un colapso de desilusión, no tenía que ponerme así. Matthew me había llamado para cancelar nuestra cita, disculpándose porque no podría venir ya que entre los planes de su madre había una comida familiar. No me enojé, sabía que no podía ir en contra de su madre pero no podía negar que me sentía decepcionada.

Tenía el pensamiento de hablarle a Zev para que sustituyera a mi novio, pero sabía que no podría ser posible porque seguía saliendo casi todos los días con aquella chica que todavía yo no conocía.

Pasé ambas manos por mi rostro y suspiré pesadamente. Ahora no tenía ni un plan para evitar aburrirme. La casa estaba sola, mi madre seguía en su oficina de trabajo y llegaba hasta las ocho de la noche porque siempre tenía que ver los expedientes de sus pacientes para ver sus avances. Esto era lo malo de ser hija única, no tener a nadie que te haga o le hagas la vida un desastre, pero aún así no te haga sentir tan sola como el pan de sándwich que nadie quiere.

Caminé hasta la cocina para abrir el refrigerador y ver qué podía comer por entretenimiento. Me prepararía algo y me iría a la sala a ver algún programa sin sentido de la televisión. Saqué mermelada de fresa, cajeta, chispas de chocolates y crema de maní; cerré la puerta del refrigerador, bajé el pan y tostadas para llevar todo a la mesita de estar, me senté en posición de loto en el suelo y prendí la tele. Con una cuchara comencé a untar crema de maní en unos de los panes y después mermelada, y hacer eso con todas las mezclas. Muchos dirían que esto era extraño o incluso asqueroso, pero el sabor resultaba extravagante.

Unos golpes suaves en la puerta principal me dieron una pequeña esperanza de que fuera Matt. Me levanté tan rápidamente del suelo que ni siquiera me di cuenta de que llevaba en mi mano la cuchara y el trozo de pan, puse el trozo de pan entre mis labios y abrí la puerta.

Las esperanzas fueron sustituidas por una pequeña sorpresa al ver a Luke parado en frente de mí. Fruncí mi entrecejo y él elevó unas de sus cejas acompañando su rostro con una sonrisa de lado.

—¿Cocinando, Weigel? —se burló.

Negué con la cabeza e hice un ruido. Él rió y con unas de sus manos tomó el pan de entre mis labios y lo quitó. Con la yema de su dedo pulgar limpió la comisura de mis labios y el ardor se apoderó de mis mejillas. Luke miró el pan y frunció sus cejas.

—¿Es maní con mermelada?

—Ahhmm... —Estaba desconcertada por el simple hecho de su acción y de igual manera por tenerlo aquí. Sacudí todos los pensamientos de mi mente y me obligué a mí misma a volver a la realidad—. Sí, es una mezcla...

—Rara —interrumpió completando mi frase, asentí y él se encogió de hombros—. Pero es deliciosa.

—¿Deliciosa?

—Igual me gusta —explicó, sin nada más, le dio una mordida al pan.

—¡Hey! —me quejé—. Era mío.

—Era —recalcó. Le saqué la lengua y sonrió—. Infantil.

—¿Qué haces aquí? Creí que estabas enojado conmigo por lo que pasó en el instituto.

—Tu torpeza es algo que no puedo evitar... —habló desganado—. Fui a la casa de un amigo y tomé este camino, me acordé de que tu casa quedaba por aquí y decidí tocar la puerta para ver qué sorpresa me traía la vida —explicó diciendo lo último con ironía.

—Se supone que no tienes amigos —ataqué. El chico solo chasqueó y mordió de nuevo el pan.

Divisé por encima de su hombro que su moto estaba estacionada y comprendí todo. Nadie más dijo nada y ahí nos veíamos de nuevo en silencio, yo mordiendo el interior de mi mejilla y solamente el ruido de él masticando. Di un suspiro profundo y hablé:

—¿Vas a pasar?

—En realidad se me ha ocurrido una idea, ¿quieres venir? —sugirió dando la última mordida al pan.

—¿A dónde? —inquirí.

—Solo ven —insistió dándose la vuelta caminando hacia su moto.

Tuve que pensar rápidamente en qué hacer pero, al final de todo, me veía regresando a la sala para apagar la televisión, dejar la cuchara, tomar mi celular y salir de la casa.

—Estoy casi en pijama —me quejé.

Luke se dio la vuelta y me miró neutro.

—Te ves bien con cualquier cosa, al menos para mí. —Se encogió de hombros y se montó, extendiéndome el casco. Mis mejillas tomaron un color carmesí y reprimí una sonrisa cogiéndolo—. Sube, solo intenta no recargarte en mi espalda.

Le hice caso a su indicación un poco dudosa, pasando mis manos por su cadera y sin apoyar mi rostro en su espalda. Todavía sentía algo de inseguridad, no por parte de él sino de las demás personas que venían en dirección opuesta.

Iba oscurecer en unos pocos minutos y tenía que avisarle a mi madre si no quería otro castigo. Luke detuvo la moto poco a poco mientras frenaba y aceleraba a propósito.

—¡No hagas eso! —regañé tajante.

—Es divertido sentir como te sujetas a mí aún con más fuerza —Dio una carcajada y le di un manotazo en su espalda.

Él dio un quejido deteniéndose por completo y sentí sus músculos tensar, entonces mi rostro cayó con culpabilidad y a la vez entendiendo todo.

—¿Lo hizo de nuevo? —susurré.

Luke no dijo nada, seguía con sus manos en los extremos de la moto pero apretando las manijas lo demasiado duro para hacer notar las venas en ellas.

Me sentí mal, al igual que sentí el enojo e impotencia emanar mi cuerpo; detestaba saber que Luke estaba en un mal momento y yo no podía hacer nada para evitarlo. Había cosas que aún no entendía, pero tenía en claro que su padre no debía golpearlo al grado de lastimar su piel. ¿Qué ocurría por la cabeza de ese hombre?

Me bajé de la moto y me posicioné a un lado de él, su rostro estaba caído mirando hacia el suelo, puse mi mano sobre su hombro y sus músculos se relajaron. Una lágrima descendió por su mejilla y mi corazón se rompió.

—Esto no estaba entre mis planes —murmuró.

—¿Qué cosa? —pregunté sin entender.

—Verme así, enterarte de que no he tenido una buena semana —confesó alzando la mirada hacia mí—. Pero prefiero no hablar de eso. —Movió su cabeza y pasó el torso de su mano por sus ojos—. ¿Cómo te ha ido con Jones?

—En realidad no quiero hablar de él —confesé.

—¿Por qué? Ha sido espectacular la forma en que te pidió que fueras su novia —admitió con una sonrisa de lado—. Me alegra que seas feliz con él, lo digo en serio, al menos no todos son caras tristes.

No tenía nada que decir ante sus palabras, me sentía incómoda por hablar del chico con cabello rojizo cobre, aunque no podía negar que estaba feliz por ser su novia. Había deseado tanto serlo pero ahora que por fin lo era, no se sentía bien, creo que al negarse a verme me hacía sentir más atracción a él.

—No es lo mismo, ¿sabes? Yo también prefiero no hablar de eso. —Me abracé a mí misma y le dediqué una sonrisa torcida apenas elevando la comisura de mis labios.

Luke se bajó de la moto y se acercó tan solo a unos centímetros de mí, apreciando bien la escena y el momento, él era casi dos cabezas más alto que yo, siempre lo había sido.

—¿Tan incómodo es el tema? —murmuró con la voz ronca enviando una sensación de electricidad por todo mi cuerpo—. ¿O lo es el momento?

No podía articular ni una palabra, mis ojos miraban fijamente los suyos sin parpadear y no podía hacer otra cosa que respirar y parpadear.

—Luke...

Apenas susurré, cuando sus labios tocaron los míos de nuevo. Sabía que tenía que detenerme, decirles a mis pies que se alejaran, a mi mente que reaccionara y que mis labios no se movieran, pero todo eso se fue al caño cuando el contacto de los dos era uno solo. Otra vez nos movíamos al compás, sintiendo el mundo detenerse y solamente a nosotros dos moverse. Tranquilo pero arrollador, así era este sentimiento que sentía y así era Luke.

Él se detuvo y alejó su rostro unos centímetros de mí, lamió su arito mirándome y elevó una de sus manos a mi mejilla para acariciarla con la yema de su pulgar.

—Hasley —pronunció lento y suave—. Nos estamos destruyendo

de la forma más hermosa y bella que hay, ¿te das cuenta?

—Creo... —susurré todavía tratando de asimilar lo que había dicho.

—Estamos creando nuestro propio boulevard, solo que este tendrá un final para uno de nosotros y déjame decirte que no me arrepentiré.

Y volvió a unir nuestros labios, creando una perfecta tormenta con dudas, preguntas y sin respuestas en mi cabeza.

Capítulo 18

Luke

—Daliaah será mi cita —dijo André.

—No, no lo será —contradije caminando entre los asientos de la sala—. Eres una mierda para flirtear.

Tal vez André era lo demasiado puto o yo demasiado amargado para verle el trasero a las chicas. Eso lo consideraba enfermizo, pero para él aquello lo denominaba un placer estético de la vida. La jodida marihuana estaba quemando sus pocas neuronas y las estaba sustituyendo por muchas hormonas.

Y lo último era real. Él no sabía flirtear. Siempre terminaba sacando como conversación el verano de hace unos meses donde tuvo que cuidar a los perros de su vecina, los cuales, una vez vieron un gato y ya que él tenía enredada sus correas alrededor de sus brazos, por pura ley, corrieron y consigo arrastraron por todo el vecindario al chico.

Solo faltaba que su tema de conversación fuera algo tipo: ¿te gusta el porno? ¿Con historia o sin historia?

O tal vez ya lo había hecho.

No sé cómo es que siempre terminaba haciendo coito con una chica diferente cada fin de semana.

—¿Por qué no? Es linda y aparte tiene un buen cuerpo —declaró levantándose del asiento donde se encontraba.

—André, por favor —mofé.

Daliaah era una de las porristas del equipo de rugby, alguien que no combinaba con André. Absolutamente nada. André no era feo, más bien parecía uno de esos tipos que se miran tiernos, pero son unos hijos de puta. La señorita Martens le daba un aire a Emma Roberts, solo que con cabellera castaña. Mi querido amigo estaba interesado en ella, pero por ser una cara bonita.

—Me coqueteó aquella fiesta en la noche cuando esperaba su vaso de alcohol. ¡Oh, vamos, Luke! Solo consígueme una cita con ella, no te costaría mucho —jadeó suplicante.

—Por el amor a Dios, apenas me vea saldrá corriendo. ¿Crees que quiera entablar una plática con el drogadicto del instituto? —farfullé cansado y me puse de rodillas en el suelo.

—Sabes que no eres eso.

—Pero todos piensan que sí.

—¿Y eso afecta en lo que realmente eres? Tú y yo sabemos que no es así.

Preferí no decir nada, solamente vi por debajo de los asientos cómo él se volvió a sentar, pero esta vez en uno de los peldaños de las escaleras de la sala.

Di un suspiro largo y levanté el envoltorio de chocolate que había debajo de uno de los asientos para ponerlo en la bolsa de basura. Estúpida gente que tiende a dejar su miserable basura. ¿Por qué demonios estaba limpiando su mugre? Oh, cierto, es mi castigo.

Era viernes y me la estaba pasando de maravilla. Claro.

Me senté sobre mis piernas y saqué dos rollos blancos de mi bolsillo, llevé uno directamente a mis labios y lo encendí; al momento que este desprendió su olor, la mirada del moreno fue directamente a mí.

—¿Qué haces? ¡Se encerrará el olor! —reprendió un poco asustado.

—Sí, bueno, yo odio este maldito lugar —rechisté y sin dudarlo lleve el *joint* a uno de los asientos y con la parte encendida lo hundí en él, causando que se quemara y un agujero quedara plasmado ahí.

—Estás loco. —André dijo y se cubrió el rostro.

—¿Quieres? —ofrecí.

—Sí. —Se quitó las manos de la cara y se levantó para coger el otro rollo. Eché una risa.

Nos quedamos en silencio mientras apreciábamos el humo salir de nuestras colillas. Después de casi cinco años de amistad habíamos hecho que el silencio se volviera parte de nuestra tranquilidad. El chico era la única persona que consideraba mi amigo, aunque no me gustara que lo supieran. Quería que creyeran que no tenía, porque odio que sepan mis cosas. Creo que nos entendíamos más con solo compartir miradas, porque después de terminar de consumir todo, las preguntas y nuestros lamentos salían al aire.

—¿Ahora qué hiciste?

Honestamente creo que había querido preguntar eso desde que llegó a mi lado y vio el gran moretón en una esquina de mi labio. Esa era otra ventaja de nuestra amistad. Saber en qué momento y cuándo preguntar algo que me haría tensar. Y eso Weigel no lo sabía todavía. ¡Demonios! ¿Por qué siempre se tenía que meter en mis pensamientos? Estúpida pelinegra, boba e ingenua.

—Ya sabes, él gritando, yo culpándome, mi mamá solo mirando, yo diciéndole lo tanto que arruinaba mi vida, él lo miserable y mal hijo que soy... Y creo que no puedo evitar meter el tema de Zach... —murmuré mirando con melancolía mis dedos de la mano.

—¿Por eso te golpeó?

—Me dice algo para que no me sienta mal, pero a la vez veo venir su golpe en alguna parte de mi cuerpo. ¿Eso a que va?

—Viejo loco... —susurró y me miró—. Lo siento, sé que después de todo es tu padre.

Me encogí de hombros y fruncí mis labios.

—Fue porque descubrió que no he ido a psicología esta última semana o creo que porque vio un poco de marihuana en uno de mis calcetines, o porque la perra de Jane le dijo que dejé varado el cine durante dos días.

—¿Sabes si tu prima tiene novio? —preguntó frunciendo las cejas e ignorando lo demás.

—No lo sé, ¿por qué?

—La he visto con un chico últimamente, en la fiesta donde conocí a Daliaah para ser exactos —informó.

Me quedé pensando unos segundos, hasta ahora no sabía nada sobre alguna conquista —o presa como me gustaba llamarlos a mí— que ella tuviera. ¿A quién enredarás esta vez, pequeña ramera?

—Quien sea lo va a botar cuando consiga lo que quiera —dije tajante. Miré la muñeca de André que era adornada por varias pulseras de colores y a mi mente vino algo que me hizo sentir un poco emocionado—. André, ¿te hablas con tu tío, el que tiene una deshuesadora de autos?

—Pues la última pelea que tuve fue cuando fumamos en su Jeep y lo multaron por encontrar un rollo debajo de su asiento que tú dejaste. —Me fulminó con la mirada y le sonreí cínico—. Pero creo que si intento dirigirle la palabra, lo mínimo es que me insulte y no intente golpearme con uno de sus feos puños. ¿Por qué?

—¿Crees que tenga una furgoneta?

—Tiene dos. ¿Quieres una en específico?

—Una al estilo hippie.

—Hippie —repitió pensativo—. Creo que hay una con dibujos de colores todos ñoños, ¿sirve?

—Demasiado.

—Te la consigo, pero quiero a cambio mi cita con Daliaah —condicionó y quise meterle un golpe. Aunque le regalé una sonrisa lobuna.

—Quiero lavada por dentro y fuera esa furgoneta, y un consejo: el naranja no es para ti. —Me levanté del suelo y tome el trapo—. Limpia los residuos del *joint*.

—¡Eres un cabrón! ¡Ni siquiera trabajo aquí! —gritó levantándose.

—¡Que limpies! —Le regresé aventándole el trapo—. ¡Y quita ese asqueroso chicle que hay debajo del asiento F-7!

⌣

Zev picaba con el tenedor su cóctel de frutas mientras hablaba con la chica. Fumar un poco de hierba me estaba dando la fuerza para hacer lo siguiente. Zigzagueé entre las mesas de la cafetería hasta llegar a la mesa donde ellos dos se encontraban.

Era un alivio que el moretón que tenía hace unos días atrás ya no se viera, sino tendría que escuchar a la chica con sus preguntas.

—¿Interrumpo algo? —mencioné con las manos en mis bolsillos una vez estuve en frente.

De pronto la tensión se podía sentir, el ambiente se puso incómodo. Hasley miró a Zev, quien tensó la mandíbula y desvió su mirada hasta el pequeño botecillo de gelatina que tenía a un lado. Me di la satisfacción de sentarme al lado de la chica que me miraba aturdida, en mi rostro se plasmaba una sonrisa clara haciendo presencia de mi hoyuelo.

—No puedes venir así de la nada, estoy con Zev no puedo ir contigo —murmuró en un aludido solamente sonoro para nosotros dos, pero yo no tenía planeado susurrar.

—No vengo por ti, Weigel... —Reí mirándola con una sonrisa lobuna y su cara se tornó de un color rojo—. Vengo por él.

Apunté con mi dedo a Zev y su rostro de vergüenza fue sustituido por uno anonadado. Ella frunció su entrecejo remarcándolo lo suficiente para darme a entender que no entendía absolutamente nada por parte de mis palabras.

—¿Qué? —Su voz y la del castaño pronunciaron al mismo tiempo, sonando tan confundidos.

—Sí, necesito hablar contigo, Zev —dije con la voz demasiado tranquila y mirándolo fijamente sin rechistar.

—¿Conmigo? ¿Para qué? —El chico dejó a un lado la gelatina sin quitar su rostro de ingenuo, al igual, o inclusive peor, que el de la chica.

—¿Quieres que te lo diga en frente de ella? —Miré a la chica de arriba abajo y chisté. Su boca se abrió en forma de indignación. Zev le dedicó una mirada durante unos segundos para volver a mí. Él frunció los labios para luego poner su rostro neutro.

—¿En este instante? —preguntó. Hasley le echó una mala mirada.

—Sí —confirmé levantándome—. ¿Traes tu celular? —pregunté sacando el mío para mirar la pantalla sin buscar algo en específico.

—Creo que eso es obvio. —Él masculló de mala forma.

Rodé los ojos y me di la vuelta para dirigirme atrás del edificio de la cafetería. Ya no escuché nada por parte de la chica, la cual se encontraba demasiado aturdida en esos instantes. Lo más probable es que a mis espaldas le estuviera dando una mirada acusadora a Zev velozmente. Miré sobre mi hombro cómo el chico tomaba su mochila y venía hacia mi dirección, dejándola ahí sola con el signo de interrogación plasmado en su cara.

Cuando crucé hasta la puerta trasera de la cafetería, salí sin preocupaciones. Antes de que esta se cerrara, Zev la empujó, permitiéndome mirar su cara de fastidio. Podría jurar que estaba cabreado, confundido, quizás todos los estados emocionales, excepto los derivados del agrado y felicidad.

—Bien, ¿qué quieres? —soltó bruscamente ladeando la comisura de sus labios.

—Sé que no querrás, pero básicamente necesito tu ayuda.

—Yo me largo —dijo pasando a mi lado, pero con todo el valor lo tomé del brazo y lo regresé—. ¿Qué te ocurre...?

—El tema es sobre Weigel, así que te aconsejó que mantengas tu trasero un poco frío. —Lo miré desafiante y él a mí.

—Mira, no sé qué quieras de ella, pero si no te has dado cuenta tiene novio y ambos se quieren. —Alzó ambas cejas y dio un suspiro a lo que yo solo reí. Tal vez él esperaba a que me doliera, pero creo que había visto y escuchado lo suficiente para saber que aquello era completamente falso.

—Oh, espera... ¿Tú también crees en sus palabras basuras? ¿Aquellas que de seguro uso para acercarse a ti y así llegar a Weigel?

—Sé que solo fui un pasamanos, pero Hasley es feliz y eso me alegra. Conozco a Matthew para saber lo que le conviene a mi amiga, sé quién es él y quién eres tú —indicó mirándome fulminante.

—No, Zev, no sabes nada. Puedo decir con mucha seguridad que la conozco más que tú.

—Solo sé que Hasley no debería de tenerte como amigo.

Eché una risa. Lo que diría sería tan cínico, pero no era más que la verdad.

—Ella y yo somos de todo, no somos novios, pero si más que amigos. —Tal vez tenía que parar, decirle a mi subconsciente que se callara y no dijera de más, pero fue imposible porque las palabras salieron por sí solas—. Aquí es donde vas y le dices al imbécil ese que tu mejor amiga lo está engañando con el "drogadicto", porque eso hacen lo amigos, ¿no es así, Zev?

Su mirada se llenó de enojo, estaba conscientemente preparado para el golpe en mi rostro, sin embargo, nunca llegó. Zev estaba rojo en la cara como si quisiera golpearme de mil maneras o, mejor aún, matarme.

—Es mejor que te calles ya, Howland, o te juro que tendrás el otro lado de tu cara con un moretón. Si las drogas no te matan, yo lo haré —amenazó tomándome del cuello de la camisa. No me intimidaba, creo que de igual manera lo conocía para saber sus puntos débiles.

Bueno, él sí se había dado cuenta del hematoma casi invisible.

—¿Sabes? Creo que tienes razón, es mejor que te vayas. Hablemos cuando dejes el resentimiento por un lado —escupí entre dientes y lo empujé zafándome de su agarre.

—Eso en mí no existe. —Él rió. Pero de esas risas amargas, que no tienen nada de gracia, al contrario, son esas risas de odio. Si es que existían.

Y una vez más, mi subconsciente habló por mí:

—Zev, ambos sabemos que hay demasiado resentimiento en el aire, aún no superas que mi prima te haya engañado —finalicé con desdén y me di la vuelta para alejarme de allí.

147

Relamí mis labios y respiré hondo.

Traté de concentrarme en aquella falda corta con piernas largas y cabellera castaña. Esto costaría trabajo, sería difícil. Y todo por la jodida furgoneta hippie con colores ñoños.

Sobé mis sienes para luego emprender mi camino hacia la chica. Solo rezaba porque no huyera apenas me viera en frente de ella o, peor aún, me viera caminar a su dirección. Estaba a unos cuantos pasos de ella cuando se dio la vuelta y chocó con mi pecho haciendo que diera un paso hacia atrás y me mirara cautiva. Era más linda de cerca.

—Lo siento —dijo ella disculpándose.

—No te preocupes. —Intenté sonar despreocupado. Metí mis manos a los bolsillos de mis tejanos y le sonreí—. De hecho, venía a hablar contigo, ¿se puede?

La castaña me miró con sus grandes ojos verdes y llevó los dedos de su mano por detrás de su oreja.

—¿Conmigo?

Estúpida.

—Sí, contigo. —Intenté sonreír pero al parecer no funcionó porque supe que mi cara fue una sarcástica.

—Bien, ¿para qué? —Sonaba tan educada que me daban ganas de salir corriendo y decirle a André que no podía estar con alguien así.

Al menos algo había salido bien hasta ahora, no ha intentado huir o algo por el estilo. Una ventaja y un poco de esperanza para conseguir esa furgoneta. Aunque, siendo honestos, molestaría a André para que me la diera aún si no consiguiera su patética cita con esta chica que me daban ganas de ir al baño y meterme los dedos a la garganta.

—Seré directo: a un amigo le gustas y quiere que le regales una cita —solté y traté de retractarme, pero lo hecho, hecho estaba y no había un botón en la vida que dijera reversa.

Así que solo me quedé mirando su rostro aturdido que todavía intentaba analizar lo que acababa de decir y lo que ella escuchó. Permaneció así por unos largos segundos. Quería hacer rodar los ojos, pero me limité.

—¿Nos conocemos? —Fue lo único que pronunció.

—Creo que lo hicieron en una fiesta, sin embargo, no recuerdo cuál. Es un chico moreno con cabello ondulado, color azabache, estúpido, con aires de superficial y pésimo ligando... —Describí intentando que recordara algo. ¡Qué gran amigo era!

—Oh, creo que sí sé de quién hablas —recordó enchinando los ojos—. Creo que su nombre era algo como... Andy... Alex...

—André —corregí.

—¡André! ¡Sí, sí me acuerdo de él! Lo conocí en la fiesta de Annie —exclamó con una sonrisa en sus labios y suspiré con calma. Eso sonaba demasiado bien.

—¿Entonces? ¿Aceptas o no? —insistí, solo quería que me dijera un maldito sí y eso sería estupendo.

Vamos, acepta...

—¿Él pasaría por mí?

¡Gracias! ¡Gracias!

—Claro, solo dame tu dirección o número telefónico y le digo que se ponga en contacto contigo —propuse un poco, o tal vez muy emocionado.

Ella asintió y sentí cómo mi cuerpo se relajaba. Apoyé mi hombro contra la pared y miré hacia el pasillo por el hombro de Daliaah; jugué con el arito negro sobre mi labio y desvié mi mirada hacia la derecha cuando vi cómo el pequeño cuerpo de Hasley se acercaba hacia los vestidores del gimnasio, llevaba la mirada cabizbaja como si quisiera evadir todo lo del frente... O evadirme a mí.

—Espérame un momento —murmuré a la castaña.

Justamente cuando la ojiazul iba pasando por mi lado para entrar al edificio, me di la vuelta dando simplemente dos pasos y tomarla del brazo haciéndola girar.

—¿Qué quieres? —mascullo sin mirarme a los ojos.

—¿A dónde vas? —Mi pregunta fue tan nula, porque sus acciones eran demasiado obvias. Ella se dignó a mirarme y con la cara en alto respondió.

—Estoy buscando a mi novio —respondió remarcando con mucho éxito las últimas palabras.

Mi semblante se puso serio y mi cuerpo se tensó causando que ejerciera más fuerza en mi agarre a su brazo. El tan solo oírla decir aquella palabra me revolvió el estómago haciéndome sentir repulsión. Es de esos momentos en que no puedes hacer que se calle porque sabes que es verdad, pero eso es lo que te jode aún más, que, a pesar de todo, sea la maldita y pura verdad.

—A tu novio —repetí con sorna.

—Sí —confirmó. Miró sobre mi hombro y después regresó hacia mí—. Ahora suéltame que te están esperando.

Y con eso, ella misma se delató. La serenidad regresó a mí, aunque no toda. Solté una risa amarga y negué unas cuantas veces. Eres tan ingenua algunas veces, Weigel.

—No te muevas —sentencié apuntándola con mi dedo índice. Ella frunció el ceño al no entender nada. Me dirigí hacia Daliaah quien sostenía un papelito. Me gustaba hacerle maldad unas cuantas veces a la pelinegra, así que me divertiría una vez más. Decidí decir lo siguiente en voz alta para que escuchara—. Bien, yo te llamo para avisarte, ¿está bien este fin de semana?

—Por supuesto —accedió en una sonrisa—. Hasta luego.

No tenía pensado hacer eso, pero la chica se acercó a mí dejando un beso en mi mejilla. Lo peor —o mejor de todo— es que yo le correspondí. Daliaah giró sobre sus talones para luego alejarse de allí. Me volví de nuevo a Hasley con una sonrisa ególatra, ella desvió su mirada a otro punto del pasillo.

—Mattie no está aquí —informé burlándome.

—¿Cómo lo sabes? —atacó.

—Estaba hablando con Daliaah cuando pasó a nuestro lado yéndose con sus amigos —mentí tratando de sonar tranquilo. Todos creerían que me miraría para gritarme lo mentiroso que era o lo mucho que no me creía, pero lanzó una pregunta que no me esperaba.

—¿Quién es Daliaah? —Esta vez se dignó a mirarme. Su entrecejo estaba levemente fruncido dándole un toque gracioso a su rostro haciendo resaltar sus hermosos ojos azules. Elevé la comisura de mis labios.

—¿Celos? —pregunté llevándome mi labio inferior hacia adentro y morderlo.

—Jamás en tu vida —mintió tratando de soltar una risa, pero salió demasiado nerviosa.

Me acerqué un poco más a ella por lo cual dio un paso hacia atrás.

—Weigel... —murmuré pasando las yemas de mis dedos por detrás de su oreja haciéndola cerrar sus ojos.

Me gustaba decir su apellido. Se había vuelto un vicio. Ella se volvió indispensable para mí, como uno de esos pequeños placeres de la vida, aquellos que guardas y apreciabas demasiado. Sin morbo, Weigel era un placer para mí. Se ganó mi amor y sin hacer ningún esfuerzo.

Sonreí al ver como entreabrió sus labios. Tal vez esperaba que la besara, como esos besos culpables que solíamos darnos en ocasiones.

Aunque yo no tenía planeado besarle. Quizá podría dejar que mi ADN se uniera en alguna parte de su rostro.

Me acerqué a su cara lo demasiado para poder sentir su respiración y ella la mía. Entonces cuando creyó que la iba a besar... lamí su mejilla.

Ella abrió los ojos al tope y me miró con una cara de aturdimiento, aquello se me hizo gracioso y di una carcajada.

—¡Eso ha sido asqueroso! —exclamó pasando su mano por donde mi saliva había quedado.

—Pero que juntemos nuestras babas al besarnos, ¿no? —vacilé ganando un enrojecimiento en sus mejillas.

—¡Cállate! —gritó avergonzada. Mi risa retumbaba por todo el pasillo desolado, mientras ella solo evitaba a toda costa mi mirada. Esta escena era demasiado graciosa. De pronto me miró seria—: ¿Para qué buscaste a Zev?

Sabía que no aguantaría sin preguntar o mencionar algo con respecto a eso.

—Es un asunto que prefiero tratar con él... sin terceras personas.

—¡Es mi mejor amigo, tengo derecho de saber!

—Entonces pregúntale a él —bufé volcando los ojos.

—Es lo que hice —dijo obvia.

—Entonces ríndete —acoté. Ella me miró suplicante—. No te diré, Hasley.

—Cretinos —murmuró.

Nos quedamos en silencio. Tenía la intuición de que se daría la vuelta y se iría indignada, pero no fue así. Se mantuvo ahí mirando a un punto no específico, fingiendo que no estaba a su lado. Di un suspiro lento aún con mi mirada sobre ella.

—Weigel —la llamé después de unos segundos. Creí que me ignoraría, sin embargo, no lo hizo. Ella me miro recelosa—. ¿Estás libre este viernes?

—¿Para qué? —dijo de mala gana.

—Es una sorpresa —canturreé. Me acerqué a su anatomía, esta vez no se alejó—. Tómalo como una pequeña cita, estás en todo tu derecho de sentirte culpable, pero al menos escucharemos buena música en la radio y eso te perdonará un pecado cuando los escuches.

Su cara se tornó a una tranquila. Sus ojos me escanearon unos segundos y se abrazó a sí misma.

—¿Valdrá la pena?

—Demasiado —asentí—. Vamos. —Tomé una de sus manos y la hice caminar.

—¿A dónde?

—Toca Kearney y no queremos llegar tarde —dije obvio.

Los dedos de Hasley se entrelazaron con los míos y es tan irónico cómo pude sentir la seguridad y confianza en ella. Querría saber qué pasaba por su mente en esos instantes, pero me preguntaba si podría soportarlo. Podría ser diferente a como yo lo idealizaba.

Ella tiene novio, Luke.

La di una mirada sin dejar de caminar y sus ojos encontraron los míos. Ella sonrió sin despegar sus labios.

Se la devolví, pero con el corazón en mis ojos.

Capítulo 19

Hasley

—¡Déjame ganar! —chillé una vez más oprimiendo cualquier botón de aquel control, brincando en la cama como niña chiquita haciendo un berrinche.

—Jamás en la vida—Matthew se carcajeó a un lado de mí y volvió a ganar.

—¡Esto es un chiste! —farfullé dejando el control con cierto enojo sobre su cama.

Él volvió a reír y se puso de pie, me crucé de brazos dándole una mirada con el entrecejo fruncido. Habíamos decidido venir a su casa después de clases, se supone que veríamos películas, pero ahora nos encontrábamos jugando algunos de sus videojuegos favoritos en su habitación.

Era como la quinta vez que me ganaba , en menos de una hora, era un asco para esto, ni siquiera sabía qué botón servía para disparar, estaba un poco frustrada porque él solo sabía reír cada que me quejaba. Aunque no podía negar que me divertía un poco escucharlo reír, nuestra relación estaba yendo con mejor postura, ya no estaban muchas de sus excusas, se había vuelto más cercano que antes y vez que me veía seguía coqueteando aunque fuera su novia.

Matt se inclinó un poco hacia mí, clavando sus ojos verdes a mis iris azules con detenimiento. Su mirada era sarcástica y divertida, yo seguí con mi posición sin moverme y él no apartó su mirada de mí. Con su dedo índice tocó mi nariz y soltó una pequeña risa.

—Vamos, no seas tan gruñona —murmuró burlón—. Jugaremos

una vez más y te dejaré ganar, pero quiero un beso.

—¿Esa es tu condición? —cuestioné arqueando una ceja.

Él frunció los labios y ladeó la cabeza como si estuviese pensando en algo sumamente importante.

—Sí—afirmó, mientras una de sus tantas sonrisas coquetas se plasmó en su rostro.

—Eres un malvado—susurré entrecerrando los ojos.

—Uh-huh —musitó.

Acercó su rostro hasta el mío y besó mis labios, su toque era suave y lento, unas de sus manos se posicionó sobre mi mejilla, con su pulgar dio varias caricias a esta y se separó un poco.

—Te dejaré ganar dos veces solo porque me ha encantado este beso —confesó con una pequeña sonrisa y volvió a besarme.

Mis manos se fueron hasta su cuello y profundicé el beso. Él soltó un gruñido y me separé esbozando una sonrisa satisfactoria.

—Pero que no sea el mismo juego —advertí.

—Hecho —concluyó, irguiéndose de nuevo para alzar su mano. Matthew caminó hasta su consola y me miró—. ¿Cuál quieres jugar?

Me levanté de la cama y caminé hacia él, poniéndome a su lado y observando todos los videojuegos que tenía.

—Me llama la atención este —mencioné pasándoselo.

—Perfecto —sonrió.

Sacó el disco y lo intercambió con el otro, regresé de nuevo a la cama y me senté en posición de flor de loto tomando el control entre mis manos. Matt se puso a mi lado y suspiró. Esperamos a que cargara y seleccionamos lo indicado, volvíamos a jugar y yo con mis quejas. Maldita sea la hora en que escogí este juego, me estaba desesperando y a eso al chico lo entretenía.

—Eres un asco en esto, Has —murmuró entre risas.

—Cállate —refunfuñé exaltada.

Aunque después de todo, se dejó ganar y a pesar de que yo lo sabía, me puse alegre, mirándole con superioridad y sacándole la lengua de una forma infantil.

—¿Qué quieres hacer ahora? —preguntó, tirándose de espaldas a la cama.

—No sé. —Copié su acción—. ¿Podemos ir a comprar algo de comida?

—No es mala idea—indicó—. Después podría irte a llevarte hasta tu casa, ¿está bien?

—Por supuesto —asentí. Nos quedamos en silencio así, hasta que él se acercó hasta mí y comenzó a hacerme cosquillas—. ¡No! ¿Qué haces? ¡Detente! —Comencé a gritar y mi respiración se agito, sus dedos se movían con rapidez por todo mi cuerpo, estaba quedando sin aire—.¡Matthew, ya!

—¡Es divertido! —carcajeó. Yo trataba de alejarlo, pero era imposible, tenía mucha fuerza y me ganaba más que el triple. Después de tantas súplicas para que se detuviera, lo hizo, levantándose de encima de mi cuerpo y la cama—. Bien, vamos por comida, bebé.

—¿Bebé? —cuestioné burlona por la manera en que me había llamado.

—Sí, bebé —afirmó, mirándome con sarcasmo y diversión. Carcajeé.

Me puse de pie, acomodando mi blusa y mi cabello.

—Es chistoso el apodo.

Matthew se encogió de hombros restándole importancia, apagó todo y fue hasta el baño para salir en tan poco tiempo. Tomó su celular que yacía entre las sabanas y se puso a un lado de mí, caminó hasta la puerta de su habitación y me miró.

—Son más chistosos los apodos de animales —confesó. Salí primero que él y cerró la puerta detrás—. Esos de osito, leoncito, gatito o iguanita.

—¿Iguanita? —inquirí soltando una risa—. ¿Quién le dice a su pareja iguanita?

—Lo he escuchado, créeme. —Solamente negué divertida y llegamos hasta la sala—. ¿Y tú mochila?

Miré detrás de mí y gruñí. Era cierto.

—Ugh.

—Tranquila, iré por ella. Yo la llevo.

Sin esperar alguna respuesta de mi parte, regresó a su habitación. Solté un suspiro pesado y mordí mis labios. Apoyé todo mi peso sobre unas de mis piernas y comencé a tararear una canción, Matthew regresó con mi mochila sobre su hombro y esbozó una sonrisa.

—Okay, vamos —indicó abriendo la puerta para salir.

En el camino comenzamos a hablar de muchas cosas, desde la escuela hasta los gustos particulares de cada uno con entretenimiento, murmuraba cosas sin sentido y después explotaba entre carcajadas. ¿Qué ocurría con él? Sin duda alguna me hacía reír causando que cubriera mi boca con ambas manos para después tratar de calmarme y recuperar mi ritmo de respiración normal.

—¿Que vamos a comer? —pregunté, enrollando mis brazos alrededor de su torso.

—Mmmm, no sé, ¿pizza? ¿Quieres helado? ¿O comida china?

—¿Comida china? —pronuncié y arrugué la nariz negando.

—¿No te gusta la comida china? —preguntó, con los ojos abiertos e incrédulo. Yo negué y dramatizó más sus acciones—. ¿Cómo no te puede gustar la comida china?

—Solo no me gusta. —Rodé los ojos—. Mejor compremos pollo empanizado.

—La comida china es deliciosa, pero me gusta más la japonesa —indicó, aún metiendo el tema. Yo reí—. Está bien, vamos por pollo. ¿Podemos comer en tu casa?

—Claro —accedí—, pero tengo que avisar a mi mamá, no sé si esté en casa.

Matt sonrió de oreja a oreja y me envolvió en un gran abrazo.

—Te quiero, Has.

—Yo también.

No toques esa pieza, es mía —advirtió, apuntando una de las tantas que había.

—¡Por Dios, Matthew! —Reí—. ¡Hay muchas!

—No me importa —mencionó como un niño pequeño, portando una posición mejor en el sillón—. Estás advertida, Hasley Weigel.

Volqué los ojos divertida y puse toda mi atención en la película que habíamos puesto. Matthew igual estaba con su mirada fija mientras seguía comiendo. Le había avisado a mi mamá y me dijo que no se encontraba en casa porque seguía viendo más expedientes, quería terminarlos en la oficina ya que no quería hacerlo en casa puesto que solo llegaría a dormir. Me cuestionó sobre quién era y solo le respondí con alguna que otra mentira que me echó en cara, pero al final aceptó.

El chico terminó de comer la última pieza y se quejó de que había comida mucho. Me levanté del sillón y recogí todo para llevarlo a la cocina con Matt siguiéndome.

—Vengo a lavarme las manos —anunció cuando le di una mirada interrogativa. Le indiqué dónde y él fue hasta ahí, después de tirar las cosas a la basura, me lavé las manos cuando terminó—. ¿Puedo cambiar la película? Me aburrió esa.

Asentí, él salió de la cocina y yo me quedé, abrí el refrigerador en busca de un poco de refresco para beber de este, regresé de nuevo a la sala para encontrarme con Matthew terminando de poner la película.

—¿Cuál has puesto?

—Una de comedia de Adam Sandler —pronunció—. Tienes demasiadas de él.

—Las tengo por Zev —informé—. Lo ama demasiado, dice que es su actor favorito —confesé, siempre que salía una de él, iba al estreno y los días que aún seguía en cartelera, así como también las compraba después.

—Genial —jadeó.

Caminó hasta mí y me atrajo a su cuerpo con unas de sus manos, juntó nuestros labios y me llevó con él hasta el sillón de nuevo. Su otra mano tomó mi mejilla para profundizar el beso, se sentó para así quedar yo encima de él; su mano que se encontraba sobre mi cintura bajó hasta mi cadera para trazar pequeños círculos sobre mi piel desnuda con las yemas de sus dedos.

—Sabes a pollo —comenté divertida y un poco incómoda.

Pero no se detuvo, al contrario, sin despegar sus labios de mi piel, recorrió desde la comisura de mis labios hasta mi cuello y bajar a mi clavícula. Poco a poco me recostó sobre el sillón quedando encima de mí, sus labios se movían sobre mi piel y succionó la parte trasera de mi oreja.

—Ya empezó la película —mencioné, tratando de que se detuviera y regresáramos a nuestras posiciones.

Sabía lo que quería. Él estaba acostumbrado a eso, pero yo no estaba lista. ¿Quería tener sexo con Matthew? Tal vez sí pero en un futuro, no ahora. Le quería decir que no estaba preparada para ello y que por favor comprendiera y respetara mi decisión.

Lo tomé de los hombros soltando un suspiro, armándome de valor para sacarlo de encima de mí cuando unos toques en la puerta se escucharon. Jamás me había sentido tan feliz de oír aquel sonido. Él se detuvo y gruñó a cascarrabias incorporándose, se dejó caer a un lado del sillón y me miró con una ceja alzada, me encogí de hombros respondiéndole que no sabía de quién se trataba. Me levanté acomodando mi blusa y caminé hasta la entrada.

—¡Hey! —Luke saludó apenas abrí la puerta.

Yo fruncí mi ceño confundida por su aparición, pude observar cómo sus ojos estaban un poco hinchados y rojos.

—¿Qué ocurre? ¿Estás bien?

—¿Podemos hablar? —pidió, regalándome una sonrisa sin despegar sus labios y a la vez mirarme con pena.

Tomé una gran bocanada de aire y miré hacia la sala, donde Matthew se encontraba con sus ojos sobre mí, observándome con severo detenimiento. Mi nerviosismo comenzó a invadir mi cuerpo cuando él se paró y a pasos decididos se acercó hasta mí.

—¿Quién es? —preguntó detrás de mí.

¡Oh, Dios!

Los ojos de Luke se clavaron en el chico que estaba a mis espaldas y después regresó a mí. Su semblante ahora estaba serio y vacío, sentí la mano del otro chico sobre mí hombro detrás.

—Hola, Luke —saludó este, su voz sonaba sarcástica dejando en claro que la presencia del rubio le había desagradado, lo más probable por interrumpir la escena anterior.

—Jones —pronunció y se dirigió a mí—. Entonces, ¿podemos hablar?

Abrí un poco más la puerta y me giré para poder ver a mi novio y después al chico. Los ojos verdes de Matthew me miraban con dureza, dándome a entender que le dijera no a Luke. Me sentí un poco mal y presionada por ambos, si le decía que sí, mi novio se enojaría; por el contrario, Luke no se merecía esto. Sabía que él estaba mal, no podía dejarlo así.

Miré al pelirrojo un poco apenada y él enarcó una ceja, mirándome incrédulo sin poder creer lo que estaba tratando de decir.

—Matt...

—Déjalo, Hasley —masculló—. Espero y lo que te tenga que decir sea más importante. Hasta luego.

Intenté abrir la boca pero antes de que hablara, Matthew ya se había alejado de mi casa hecho una furia por completo. Esto no debió haber terminado así, aunque lo peor de todo esto es que no me sentía tan afectada o preocupada de que mi novio se hubiera enojado.

Solté un suspiro y le indiqué a Luke que entrara, cerré la puerta detrás de mí y lo miré tratando de buscar su mirada, pero él no cedió.

—¿Qué pasó?

—He olvidado algo —murmuró apretando los labios en una fina línea con la mirada perdida en sus pies.

—¿Qué cosa? —pregunté confundida, dando unos pasos hacia él.

Luke levantó su rostro ocasionando que nuestros ojos chocaran. Se quedó en silencio unos segundos y relamió sus labios.

—Que se siente ser feliz.

Capítulo 20

Hasley

Se suponía que debía de estar con Matthew ahora mismo cenando en alguna parte de la ciudad donde fuera que él hubiese querido llevarme, pero todo se arruinó después de discutir en la escuela por lo que ocurrió en mi casa. Me había echado en cara si prefería al rubio que a él cuando era mi novio. Por más que intenté hacerlo entrar en razón diciéndole que Luke estaba mal, él soltó todos los pensamientos que tenía sobre el chico, llegando al grado de llamarlo drogadicto y una persona que solo buscaba atención.

Ahora era yo la enojada con él. ¡Ni siquiera lo conocía! ¡No sabía nada de Luke para que opinara sobre él! Y con Zev, días antes le exigí que me dijese sobre lo que había hablado con Luke, pero me respondió en un gran grito con un "¡déjame en paz!". Decidí ignorarlo... y él a mí. Algo que al parecer no era tan difícil para ninguno de los dos.

—¿Me estas escuchando?

Moví mi cabeza hacia Luke y le dediqué una mirada penosa. Había llegado a mi casa con una sonrisa invitándome a salir a la oscuridad de la noche, acepté porque no me encontraba del todo bien.

—Lo siento —arrullé abrazándome a mí misma.

—¿Estás bien? —El chico se acercó un poco a mí. No quité mis ojos de los suyos—. Weig...

—Matthew se enojó. Nos hemos peleado una vez más —murmuré cabizbaja.

Luke llevó su mano a mi rostro y con las yemas de sus dedos

acarició la comisura de mis labios—. Hey... —susurró—. No me gusta verte así.

—Me molesta que se comporte tan insípido y cabezota —masculle.

—Tranquila. Solo está celoso, yo igual lo estaría si se trata de ti —murmuró. Guardé silencio durante unos segundos mientras Luke me miraba y yo a él, su entrecejo se frunció y ladeó la cabeza—. ¿Y Zev? Esta semana no lo vi contigo.

Volqué los ojos y di un suspiro profundo. No quería amargar la noche, pero el rubio ya lo había sacado al tema, aunque no lo culpaba—. Tuvimos una pequeña discusión. —Me encogí de hombros y mordí mi labio inferior—. Creo que no ha sido mi mejor semana.

Era verdad. No lo había sido y tal vez vendrían más cosas, algo me decía que este año no sería el mío, no me trataría con delicadeza, hasta creo que tendría que preparar mi ataúd por si acaso.

Luke dio unos cuantos cortos pasos a mí y lamió su arito, por mi mente pasó la idea de que me besaría, pero nunca hubo contacto de sus labios con los míos. Arrastró su mano por mi mejilla y acarició mi cabello, me dio una media sonrisa de lado para después entreabrir sus rosados labios.

—Quería que fuéramos el viernes a un lugar, pero yo sé que te gustará esto... Aún tú no estés enterada —musitó, mirándome de una forma tan sencilla como si aquel acto fuese lo más inocente que tuviese—. ¿Y sabes por qué lo sé? Porque nadie te conoce mejor que yo.

Aquello hizo que algo en mi interior se removiera, como si un *click* hubiese hecho en algún lugar de mi corazón y moviera todo, así como mis pensamientos, el pequeño sonrojo se apoderó de mis mejillas, aunque después su frase volvió a presentarse ante mí. Mi entrecejo fruncido hizo presencia.

—¿Qué cosa? —pregunté confundida.

—Ven —me indicó tomándome de la mano. Comenzamos a caminar en dirección a su moto y se subió en esta, me ofreció un casco pero, antes de tomarlo, con su otra mano sujetó la mía para halarme hacia su cuerpo, acercó sus labios a mi oído y susurró—: Hagamos por esta noche nuestra la ciudad y la mejor de nuestras vidas.

—¿Confías en mí?

Luke preguntó una vez más en un susurro. Lo miré detenidamente apreciando como la tenue luz hacía que sus ojos azules brillaran con cierto criterio. Presioné mis labios durante unos segundos y sonreí.

—Demasiado —admití.

El semblante capcioso de Luke cambió a una sonrisa enorme, el hoyuelo de su mejilla se hizo notorio y pude comprender que su felicidad era sincera, era verdadera y lo más lindo de todo es que yo lo había producido.

—Bien —pronunció—. Cierra los ojos y solamente camina conforme yo te vaya guiando.

Lamí mis labios y asentí. No sé dónde estábamos, me había traído a un tipo de lugar que hacía semejanza a un campo abierto, pero cualquier lugar me daba igual si estaba al lado de él, porque junto a Luke me sentía segura, protegida y, sobre todo, en confianza.

Sentí la mano fría del chico envolver la mía para comenzar a caminar. Me iba diciendo lo que había en mi camino hasta que quitó su mano y el nerviosismo me consumió, sin embargo, mi subconsciente me gritaba que todo estaría bien. Me calmé cuando oí su voz gritar mi nombre.

—Cuando te diga que los abras, lo haces, pero solamente hasta que yo te diga —indicó y de nuevo asentí. Escuché como la puerta de un carro se cerró y quise abrirlos pero no lo hice, pasaron unos segundos los cuales sentí como horas, hasta que Luke volvió a hablar—. ¡Vamos, Weigel, ábrelos!

Y le hice caso. Fui abriéndolos poco a poco hasta que mi vista enfocó bien el panorama que tenía en frente de mí. Mi boca se abrió en una perfecta O cuando vi de qué se trataba todo. Era tan grande mi sorpresa que no sabía cómo actuar.

—No puede ser... —susurré.

Una furgoneta con distintos colores estaba estacionada en frente de mí. Luke estaba a un lado sin quitar su sonrisa despampanante. Sin pensarlo dos veces, corrí a él dejándome caer en sus brazos, los cuales ya estaban preparados para eso, los enredó alrededor de mi cintura haciendo presión, hundí mi rostro entre su cuello y hombros susurrando tantos agradecimientos.

—Calma, Weigel. —Rió—. Fue un gusto para mí, aparte yo quiero saber qué se siente viajar en una de estas cosas.

—¿Y a dónde vamos a ir? —pregunté todavía sin deshacer el abrazo.

—Donde tú quieras —murmuró.

Fue ahí donde recordé cuando me dijo que le gustaría recorrer una carretera sin sentido alguno, donde solamente las llantas y gasolina nos condujeran. Me alejé un poco para poder verlo y responderle con una sonrisa traviesa—. Conduzcamos sin sentido alguno.

—¿A dónde nos lleve la furgoneta? —preguntó lobuno.

—Sí —respondí—. A donde sea.

—¿Junto a mí?

—Junto a ti.

Sus ojos azul eléctrico me miraron serios, se tornaron un poco oscuros pero, de alguna manera, obteniendo brillo en ellos—. Bien, sube. —Sus labios formaron una sonrisa enorme y le dio la vuelta a la furgoneta para subirse al copiloto—. ¡No esperes que te abra la puerta, Weigel! ¡Lo caballeroso a la antigüedad no se me da muy bien!

Aquello me hizo dar una carcajada, tal vez en otros tiempos le diría lo grosero que era, pero en esta ocasión estaba feliz, se me hacía tan diferente su forma de actuar y en un instante se me hizo tierno, tan tierno en una manera tan extraña.

Empezó a conducir sin sentido alguno, solo pasábamos árboles tras árboles, todo estaba en calma hasta que decidió poner una canción, la tarareaba con calma hasta que una llamó su atención que decidió ir cantándola en voz alta.

—¡Amo esa canción!—jadeó, comenzando a tararear la letra en voz alta—. ¡Canta conmigo Weigel!

—¡No! —exclamé entre risas. Sabía cuál era, pero no quería hacerlo. Luke siguió insistiendo y yo me negaba— ¡Mi voz es fea!

—¡No importa! —le restó importancia y sonrío—. ¡Canta conmigo el coro!

Reí ante su expresión. El dio unos cuantos golpes al volante siguiendo el ritmo de la canción. Su voz era demasiado dulce y tranquila.

Conocía la canción, sabía perfectamente de cuál se trataba, era de una de sus bandas favoritas y, justamente, aquella canción era una de su top de *"las mejores"* y, aunque no la escuchaba tanto como las otras, me animé a seguirle el juego.

Comenzamos a cantar al unísono y su sonrisa se anchó. Estaba divirtiéndome, esto era impecable y magnífico, metafóricamente era como querer vivir en las nubes y jamás caer.

Vacilaba con cambios de voz causando que yo soltara una risa, Luke era tan divertido en ocasiones, jamás imaginaria que alguien como él tuviera este lado, uno emocional. En momentos dejaba de ver su camino para mirarme a mí, y aquello... me gustaba.

Si pudiera atrapar la mirada del chico y conservarla durante toda mi vida, así como su sonrisa, lo haría. Amaba aquello de Luke, lo hacía tan angelical. Me encantaba la forma en que sus ojos podían penetrar los míos, como si supiera lo que pensara, lo que quisiera decir. Su sonrisa era de aquellas simples pero aun así era la más significativa, quizá Luke era una especie de *kryptonita*, aquella que no podía dejar que se escapara de mis manos. Luke era como un cielo azul, uno que era lindo, pero había días en que derramaba gotas.

La canción terminó, dándole paso a una con melodía meliflua. Su rostro decayó, pude ver cómo sus ojos se estrujaron y antes de que comenzara la letra, la cambió.

Decidí no mencionar o preguntar algo respecto a eso. Pronto que pasaron varias canciones, Luke se detuvo en algún lugar donde ya no había árboles, pero me llevé la sorpresa cuando vi el barranco que había enfrente, se podía ver la ciudad desde atrás. Las luces de esta hacían un hermoso contraste, todo se iluminaba perfectamente, no sabía si esto era manejar sin sentido o solamente se había estacionado sin saber.

La última canción se fue acabando poco a poco. El chico apagó el estéreo dejando todo en silencio, en donde solamente se podía oír nuestras respiraciones o el deglute de ambos.

Fueron dos minutos hasta que él habló.

—Eres como un pequeño boulevard de esperanzas... —murmuró.

—No entiendo. —Negué de igual manera que él.

Desvió su rostro y apoyó su frente en el volante.

—Joder, Weigel, ¿no te das cuenta? —farfulló un poco en voz alta.

—¿De qué? —Lo más probable que ganaba con esa pregunta era un letrero que decía *"idiota"* en mi frente. O yo era tan lenta de entender o él no explicaba muy bien.

—De que yo...

Su voz empezó tan decidida, pero la detuvo de golpe. Me miró todavía desde el volante y sus dedos tocaron sus labios, sus ojos se cerraron con presión y un profundo suspiro salió. Los orbes azules volvieron a hacer contacto con los míos y negó unas cuantas veces para que una sonrisa débil se plantara en su rostro.

—Me siento menos solo desde que te conocí, tu compañía me hace sentir menos gris. Hay momentos en que te observo durante unos segundos y me dan ganas de que mis esperanzas se despierten, pero después recuerdo lo que soy, que vivo a base de sustancias que me destruyen —susurró despacio, tragó saliva y vi cómo sus ojos se cristalizaron—. Y lo peor de todo es que... —Tembló su voz y en mi mente pasó el pensamiento de que se quebraría en cualquier momento—. Metí a mi cuerpo una droga más fuerte que cualquier otra... Una que te mata y te hace sentir vivo, la cual va hacia el corazón y solo le hace dos cosas: si eres afortunado, junta tus piezas y vuelves a querer seguir; pero si estás jodido, romperá los cachos en piezas más diminutas.

Pude intuir en su voz cansancio. Sabía que lo decía en doble sentido, sin embargo, solo imaginaba uno. Mi mano quiso tocar uno de sus brazos, pero no pude porque él levantó su cabeza del volante, sin quitar su mirada de mis ojos pasó sus dedos por su rubio cabello, delineó su arito del labio con su lengua y cerró los ojos.

—Luke... —susurré queriendo hablar, pero guardé silencio cuando volvió a abrirlos.

—No importa —murmuró—. Tendré tu amor, aún no sea para mí.

Sus pupilas se dilataron y parpadeó unas cuantas veces. El color blanco de sus ojos se tornó rojo y antes de derramarse la primera lágrima, salió con rapidez de la furgoneta, dejándome sola ahí. Me quedé mirando cómo su silueta desplazaba una de sus manos hasta el bolsillo trasero de sus tejanos negros. No necesitaba saber que estaba buscando, porque todo tuvo respuestas cuando llevó el rollo a sus labios encendiéndolo con desesperación. Este desencadenó mucho humo y se apoyó en el cofre.

Bajé con lentitud y me posesioné a su lado, la parte superior de su brazo le daba pequeños roces a mi hombro.

El silencio era un poco denso pero a la vez cómodo, solo escuchaba su respiración y veía cómo el humo se esparcía en el aire. El cielo estaba teñido de un azul oscuro, haciendo reluciente a la luna y estrellas.

Luke comenzó a caminar un poco más hacia adelante, donde el barranco terminaba, se dejó caer en aquel pasto llevando sus rodillas hasta su pecho; aquella acción me hizo recordar el día en que lo encontré detrás de la cafetería destrozado en llanto, entonces, mi piel se erizó.

Di grandes zancadas y me puse de cuclillas delante de él, obteniendo su mirada. Mi respiración se entrecortó y lo que estaba pensando me aterraba.

—Quítate la chamarra —ordené intentando que mi voz saliera firme, pero fue temblorosa.

Sus ojos de oscurecieron y con eso supe que mi idea era cierta. Di un respingo desviando mis ojos a sus brazos que eran cubiertos por aquella tela negra de cuero. Llevé una de mis manos a su abdomen y la arrastré a un lado con delicadeza.

—Ya no duelen casi —admitió encogiéndose de hombros, se quitó la chaqueta pasándola por sus brazos y me la dio.

Los golpes ya no eran tan visibles, pero aún se mostraban como manchas. Deslicé con la yema de mi dedo índice su brazo descubierto con lentitud, su piel estaba cálida mientras mi dedo estaba frío, pasé mi lengua por mi labio superior, mi recorrido se detuvo cuando llegué a la cicatriz de su muñeca.

Por fin la podía ver de cerca, la estaba sintiendo y lo más afortunado es que no había intentado siquiera moverse un poco. Sentía como aquella marca brotaba de su piel lisa, estaba de un rosa pálido.

—¿Qué fue lo que pasó? —me atrevía a preguntarle, pero no a verlo directamente.

—Esta marca no es porque yo hubiese querido que estuviese ahí.

—¿Ocurre algo?—Tomé la valentía suficiente para encararlo, su rostro estaba mirando hacia la nada y sus orbes azules ya estaban llorosos, me sentía débil delante de aquella imagen de él.

Se alejó un poco de mí y se abrazó a sí mismo, sus labios se movían como si quisiera hablar pero no podía, su voz no salía.

—Y yo... Yo... —Una lágrima se resbaló por su mejilla y sentí la necesidad de abrazarlo, pero por sus actos entendía que no era el momento—. Por mi culpa murió mi hermano.

Sus palabras dispararon con rapidez y mi mente se detuvo, todo en mí lo hizo.

—¿Qué?

Un sollozo salió de la garganta de Luke y mi respiración se entrecortó. ¿Aquello era verdad? ¿Cómo?

—Estaba lloviendo, íbamos en la carretera, regresábamos de Brisbane... Veníamos discutiendo, le dije que era un mal hermano, lo odioso que era a mi lado... —Su voz se quebró dándole paso a sollozos, intentó controlarlos para seguir y dio un respingo—. Él me gritó que me callara y comenzamos a decirnos cosas, ninguno de los dos vio que nos salimos de carril metiéndonos al de sentido contrario... Un camión que venía en frente de nosotros hizo sonar su bocina, pe-pero era demasiado tarde, chocó del lado de Zachary, causando que el automóvil se volteara y yo metí el brazo para evitar caer... El cristal del parabrisas se rompió cortando mi muñeca... Zach no tenía el cinturón de seguridad, po-porque comenzamos a pelear desde antes... Él se había bajado para intentar calmar su ira aunque fue de en vano... Cuando volvió a subir no se lo abrochó, solo bastó unos cuantos minutos más para que volviéramos a pelear y todo ocurriera. Esta marca es como si fuera el vivo recuerdo de que yo tuve la culpa, por mí él ya no está, ya no lo oigo cantar sus canciones de desamor, ya no toca el piano, él ya no está conmigo...

Mi voz había desaparecido, no sabía qué decir, fue una confesión demasiado delicada, mi cuerpo se sentía denso y pesado, como si quisiera derrumbarme junto a Luke, pero tenía que estar allí, para sostenerlo si él caía y en los dos sentidos: literal y figurado. Imaginarme a un Luke indefenso, lleno de culpabilidad por la muerte de uno de sus seres queridos era doloroso. Podía sentir cuánto lo amaba, de todas las veces que me hablaba de él, haciéndolo lucir como la persona más linda y generosa del mundo, sintiéndose orgulloso de su hermano. Pero quizá no sabía cuánto dolor sostenía en realidad.

—Luke... tú no tuviste la culpa de nada, no vivas con ese pensamiento. Fue un accidente, uno que quizá te dejó mucho trauma, pero no uno por el cual tengas que seguir atado con la culpa.

Arrastré mis piernas por la hierba para acercarme a él, llevé ambas de mis manos a cada una de sus mejillas para hacer que me mirara.

—Hasley...

—Yo estoy aquí y siempre lo voy a estar para ti, sin importar nada. Cariño, tú no tuviste la culpa, no debes sentirte así porque no lo fue.

—Para mis padres sí, sobre todo mi papá, es como si yo hubiera arruinado sus planes. Creo que para él todo estaría bien que yo hubiese muerto y no Zach.

—No, Luke, no. No pienses así, tu padre está frustrado; créeme que estaría igual si hubieses sido tú, Luke... Soy feliz de que estés aquí conmigo, me aterra el pensamiento de qué sería yo si no te conociera, ¿sabes lo aburrida que sería?

—El boulevard no tenía sentido desde su muerte, no hasta que tú llegaste —confesó.

Sentí un cosquilleo por todo mi cuerpo y las famosas mariposas recorrer mi estómago. Sabía que aquel callejón significaba mucho para Luke, era como su tesoro más preciado y no se lo mostraba a nadie;

para decirme esto, entonces era algo serio. Sus sentimientos hacia mí lo eran.

—¿Por qué lo dices? —susurré acariciando su mejilla con mi pulgar.

—Porque cuando estoy triste, tengo días malos, cuando quiero llorar o gritar, tú apareces y siento que soy invencible a tu lado.

—Luke...

—Porque nunca nadie me había importado tanto así como tú y sé que estas con Matthew. Me siento feliz cuando estás con él, aunque yo me derrumbe por dentro porque, Hasley, tengo suficiente amor para los dos. Aun cuando tú le des tu corazón a alguien más, yo te daré el mío y con la sangre de él pintaré mi sonrisa solo para ti. Ahora sé que la droga más fuerte de un ser humano es otro ser humano.

Mi boca estaba entreabierta, no sabía qué decir, me encontraba en shock y me quise golpear varias veces al no poder responderle al quedarme como una estúpida allí solo viéndolo. Por puro reflejo, alejé mis manos de su anatomía y cubrí mi boca sorprendida. Negué unas cuantas veces.

—Y yo... no entiendo, no sé qué decir… —Dejé la frase suspendida mientras seguía negando.

—¿Qué no entiendes?, ¿qué te acabo de confesar uno de mis recuerdos más sensibles, personales y dolorosos o que te he dicho de la manera más extensa que estoy enamorado de ti, maldita lenta?

En circunstancias diferentes me hubiese ofendido lo último, pero lo más sensato no era pensar qué tan ofensivo había sido aquello, porque era verdad. Estaba procesando apenas todo y necesitaba que alguien me metiera una cachetada porque las que yo me daba mentalmente no hacían ningún efecto en mí.

—No puedo entender el por qué no respondes o tal vez sí, pero solo necesitaba decirlo, es horrible vivir con esta agonía.

—No, yo... es que yo... —Mi voz salía como un balbuceo, ni podía hablar de una manera que se entendiera.

—¿Sabes? ¡A la mierda, Matthew!

Dicho esto, apoyó una de sus rodillas en el suelo y con una de sus piernas recargadas se abalanzó hacia mí capturando mis labios. Sus suaves y fríos labios les dieron una comodidad a los míos, sintiendo cómo toda la presión en mí se iba. No me importaba nada en esos momentos. Seguí el beso y, quizás con eso, ya había dado mi respuesta a su confesión.

Su lengua delineó mi labio inferior para después, sin permiso, entrar a mi boca haciendo rozar su lengua con la mía. Sentí cómo caía al pasto poco a poco, mi espalda tocó el suelo; Luke se puso a horcajadas encima de mí sin dejar de hacer contacto conmigo. Una de sus manos pasó con lentitud desde mi hombro hasta mi cadera descubierta, con la yema de su pulgar fue haciendo círculos en mi piel.

Estaba perdida y no me importaba en lo absoluto. Sin embargo, él detuvo el beso unos segundos y se separó unos centímetros para mirarme de una manera tan penetrante. Lamió sus labios con lentitud y dio un pequeño suspiro profundo.

—Y si te enamoras de mí por esta noche, ten en cuenta que seré el mismo todos los días.

Capítulo 21

 Hasley

—Deja de reírte —le susurré a Luke intentando ser seria, pero no funcionaba.

—No puedo —balbuceó él entre risas.

—Nos van a sacar.

Luke puso su cabeza entre sus brazos sobre la mesa intentando ahogar las risas que escapaban de su garganta, estaba segura de que alguien se quejaría causando que nos sacaran de la biblioteca. Se suponía que veníamos para leer el libro que la señorita Kearney nos había dejado para una tarea, pero el chico no superaba la mancha de pasta de dientes que yacía sobre mi blusa.

—Eres muy torpe, Weigel —murmuró mirándome todavía con su cabeza sobre la mesa.

—No es la primera vez que me ves con una mancha —farfullé rodando los ojos.

—Es que ahora tiene más sentido.

—¿Ah sí? — Elevé una de mis cejas—. ¿Cuál? —inquirí.

—Que me gusta alguien que se mancha con pasta —respondió cómodamente con una sonrisa lobuna en sus labios.

Desvié mis ojos de los suyos, el color rojo se estaba apoderando de mis mejillas y quise ocultar mi rostro del rubio. Detestaba que Luke tuviera ese efecto en mí, con tan solo unas simples palabras podían ponerme de cualquier manera, hacía efecto y prendía todas las chispas que quisiera cuando fuera.

—Le contaré a mi psicóloga de eso —informó.

—¿Psicóloga? —pregunté confundida— ¿Vas a psicología?

—Sí, obligación por parte de mis padres —murmuró.

—¿Y cómo van tus citas?

—Blodie me aburre demasiado.

—¿Blodie? —cuestioné el nombre.

—Así le digo... —Arrastró sus palabras—. Pequeños detalles, pero no importa ella.

Luke alzó su cabeza y se acercó lo suficiente a mí para que pudiera sentir su respiración. Estaba tan cerca que podía oler aún el aroma del rollo. En estos momentos me había acostumbrado tanto que lo podía soportar. Podría decir que se estaba volviendo mi olor favorito. ¡Quién lo diría, hace unos meses atrás lo detestaba!

Hizo rozar su nariz con mi oreja causando que me hiciera a un lado, pero eso no lo detuvo porque lo volvió a hacer ahora con una risita acompañada.

—No, basta —lo regañé.

Él hizo un ruido en forma de negación y se acercó una vez más susurrando algo que no pude entender. Lo miré directamente a los ojos seria. Él cargaba una sonrisa arrogante con sus ojos azules penetrando mis pensamientos.

Tienes novio.

—No hagas esto, no aquí. —Puse mis manos en su pecho intentando alejarlo.

—¿Por qué?

—Porque hay gente —expliqué.

—¿Y eso qué? —mofó encogiéndose de hombros.

No quería ser explícita, pero él me estaba dando razones. Con una de sus manos me tomó de la nuca para volver a unir nuestros labios; esta vez, no me opuse o si quiera me alejé. Seguí el beso, sabiendo que estaba mal y exponiéndome a mucho. Su arito le hacía cosquillas a mi labio inferior.

Reaccioné al instante que la imagen de Matthew apareció en mis pensamientos y ejerciendo fuerza lo alejé. Esta vez él me miró con un rostro cansado. ¿Ahora él era el digno? Luke sabía perfectamente que ante todos yo tenía novio y, claramente, él no lo era. Dio un suspiro y miró a la nada con el semblante serio.

—Luke... —hablé, pero me ignoró. No quería decir lo que tenía en mente, pero mi lengua me ganó antes de que pudiera tragarme mis palabras—. Dios mío, Luke, sabes que varios conocen a Matthew y con eso saben que soy su novia, no quiero que... —Él me interrumpió, arrebatando mis palabras.

—¿Qué sepan que lo has engañado con el drogadicto? —siseó entre dientes haciendo que la vena de su cuello se resaltara.

—¿Qué? —dije frunciendo el ceño—. ¡No! ¿Qué demonios dices?

—Sé que muy en el fondo piensas eso —acotó y sus ojos azules penetraron los míos con severa seriedad—. Aunque tienes razón, no puedes tener una vida al lado de alguien que no sabe cómo manejar la suya.

—Luke, yo no...

No pude terminar porque con mucha brusquedad se levantó de la silla haciéndola sonar para irse a pasos demasiados rápidos de allí. ¿Qué ha sido eso? Ni siquiera he tenido algún pensamiento sobre aquello. Pensé que ya estaba acostumbrada a sus cambios de humor, pero esta vez su cambio fue más allá de lo normal. ¿Cómo podía pensar de esa manera de sí mismo?

¡Demonios!

___

—Hasley, ayúdame. —Mi madre rogó.

—¿La psicóloga necesita ayuda? —me burlé y ella me dio una mirada fulminante—. Voy, voy.

—Tengo que ordenar unos expedientes y agregar lo que he avanzado con mis pacientes —comentó dándome unas cajas.

—¿Ya hay avances?

Puse sus cosas en el suelo de la sala y la miré. Ella tomó asiento en uno de los sillones y dio una bocanada de aire demasiado profunda. A veces me sentía mal por todo lo que trabajaba para sacarme adelante, esa era una de las razones por las cuales intentaba seguir en el instituto.

—Afortunadamente sí, he visto dos de mis pacientes más relajados, regalándome sonrisas y dejando de hablar con monosílabos. ¡No sabes qué frustrante es que hagan eso!

—Oh, créeme que lo sé...

Sabía perfectamente cómo se sentía aquello, Luke era mi ejemplo de eso. Es querer tirarles un ladrillo para que dejen de ser tan secos y hablen con la misma naturaleza. La comunicación es algo fundamental para que dos personas se entiendan y así una de ellas ayudar a la otra, pero Luke no era un humano equitativo.

De tan solo recordar lo que ocurrió en la mañana, mis entrañas dolieron y sentí cómo mi pecho se presiona. Joder, me había vuelto tan sensible con todo lo que tuviera que ver con el rubio.

—¿Por qué esa cara? ¿Ha ocurrido algo? —preguntó en un tono suave. Negué unas cuantas veces y dejé salir un suspiro—. Hasley...

Sabía que no la podía engañar por dos cosas: una de ellas es que soy su hija y me conoce muy bien, mientras la otra es que su especialidad estudia con mucha paciencia los comportamientos de las personas.

—Lo odio —masculté refiriéndome al chico que era dueño de mis pensamientos en estos momentos... y de todo mi tiempo.

—¿A quién? ¿Zev? —Al oír decir mi madre el nombre de mi mejor amigo sentí cómo mi ser decayó y quise tirarme al suelo a llorar, fruncí los labios y me dejé caer al sillón a un lado de ella—. ¿Están peleados? ¿Ahora qué ha ocurrido?

—Creo que invadí su espacio —comenté sin pensarlo.

—¿Por qué dices eso cariño? —La mano de mi madre tocó mi pierna dándome pequeñas palmadas.

—Exigí que me dijera de que habían hablado él y... —No sabía cómo definir a Luke, enojada aún por el incidente rodé los ojos y dije lo que se me vino a la mente— alguien. Solo quería saber, no era para que me gritara.

Mi mamá dio un suspiro y me miró

—Hasley...

—¡Sé que no debí exigirlo, pero igual era de importancia para mí! —grité desesperada.

—¿Por qué piensas que era importante para ti? —inquirió con una ceja alzada—. ¿Crees que hablaron de ti o era un tema que también te incumbía?

Su pregunta me dejó pensando durante unos segundos, tenía razón. Odiaba que siempre dijera algo con lo cual me callara, ¿por qué no me daba la razón un día?

—No, pero... es mi mejor amigo, se supone que no me debe de esconder secretos —balbuceé lo dicho y ella me miró incrédula.

—A veces, como personas, queremos mantener algo solamente para nosotros… Algo personal y no, no es porque te esté traicionando y no sea un verdadero amigo. Las personas tienen derecho a guardarse algo solamente para uno mismo, no seas egoísta, Diane.

—¡No me digas Diane!

—Pero si también es parte de tu nombre —insistió burlándose.

—Voy a la cocina —gruñí levantándome del sillón para dirigirme a esta.

—¡Tráeme un vaso de jugo!

Mi madre gritó desde la sala y puse los ojos en blanco. Oí que el timbre sonó y por un momento a mi mente vinieron varias personas que podrían estar detrás de aquella puerta, pero también había posibilidades de que fuera alguien del trabajo de mamá, aunque quise descartarlo rápidamente, porque algo que teníamos en común ella y yo era lo asocial, así como el hecho de que también ya era un poco tarde.

Decidí ignorar el hecho de la persona, quien fuera, y buscar el jugo. Saqué dos vasos y vertí un poco del líquido en ellos. Con pasos laxos me dirigí de nuevo a la sala. Mis ojos cayeron hacia las dos anatomías que estaban paradas a un lado del sillón hablando. Estaba incrédula, si no hubiera ejercido fuerza en los vasos, estos estarían cayendo al suelo, así como mi mandíbula si no estuviera sujetada a mi rostro. Cuando se percataron de mi presencia voltearon a mí y sentí mi cuerpo congelarse.

Dos pares de ojos azules me miraban fijamente. Los de mi mamá y los de Luke.

—¿Qué haces tú aquí?

—¡Hasley! —reprendió mi madre.

—Quería hablar contigo —respondió neutro encogiéndose de hombros con sus manos en los bolsillos de sus tejanos—, pero veo que mi visita no te gustó. Un placer, señora Bonnie.

Luke se dio la vuelta para comenzar a caminar hacia la puerta, recibí una mirada de desaprobación por parte de mamá y di un suspiro.

—Luke... Espera. —Di unos pasos para estar cerca de ellos. Luke se detuvo y se volvió hacia nosotras—. Mamá, él es Luke, mi compañero de clases... Pero veo que ya se presentaron.

—Me alegra que tengas más amigos, Diane. —La mujer comentó y le di una mirada asesina. Luke soltó una risita por lo bajo—. Voy por jugo para tu amigo.

Me quitó de la mano uno de los vasos que traía y se fue dejándome a solas con el rubio. Él me miró con una sonrisa torcida.

—¿Sabías que me encanta tu nombre completo? Suena tan británico.

—No lo es.

—No me importa.

—¡Qué majadero!

—Guarda silencio, Diane.

—¿Ahora me dirás así? —cuestioné alzando una ceja.

—No, ya te he dicho que me gusta llamarte Weigel, así que ni pienses que lo cambiaré —confesó, dio unos pasos atrás. Su voz se oía más ligera y sus ojos eran de un color rojizo. Estaba extraño. Su celular comenzó a sonar y lo tomó para ver la pantalla, dio un gruñido y contestó—. ¿Qué quieres? —espetó al aparato—. Joder, esperen un momento... ¡No! ¡Bien, bien, ahora salgo! —Luke colgó y me miró—. Vinieron conmigo André y mi prima.

—¿André? —pregunté confundida.

—Sí, mi mejor amigo —susurró y se dio la vuelta para salir de mi casa.

Me quedé parada mirando por donde había cruzado el chico y mordí el interior de mi mejilla. No tengo amigos. Amigo. Mejor amigo. Luke me confundía lo suficiente para querer perder la cabeza.

—¿Y tú amigo?—La voz suave de mamá me hizo dar un pequeño brinco. Me giré hacia ella para ver que traía consigo dos vasos de jugo.

—Estaré afuera de la casa —avisé. Antes de que pudiera decir algo al respecto, dejé mi vaso en la mesita de centro y salí con rapidez.

Vi a tres personas hablando. Luke estaba de espaldas con una sudadera negra y sus tejanos del mismo color; a su lado había un moreno con una playera gris y del otro, una chica con una minifalda y una blusa escotada. Era la misma del cine. De los labios de la chica descansaba un cigarrillo o eso creía.

El moreno se percató de mi presencia y le dio un pequeño golpe en el hombro al rubio, este al instante se volvió hacia mí. Igual que la chica, se encontraba fumando.

—Weigel —me llamó y con su mano hizo una seña de que me acercara. No sabía por qué, pero le hice caso—. Él es André.

—Hola, Weigel. —Él saludó.

—Dime Hasley —hablé tratando de no sonar tan grosera.

—Bien, Hasley. —Me regaló una sonrisa amistosa.

—Y ella es... —Luke intentó continuar, pero fue interrumpido.

—Me llamo Jane, soy su prima favorita. ¿No es así Pushi? —Se presentó y le dio una sonrisa burlona a Luke. Este la fulminó y rodó los ojos.

—Eres mi única prima, perra. —Luke atacó entre dientes. Mi boca se formó en una O y oí a André reír.

—Ignóralo, está demasiado dopado para saber lo que dice —se

defendió la chica.

—Estoy consciente —mofó el rubio.

—No lo pareces.

—Pues...

—¡Mierda, cállense los dos! —regañó el pelinegro—. Solo escúchense, ambos lo están.

Solo miraba a los tres cautelosa, era la primera vez que veía a Luke en tal estado. Siempre fumaba marihuana en frente de mí, pero jamás había llegado al grado de no saber lo que decía.

Jane se cruzó de brazos y siguió consumiendo aquel rollo. Luke empujó a André para acercarse a mí, sujetó una de mis manos y besó mis nudillos.

—¿Para qué has venido?—pregunté directamente, realmente quería saber.

—Estábamos en la casa de André, ya te había dicho que él vive cerca, de paso vi tu casa y quise pasar para disculparme —habló perezoso.

—¿De qué?

—Por lo que hice en la mañana —contó sin mirarme, Luke seguía jugando con los dedos de mi mano con mucha delicadeza—. Tus dedos son bonitos.

—Dios, ¿qué has consumido? —pregunté riendo.

—Lo necesario para poder confesar lo tanto que te quiero —susurró—. Y que no me arrepiento de todo lo que te dije la noche de la furgoneta.

Sentía cómo cada célula de mi cuerpo se removía, quería besarlo allí mismo pero aún la imagen de Matthew seguía presente.

—Luke.

—Shhhh, no digas nada, solo quiero que sepas eso.

Iba a hablar, cuando el celular del chico volvió a sonar. Miré por encima de su hombro para percatarme si era uno de sus acompañantes, pero me fijé que los dos estaban cómodamente hablando. Luke bufó y vio la pantalla, vi cómo su mandíbula se tensó y me miró, sus ojos estaban oscuros, carraspeó y se alejó de mí para contestar la llamada. Mi ceño se frunció al ver su acción, ¿quién era para que actuara de tal forma?

Pasaron unos minutos y él se acercó a mí con el semblante preocupado, podía verlo en sus ojos, en su expresión y en cómo su mano se movía a través de su cabello.

—Me tengo que ir —avisó en un tono nervioso.

—¿Ha ocurrido algo?—pregunté con cierta preocupación, aunque él negó unas cuantas veces.

—No, no pasa nada. —Intentó sonreír, pero salió como una mueca—. ¿Me quieres?

Lo miré confundida, no sabía a qué venía esa pregunta pero, ¿lo quería? Realmente lo hacía, demasiado. A pesar de sus cambios de humor, de la vida que tenía, de la forma tan jocosa de tomar las situaciones, de su forma sarcástica de responder, de lo grosero que fuese, la manera en qué te trataba o aún intentara ser romántico, yo... lo quería. Quería demasiado a Luke.

—Sí, lo hago y mucho. ¿Por qué? —Mi voz salió automáticamente y no me quería arrepentir de aquello.

—Entonces termina con él, olvídate de él y tómame. No quiero que salgas dañada por estos errores que estamos cometiendo —murmuró. Sus ojos estaban cristalizados, al grado de derramar alguna lágrima.

—Lo he pensado —confesé— y sí, sería lo mejor, pero tampoco puedo dejarlo y empezar contigo, sería muy catastrófico.

—¿Y lo que estamos haciendo a sus espaldas no lo es? Hagamos las cosas bien, quiero tomar tu mano, besarte y sonreír como un idiota cada vez que te vea sonreír ante todos, sin tener que esconderme. Dime, ¿qué estás esperando? Llámalo y termínalo.

—No, si lo hago será de frente, no por medio de esto.

Luke cerró los ojos y negó.

—Lo siento —murmuró y sentí un poco de miedo—. Tienes razón, aunque... —Él dejó la frase en el aire, me miró con sentimiento, como si quisiese transmitirme todo por medio de sus iris—. Solo acuérdate que siempre estaré para ti, te quiero, en serio lo hago, Weigel.

Dio un casto beso a mi frente y fue hacia los otros dos chicos, les dijo algo a lo que ellos asintieron y estos comenzaron a caminar con Luke detrás. Alargué un suspiro y decidí entrar a casa, pero antes de que abriera la puerta, unos brazos me detuvieron.

Los ojos azules eléctricos de Luke me miraron y sin poder decir algo, me besó. Fue uno lento, el tipo de beso que era tranquilizador, consolador pero, sobre todo, aquel beso que no se puede describir. Él se separó, tomó mi mentón para que yo pudiera verlo directamente y, sin despegar su mirada, acarició mi barbilla con su pulgar.

—Juro que pase lo que pase, estaré contigo porque solo yo sé quién eres en realidad —susurró para luego irse.

Dejándome allí parada, con el alma entre mis labios, sin saber a qué se refería. Pero estaba demasiado segura de algo.

Terminaría con Matthew mañana mismo.

Capítulo 22

Hasley

Las miradas de todos estaban sobre mí desde que bajé del auto de mi madre. Sentía la incomodidad apoderarse de todo mi ser, arrastraba con pasos laxos mi cuerpo hasta llegar a mi casillero, lo abrí detenidamente una vez que estuve enfrente. Seguía sintiendo varios pares de ojos a mis espaldas, logré atisbar a varias personas mirándome sin disimulo alguno.

« ¿Qué ocurría?»

Mordí mi labio con nerviosismo y comencé a coger las cosas que usaría, mis manos ya comenzaban a sudar y sabía que ese insufrible ataque de paranoia vendría pronto.

Al instante que quise tomar con mi mano uno de mis libros, me percaté de un papel amarillo doblado perfectamente por la mitad que yacía acomodado en una esquina del casillero. Mi entrecejo se frunció y lo tomé con duda.

Yo no recordaba haber guardado aquello, mucho menos pedirle a alguien que lo hiciera, estaba segura de algo y es que habían forzado mi casillero para meter aquel sobre.

Lo desdoblé dejándome a la vista el contenido de su interior. Mi cuerpo se tensó. Me helé y sentí cómo la pequeña sensación de presión en mi sien se hizo presente, al mismo tiempo que mi boca se entreabría haciendo que mi lengua se sintiera seca.

Oh, Señor.

Ahora entendía porque todos me miraban de esa manera.

—No, no... —repetí.

Era una foto de Luke conmigo, besándonos en la biblioteca.

Di un paso hacia atrás y relamí mis labios, me di la vuelta para ver cómo algunos susurraban con su mirada sobre mí. De pronto, me sentí demasiado pequeña al obtener en ellas desaprobación, burla y demás.

—¡HASLEY! —gritaron.

Miré a la dirección de dónde provenía aquella voz y supe que todo se había arruinado. Matthew venía hacia mí con grandes zancadas. Su rostro estaba serio, podía ver desde esa distancia cómo su enojo emanaba de su interior. Cuando estuvimos frente a frente pude visualizar la vena resaltada de su frente. Estaba hecho una furia, lo suficiente para poder intimidarme.

—Matt... —inicié, queriendo tranquilizar la situación, pero no me dejó hablar.

—¡¿Qué mierda es esto?!—gritó asustándome, causando que yo diese un paso a atrás.

Su mano se levantó mostrándome su celular en donde se plasmaba la foto de Luke conmigo. Me quedé muda ante eso, mi vista solo iba de la imagen a sus ojos verdes; su mandíbula se tensaba. ¿Cómo ocurrió esto? ¿En qué momento todo se salió de mis manos?

—¡CONTESTA! —exigió duro, acercándose peligrosamente a mí—. ¡Explícamelo ahora mismo, joder!

—No me grites... —tartamudeé—. Yo-yo no sé... No sé cómo ocurrió.

Demasiado tonto, pero no tenía nada con qué defenderme. Fue mi culpa por no haber medido las consecuencias, a pesar de que una noche antes planeé terminarlo, yo jugué con fuego y me estaba quemando. Entonces, lo acepté. Acepté que me gritara porque quien falló fui yo.

—¿No sabes? ¿Solo lo besaste y ya? —inquirió con ironía pura desbordando sus palabras—. ¿¡Desde cuándo me ves la cara de imbécil!? ¡Maldita sea, Hasley!

El alumnado a nuestro alrededor era digno de apreciar aquella escena que se convirtió en un drama total. Me gritaba en frente de casi todo el instituto, la dignidad y orgullo que tenía se murió ahí mismo, con los gritos del pelirrojo, los susurros de ellos y las miradas de todos.

—Matthew, de verdad lo siento.

Quise sonar firme pero fallé en el intento, no podía. Mis ojos comenzaron a arder y supe que pronto lloraría. Y así fue, bastó menos de cinco minutos cuando las lágrimas empezaron a descender por mis mejillas.

No sabía qué hacer, solo quería desaparecer, que todo fuera un sueño, ir con mi madre y llorar con ella, pero la realidad era esta: la que tenía en ese instante en frente de mí, toda la escena desagradable.

Correr. Echarme a correr sin dirección alguna, huir como una cobarde, esa era mi única opción, la que me salvaría. Es lo que quería a hacer.

—Te di mi confianza y la traicionaste, dejé que estuvieras cerca de él porque creía en ti —masculló—. ¡Quizá debí decirte a ti que no te acercarás a él! ¡Porque al fin de cuentas tú fuiste la única que me traicionó! ¡No me importaba él! ¡Me importabas tú, Hasley! ¡Maldita sea, qué estúpido soy!

Llevó ambas manos a su cabello y lo jaló con frustración, desesperado. Su piel blanca tenía un color rojizo haciendo semejanza al de un tomatillo. Yo lloraba en silencio, sin querer sollozar mientras me abrazaba a mí misma.

—En serio que lo siento —dudé—. Mi intención nunca fue lastimarte.

—No —negó repetidas veces—. No quiero oírte, no quiero hacerlo, existe la posibilidad de que me vuelvas a mentir.

Sus palabras me dolían de una manera inhumana, atacaba de la peor forma que lo haya hecho y era porque jamás había vivido algo como esto. Me destrozaba con cada palabra que salía de su boca, cada una, las cuales pronunciaba con asco, repugnancia y odio.

—¿Matthew?

La voz de Zev hizo que tuviese una pequeña esperanza de protección de alguien, pero al ver que sus ojos color miel que alguna vez me miraron con ternura ahora me veían con desaprobación, me hizo darme cuenta que él no venía para mí. Mi mejor amigo no me daría su hombro esta vez.

—Ahora veo que las apariencias engañan —farfulló entre dientes el pelirrojo mirándome fijamente—. No eres más que una chica bonita con cara de ángel sacada de una revista. Una mentira.

Oí como mi corazón crujió.

—Basta, Matthew, vámonos —insistió el rizado—. Ya, para.

—Zev... —susurré en un pequeño gemido, teniendo la esperanza de contar él.

—No digas nada —cortó—. Ahora sé quién eres en verdad.

—Zev —jadeé.

Y eso fue lo suficiente para que me rompiera en mil pedazos.

Mi amigo tomó del hombro a Matthew, dándole un pequeño apretón en el hombro mientras lo sacaba del círculo de personas que se formó alrededor de nosotros. Me quedé justamente ahí, de pie, con la visión completamente borrosa, sintiendo mis párpados pesados, con el nudo en la garganta y mi corazón en el suelo.

Algunos sonreían, mientras otros negaban. Me habían acabado de la peor manera. El mundo estaba en mi contra. Me sentía como el peor ser en la tierra. De pronto, todos los susurros que eran desde palabras ofensivas hasta frases dolorosas dejé de oírlas, mis tímpanos transmitían un sonido ensordecedor al instante que mi cuerpo se congelaba sin saber a dónde ir o qué hacer.

Mis ojos se cerraron dejando que lágrimas cayeran, así como evitando que otras nuevas salieran, creí que en cualquier momento caería. Lo sabía. Cuando mis piernas se flexionaron supe que ya no aguantaba más. Sin embargo, nunca llegué al suelo.

Y en ese corto tiempo, solo una voz pude escuchar.

—Aquí estoy —Luke dijo a mi oído.

Sus brazos se envolvieron a mí alrededor evitando mi caída. Mi rostro se apoyó justamente en su pecho oyendo cómo su corazón latía rápido. Su cuerpo cubriéndome de todos los que antes me miraban dándoles la espalda. Fue como me di cuenta que mi corazón ya no dolía tanto.

—Lu-Luke... —murmuré entrecortado.

—Shhh... Aquí estoy, siempre estaré para evitar que caigas — susurró besando mi cabeza.

—Quiero irme, no quiero estar aquí —dije titubeante.

Él asintió comprendiendo y se alejó unos centímetros de mí. Levanté mi vista teniendo contacto visual con él, podía ver su semblante vacío y su mandíbula lo suficiente tensa, aunque mi vista era interrumpida por las lágrimas que todavía yacían en mis ojos y unos cuantos cabellos caían por mi rostro. Luke se quitó su chamarra negra y la pasó por mis hombros. Con uno de sus brazos me atrajo a él y comenzó a caminar empujando de mala gana a las personas que obstruían nuestro paso. Me di cuenta de que caminábamos al estacionamiento.

—¿Qué fue lo que ocurrió allá? —pregunté en un murmuro una vez que llegamos.

—Alguien hizo pública la foto —respondió con la mirada baja—. Lo siento.

Quería enojarme con él porque me había besado, pero no podía porque yo también era culpable. Lo fui desde que le seguí el primer beso, aun sabiendo que Matthew ya era mi novio. Quería darme golpes contra algo por lo estúpida que era, por todo lo que ocurría pero, sobre todo, porque aún quisiera odiar a Luke en esos momentos, lo único que quería era que estuviera ahí conmigo. Sentía cómo todo el peso caía encima de mí, era imposible poder detener el sentimiento que tenía en mi pecho. La angustia me mataba, quería gritar, golpear algo y llorar todo lo que podía, pero debía estar firme, no debía dejarme caer, mucho menos de una manera tan cobarde. La aflicción en mi mente y corazón me envolvían en un gran dolor, todo volvía a repetirse en mi mente, desde las escenas con el pelirrojo hasta las miradas de las otras personas.

—Esto no puede estar pasando... —Pasé mis dedos por mi cabello y bufé en forma de frustración.

Me agobiaba. Debí acabar con esto desde un principio, no podía pensar con claridad.

—Weigel, cálmate. —Luke dio un paso adelante y al instante yo di uno hacia atrás negando repetidas veces—. ¡Demonios, trata de no perder los estribos!

—¡Tú no eres el que está en la boca de todos en este instante! —Al instante de repetir mis palabras en mi mente me retracté—. Tú también pero... ¡Mierda, Luke!

Mi voz estaba rasposa y era porque mis gritos desgarraban mi garganta, sentía cómo quemaba con cada palabra que salía pero era lo único que podía hacer, gritar, sabiendo que eso no serviría de nada.

—Realmente lo siento. —En cambio, él sonaba tranquilo.

Quizás eso era lo que me ponía de mal humor, acababa de ocurrir algo demasiado grave y él actuaba como si una rosa hubiera caído.

Pasé de nuevo mis manos por mi rostro con frustración y un jadeo salió de entre mis labios, me comenzaba a cansar de gritar, me dolía la maldita cabeza. En cualquier momento caería rendida, creía que mi mente jugaba conmigo, tenía la esperanza de que todo esto fuese un loco sueño, uno de mal gusto que no me gustaría recordar jamás porque aún dolería, pero estaba con los pies en la tierra y mi realidad era esta, en donde yo era un completa mentirosa e infiel ante Matthew y todo el instituto.

No hallaba la mentira.

Mi respiración se dificultó y supe que tenía que entrar en calma para no caer en una crisis de nervios, pero ya era tarde, me volvía un manojo de ellos. Me volví a abrazar a mí misma tratando de controlar mi temor, el miedo alimentando mis pensamientos mutiladores, donde el masoquismo era el tema principal entre ellos, el cual me recordaba todos los acontecimientos de hace unos minutos atrás, como si de un caleidoscopio se tratase y se repetían las imágenes, los sonidos y con ello aumentaban mis lágrimas desbordando por mis ojos.

No veía bien, mi vista se encontraba demasiado nublada a causa de todas las gotas saladas, pero pude distinguir cómo Luke dio un suspiro profundo al igual que unos pasos hacia mí. Se quedó en frente sin decir ninguna palabra, solo se mantuvo callado durante varios largos minutos mientras el aire revoloteaba mis cabellos obstruyendo aún más mi visión. El silencio fue roto por él.

—No sé qué hacer para demostrarte cuán mal me siento por lo ocurrido, por verte en tal estado, al ver cómo sufres... por mi culpa. —Su murmullo fue un poco lento y su voz se corrió a lo último.

—Quiero irme a mi casa.

Mamá no se encontraba debido al trabajo entre semanas que era desde muy temprano hasta la noche, lo cual me era una ventaja para que no pudiera verme en tal estado.

—Está bien, te llevo. —No fue una pregunta sino una afirmación por parte de él.

—¿Cómo? —jadeé y lo miré directamente a los ojos.

Al verlo mi barrera de indignación y enojo se esfumó. No lo había podido observar bien, ni siquiera me detuve a apreciar su anatomía y en cómo lucía, su imagen no era nada buena a comparación de otras, parecía como si sus días estuvieran de mal en peor y, quizás, así era. Los párpados de sus ojos se hinchaban un poco y grandes ojeras eran visibles, sus ojos azules no tenían aquel brillo eléctrico que desprendían cada que lo observaba, estaban cristalizados, lo suficiente para saber que en cualquier momento derramarían una lágrima.

Una posibilidad hacia esto es que se hacía el fuerte para no quebrarse ante mí.

—He traído conmigo la moto —comentó con cansancio, pero en ese instante no le puse atención.

A pesar de tener esa imagen de él, seguía luciendo perfecto para mí. Y ahí entendí algo, comprendía que por algo pasaban las cosas y no de la mejor manera en que uno esperaba.

Traté de tragar un poco de saliva con mucha dificultad y tener una posición firme. Mi madre solía decirme que ante los problemas fuertes o graves no me deshiciera como un hielo, que fuera como un iceberg que tardaba mucho en desaparecer; que todas las cosas alguna vez terminaban, que algo nunca duraba para siempre. Y también fue allí donde comprendí muchas cosas. Nunca puede ser un corto o largo tiempo, así como el "para siempre" puede variar de diferentes formas. Eso pasa con la lástima, la dignidad, el rencor, la felicidad, la tristeza, el llanto… Las emociones nunca durarían, la fuerza algún día se acabaría, de igual manera que la resistencia y el dolor. Algún día los débiles se volverían fuertes y los fuertes se volverían débiles.

Impotencia.

Esa fue la causa por la cual volví a bajar mi mirada hasta mis pies, quedando en el mismo silencio con el que iniciamos. La ola del aire frío chocó con mi rostro, revoloteando unos cuantos cabellos por mi cara y así obstruyendo mi visión. Las yemas frías de Luke rozaron mi mejilla y me sentí como un copo de nieve siendo tocado por una llama de fuego. La sensación que transmitía su piel a mi cuerpo era tan relajante que me hacía pensar que ya nada importaba, que dejaba volar mis problemas a un lado lejos de mis pensamientos.

—Estaremos bien después de esto —susurró llevando los mechones de mi cabello atrás de mi oreja—. Te lo prometo, cariño.

Y quizá mi único error era solo una cosa: creerle.

Capítulo 23

Hasley

La escasa lluvia se hacía cada vez más densa, tenía la impresión de que en cualquier momento se iría la luz, aunque en ese momento nada me preocupaba; aún el sol estaba, escondido entre las nubes grises pero seguía allí.

Pasé la manga de mi sudadera por mi nariz, la brecha de la ventana estaba abierta aportando un poco del aire fresco que había afuera hacia adentro de la casa. Mis pies descalzos tocaban el frío suelo, debía preocuparme porque podría enfermarme, sin embargo, no lo hacía, mi mente seguía entre los vagos recuerdos que no querían alejarse, me seguían torturando.

Mamá no llegaría hasta muy tarde, había tenido un problema con su jefe, según él decía que se estaba perdiendo el control con algunos pacientes, no eran asuntos de ella, pero por tener una gran equidad decidió aportar su ayuda y dejarme sola, aunque estaba bien, no quería que me viera en tal estado: ojos rojos, hinchados, voz ronca y sacudidas de nariz. Una imagen demasiado fatal y preocupante para ella.

Era sábado, ya había pasado más de una semana de lo ocurrido con esa fotografía y se sentía como el mismísimo infierno porque aún no lo pasaban por alto, aunque hoy podía descansar de las miradas y susurros por todo el instituto. No sabía nada de Luke.

El día en que me vino a dejar solo me bajé y le pedí que me dejara sola, lo hizo sin rechistar. Tuve mucho tiempo para pensar con tranquilidad, sin que nadie me estropeara mis pensamientos; analicé le cosas y llegué a la conclusión de alejarme de Luke mientras se calmaban las cosas, seguir a su lado me traía muchas consecuencias, él ya tenía demasiados problemas para agregarle otro y yo era lo demasiado débil ante todos ellos.

Algo me decía que Luke sabía sobre aquella fotografía puesto que la noche anterior me había pedido que terminase con Matthew, aunque no quería sacar conclusiones, no quería echarle culpa, porque era de ambos.

Pero sobre todo mía.

No tenía ganas siquiera de que se me acercara y sí, repetía, él no tenía toda la culpa pero mayormente las ofensas iban dirigidas hacia mí, ya que había dañado al indefenso capitán de baloncesto y era lo peor porque Zev estaba con él, y eso equivalía a todas las chicas del instituto estuvieran en contra de mí.

No entré a las clases con la profesora Kearney, no me acercaba a las gradas —cabía mencionar que por Zev, Matthew y Luke—, ni siquiera comía en la cafetería, trataba de llegar tarde a las clases e irme lo más temprano que pudiera. Y aunque Luke intentó acercarse a mí solo le pedí que se alejara por ahora.

Me dolía pero era por el bien de los dos. Lo era. Maldecía varias veces al profesor Hoffman, porque si no hubiese sido por él, el día que me había dejado fuera de la clase yo no sabría de la existencia de Luke Howland. Y estaría bien con eso.

De las personas que no me habían dejado solo estaba Neisan, el cual me seguía hablando. Él juraba creerme, realmente el chico era muy comprensivo. Había discutido con Zev sobre el tema, no le tenía miedo aunque fuera el capitán y realmente valoraba mucho eso por parte de él, por ahora era mi único hombro en el cual llorar.

Unos toques en la puerta principal hicieron que mi concentración ahora se dirigiera hacia ello. Con duda entre mis pensamientos y mi propio cuerpo, avancé. Mi mano hizo contacto con el frío metal del pomo de la puerta haciendo que diera un respingo cuando la abrí, ya que pude ver a la persona del otro lado. Mis sentidos se despertaron alarmándose de una manera abrupta.

Luke rápidamente entró sin mi permiso y se apoyó contra la pared, estaba temblando al grado de que sus dientes sonaran. Su ropa estaba completamente empapada y su piel tenía un tono muy pálido que creí que desaparecería en cualquier instante. Sus piernas se flexionaron causando que cayera al suelo abrazándose a sí mismo.

Su aspecto era de lo peor.

Bien, no podía dejarlo de tal manera, no era tan despiadada. Di un suspiro y fui hasta mi habitación por una toalla y una cobija, busqué alguna camisa grande consiguiendo una blanca demasiado ancha. Cuando bajé, él aún se encontraba en el suelo.

—Creo que es mejor que te quites la ropa y te cubras con esto.

Me arrepentí al instante que dije eso. Luke hizo el mayor de sus esfuerzos y me dio una mirada pícara, era increíble que, aún en su estado, malentendiera las palabras. Aunque le di una mirada de desaprobación volcando los ojos, él solo me devolvió una sonrisa de lado. Me fijé que su arito ya no estaba en su labio y quise indagar, pero supe que ya no era de mi incumbencia.

Él se alejó un poco de la pared y comenzó a despojarse de su ropa, llegando al grado de quedar solo en bóxer. ¡Por Dios!, estaba demasiado delgado. Me sentía incómoda al verlo en esa situación y, claro, ya era un manojo de nervios. Ese siempre sería el efecto de Luke hacia mí.

Sin embargo, no pude evitar que mis ojos tropezaran por el dorso del rubio dejándome ver por completo aquel tatuaje que ya había visto antes. pero ahora yacía otro dibujo de tinta que acompañaba aquella ruleta, no entendía su significado. Entonces, apreté los labios cuando volví a ver aquello.

La equimosis hacía presencia.

Todos mis pensamientos se disolvieron como el azúcar en el agua caliente cuando la tos de Luke se hizo presente. Repentinamente regresé a mi realidad y parpadeé unas cuantas veces para concentrarme en lo principal.

—Ten —susurré pasándole la camisa y la toalla, después de que se la pusiera le di la cobija.

—¿Y mi ropa? ¿Y si tú madre entra y la ve? —cuestionó alzando una de sus cejas.

—Yo después la levanto —respondí con una seña de que no importaba tanto en estos momentos—. Aparte, ella no vendrá hasta muy avanzada la noche y para esa hora tú ya te habrás ido.

Demonios, cuánto dolía decir aquello, podía sentirlo de una manera tan horrorosa que hasta a mí me lastimaba, pero era así o nada. Y realmente me estaba cansando de esta situación, de todo, solo quería acabar con esto.

Luke me miró unos segundos y asintió.

—Tienes razón.

Todo se volvió un silencio, su mirada contra la mía. Y no podía decir que lucía del todo bien porque era mentira, su piel estaba muy pálida, su cuerpo muy delgado, sus ojos oscuros con aquellas ojeras que daban semejanza a unas media lunas hundidas y su barba de hace unos días.

Quizá él no estaba bien.

—¿A qué has venido? —Rompí el silencio, atreviéndome a preguntar.

—Quise venir a verte, saber cómo estabas, me importas. —Su voz sonó rasposa, encogiéndose de hombros—. No me has hablado en estos días y duele. Duele tu maldita indiferencia hacia mí. ¿Alguna vez te has roto un hueso? —preguntó y mi entrecejo se frunció hacia su pregunta. Decidí no decir nada y asentí—. Si es así, multiplica ese dolor por diez y de esa forma se siente mi estúpido corazón por el trato que le das.

—Oye... —intenté hablar pero me lo negó.

—Es un idiota por dejarte entrar tan fácilmente, por aceptarte sin que hicieras el mínimo esfuerzo de ganártelo, por dejar que seas el casi noventa y ocho por ciento de él, por latir por ti, por quererte. ¿Y qué recibe él a cambio? ¡Tus mierdas! ¡Diablos! ¡He dado todo por ti y lo seguiré haciendo aún me estés odiando! ¡Te dije que aunque me destroces el corazón seguiré sonriendo con su sangre solo por ti! ¡Te confesé de una manera tan patética y que jamás creí haber hecho que estoy enamorado de ti!

De pronto, sus ojos ya estaban desbordando lágrimas y sí, me sentí la persona más cruel del mundo. Si antes me sentía mal, no sabía cómo definir este sentimiento en ese momento. Solo podía quedarme allí de pie frente a él, viendo cómo me gritaba.

Luke dio unos pasos hacia atrás llevándose ambas manos al cabello y jalándolos con frustración, enojo e impotencia. Me miró directamente con los ojos rojos y creí que me gritaría, pero no lo hizo.

—No puedes entrar en la vida de alguien, hacer que te quiera y luego marcharte —sentenció—. Esas cosas no se hacen, Weigel. Mucho menos cuando entras para darles esperanzas a su patética vida. ¿Sabes? Cuando empiezas a querer de verdad a alguien haces de todo para poder mejorar el maldito desastre de vida que tienes, para estar bien con esa persona y no envolverlo en tu mierda. ¿Sabes que es lo peor?

Que lo estoy haciendo por ti, que trato de mejorar quien soy. Trato de dejar todo lo malo que hay en mí, pero a la vez te quiero mantener lejos porque solamente te traigo problemas.

—No es... —Quería hablar, decirle que no era así como pensaba porque no, no lo era, sin embargo, no me dejó.

—He dado todo por ti, he hecho tantas cosas y tú... Hasley, las personas se cansan al dar tanto y no recibir nada a cambio... Y no esperaba algo material porque aquello es basura, esperaba tu apoyo, motivos por los cuales seguir. Te lo he dicho casi todo, he intentado protegerte... aún tú no notes de quiénes... Mi vida es un desastre y tú lo sabes. Sé que todo esto es estúpido porque yo estaba consciente de que te quería y de que tú querías a Matthew; aun así, metí mi necio corazón porque no me importó, porque eras tú.

—No debiste hacerlo. —Mi voz quemaba de una manera sobrenatural, el nudo en mi garganta ya se estaba haciendo presente.

—¿No debí hacerlo? —murmuró incrédulo—. ¡¿No debí hacerlo?! ¿¡Cómo querías que no lo hiciera si fuiste tú la que se metió en mi puta vida!? ¡Tú fuiste el jodido chicle que estuvo siempre detrás de mí! ¡¿Querías conocerme, no?! ¡Lo hiciste! ¡Lo hiciste y te estás yendo como una maldita cobarde, Hasley!

Luke bajó la mirada unos cuantos segundos dejando todo entre nosotros en un silencio sepulcral, todo tan frío.

—Prometiste no alejarte de mí aún rompieras mi corazón —aludió, un suspiro entrecortado salió de entre sus labios y volvió su vista hacia mí—. Pero es hora de que deje de creer en las promesas de las personas.

—¡Yo quería ayudarte! —grité al borde de lágrimas—. ¡Quería ayudarte porque temía por ti! ¡Tu actitud hizo que me quedara contigo! ¡Porque, porque...!

—¡PORQUE SENTISTE LÁSTIMA POR MÍ! —cuestionó en un grito demasiado alto, desgarrador y potente.

—¡No! —reprendí—. No es como tú piensas, no pienses en dejarme como la mala —defendí lo poco que tenía, pero todo me estaba consumiendo, no quería decirlo—. ¡Yo no te pedí que me quisieras!

Realmente no quería decirle eso.

—¡Y yo no pedí que entraras a mi vida! ¡No pedí tu ayuda! —soltó, trató de tranquilizarse y tomó una gran bocanada de aire—. Sin embargo, te dejé... —Echó una risa amarga y pasó sus manos por su rostro—. Joder, por un momento pensé que cambiaría todo.

—Luke... —susurré su nombre con tanto miedo, él me miró y proseguí—. ¿Has llegado a pensar cómo serían las cosas si nada de esto hubiese pasado?

—Quizás —balbuceó—, pero yo no me arrepiento, jamás lo haría, porque al menos ya sé que cómo se siente enamorarse y que te rompan el corazón. —Dolía, en realidad dolía—. Es absurdo, en serio, creí ver todos mis sueños en una sola persona pero no fue así... Tengo que admitir que me siento mejor desde que nos conocemos, desde que te resbalaste de la grada y me reí de la mancha de pasta dental en tu blusa, porque aún recuerdo la primera vez que te vi... Créeme, Matthew no hubiese hecho ni la mitad de las mierdas que yo hice por ti, ni siquiera Zev y lo sabes, lo has visto con tus propios ojos, sabes que no te miento.

Lo sé.

Mi voz no salía, no lo hacía y era porque, si hablaba, aquel nudo que tenía en la garganta se desataría, creando que mis sollozos salieran, creando que las lágrimas retenidas se desencadenaran y fuera una completa débil. Me estaba hartando, me estaba hartando de llorar por todo, por lo más mínimo.

—Joder, te estás comenzando a comportar como una egoísta, eres una... ¡Demonios! ¡Un día me necesitarás y yo ya no voy a estar! Pero eso es mentira, ¿sabes por qué? ¡Por me importas más de lo que deberías! ¡Lo haces y tú no lo entiendes porque eres una maldita lenta! ¡Estás pensando solo en ti, eres una jodida egoísta! —gritaba tantas cosas al aire. Apreté mis labios para no soltar un jadeo y lo miré durante varios segundos, sin decir nada—. ¡Demonios! ¡Di algo! —sentenció al ver que mi silencio era lo único que estaba presente.

Sí, la decisión más difícil fue esa, la línea entre el querer y el deber, pero quería que él estuviera bien y sabía que juntos nos haríamos más daño, porque eso hacíamos, nos creábamos problemas. Era una perra y yo no merecía a Luke. Los problemas crecían, al entrar a su vida tan solo lo llené de falsas esperanzas, fue en ese momento que tuve que comprender muchas cosas y tal vez tomé la decisión equivocada, aunque las cosas pasaban por algo, ¿no? Entonces que fuera el destino quien decidiera y, lo más irónico de esto, es que yo no creía en el destino y, aun así, hablé:

—Adiós, Luke.

Los ojos azules del chico me miraron neutro, con una mirada vacía, como él solía hacerlo desde que nos conocíamos. Sin embargo, lo conocía demasiado bien para decir que eso le había dolido. Sus pupilas se dilataron y sus fosas nasales estaban temblando.

—Hasley, te quiero y tienes la seguridad de que siempre estaré ahí cuando me necesites. —Dio un suspiro pausado y prosiguió—. Pero aún intentes olvidar el color de mis ojos, recuerda que son del mismo color que los tuyos. Sí, eso fue lo especial en tu mirada.

Él se dio la vuelta y recogió su ropa, poniéndose su pantalón mojado y dejándome la cobija y la toalla en el sillón, tomó entre sus manos las prendas húmedas y se dirigió hacia la puerta; antes de girar el pomo me miró serio y entreabrió sus labios.

—Adiós, Hasley.

Y finalizó saliendo de la casa, mirando el picaporte con las lágrimas comenzando a salir y el corazón doliendo.

Capítulo 24

Luke

Sentí el ardor en una parte de mi cuerpo, aunque lo ignoré debido a que en ese momento mi cabeza dolía tanto que arrancármela era lo que pedía. Mis memorias se volvían más pesadas en la madrugada y lidiar con el rollo blanco que me había quemado justamente el pantalón me dificultaba concentrarme. Maldije al aire unas cuantas ocasiones para después pasar por alto la pequeña quemadura —no tan grave— en mi pierna y llevar directo el cilindro a mis labios dejando que el humo albergara el fondo de mis pulmones al momento de aspirarlo.

El aire fresco de la ciudad chocaba con mi cara. Podía sentir cómo las yemas de mis dedos estaban heladas, llegando al grado de que mis articulaciones no fueran las mejores. La mediocre sudadera que llevaba fracasaba en el intento de mantenerme en calor. Sin embargo, descarté la idea de querer dejar de fumar, así que con mi adicción siendo más fuerte, volví a posar el rollo entre mis resecos labios.

—¡Diablos, Luke! —André farfulló en un pequeño grito a mi lado—. Ya has consumido demasiado.

Eché todo al fondo de mi cabeza y dirigí mi vista al moreno, el cual estaba apoyado en aquella vieja y rayada pared. Había estado acompañándome desde todo lo ocurrido con Weigel, hace casi una semana. Sí, casi una semana desde que me pidió que me alejara y lo estaba cumpliendo. Eso quería, ¿no?

Raras ocasiones yo entraba a las clases con la profesora Kearney. La esquivaba en el pasillo y sí pasaba a su lado solo susurraba "sé fuerte, corazón" sin mirarla y alejarme de allí a toda marcha sin voltear a atrás. Me iba a las gradas a hacer lo habitual, fumar y palpar los bolsillos de mis tejanos, desesperado por no encontrar mi encendedor. Y sabía que si a mí me dolía a ella peor, porque la ley de estas situaciones era así; duele más el alma cuando lo pides que cuando lo aceptas.

¿Un encuentro que haya disfrutado? Echarle en cara por segunda vez a Zev que mi prima lo engañó. ¡Qué satisfacción fue ver su cara de enfado! Si no fuera por el chico pelinegro de piel pálida, Neisan, tendría un golpe y esta vez no sería por parte de mi padre.

Volví mi mirada hacia el frente, a la nada, sin ningún punto en específico. Relamí mis labios unas cuantas veces con mi lengua y di un suspiro profundo haciendo un mohín.

—Este será el último —divagué con mis propias palabras.

—Sí, claro —ironizó un poco—. ¡Hombre! Llevas diciendo eso desde hace rato.

—André... —Arrastré mi habla, pero di un jadeo cuando una corriente de aire helada acarició la parte trasera de mi cuello

—No, Luke. —Él cortó un poco enfadado—. Tienes los ojos demasiados rojos y no es principalmente por el sueño, solo... Detente, por favor.

El chico intentó buscar mi mirada hasta que la encontró, sus ojos estaban mirándome suavemente con una pizca de compresión. ¡Mierda, André! Asentí pesadamente y dejé que el rollo se resbalara de mis dedos llegando al suelo, dando por terminado su efecto y lo aplasté.

—Ya —pronuncié.

—Ya —afirmó.

Después de eso todo se quedó en silencio, él no decía nada y yo tampoco, pero nos entendíamos de esa manera, con André siempre era de esa manera. Duró el lapso de tiempo que tenía que durar hasta que habló.

—Demonios, ¿cómo pasó? —disparó.

Supe a qué se refería con esa pregunta. Rasqué mi barbilla y miré a sus ojos marrones. ¿Iba a decirle? Claro que lo haría. André, la única persona que me entendía demasiado bien, sin embargo, rectificando todo, él nunca ha sentido algo tan serio hacia una chica. Podía confesárselo, ya que Jane era lo suficiente perra para reírse de mí en mi propia cara, de que el gran Howland estaba enamorado.

—No sé, sinceramente no tengo la menor explicación hacia ello —admití negando—. No sabes en qué momento te enamoras, creo que no existe un instante exacto, simplemente pasa, te enamoras de su rostro, de su personalidad, de sus ojos, de su humor, de sus características, de sus defectos. Eso es lo último que haces cuando amas por completo a una persona, es la circunstancia en donde ya no importa nada, en donde lo más mínimo son pormenores y tratas de mejorar todo por ella, aunque Weigel tiene aquella chispa que me hace sentir tan bien, pero su testarudez e inmadurez me hacen querer huir. Sin embargo, no puedo, hay algo que me ata su persona, a que siga. Amo su mirada, esa que me grita muchas cosas que quiere decir pero no lo hace.

Mis palabras fluían tan fáciles, no me costaba nada al decirlas, ni pensar en cada detalle de ella para dejar sobresalir lo que más me gustaba, solo hablé. Dejé que mi corazón lo hiciera y la honestidad reinara ante cada una de mis palabras. Desvié mis ojos a la luna, la cual brillaba demasiado, pero estaba a punto de ocultarse por algunas nubes.

—Añoro todo de ella, desde lo patética que se ve al llegar con una mancha de pasta dental en su blusa al instituto, hasta lo despreciable que puede ser al alejarme de ella. Es distintiva con su estilo retórico y aburrido, lo curiosa e infantil que es. Su intento de frialdad es tan imbécil y única a su manera, simplemente es ella. Y no, no puedo renunciar ya.

—Luke... —La voz rasposa del chico sonó, pero no lo dejé hablar.

Volteé de nuevo a su mirada oscura.

—Sé que estoy jodido porque no me enamoré de sus virtudes... me enamoré de sus defectos.

Nos miramos fijamente durante unos segundos, hasta que su rostro se suavizó y frunció los labios. Le regalé una media sonrisa de lado y bajé la mirada hasta el suelo. Momento seguido, sentí el brazo de mi mejor amigo pasar por mis hombros y darme unas cuantas palmadas.

—Hey, no dejes que esto sea tan efímero —musitó para quedarnos de nuevo en un gran silencio.

Querer a Hasley había sido lo más tedioso que hice en mi vida y lo era más porque, a pesar de todo lo ocurrido, no me arrepentía de hacerlo.

Había intentando de todo para no caer ante ella, pero fue muy tarde, yo ya había caído y me hundí.

Resulta tan extraña la manera en que alguien puede llegar a tu vida y cambiar las piezas de todo, puede ser que para bien o para mal. Llega el punto en que no interesan sus defectos, en que aquellos detalles se vuelven especiales y únicos, comienzas a querer cada parte de aquella persona porque no te importa nada, porque desde ese punto sabes que estás enamorado y es ahí en donde el mínimo defecto se vuelven pormenores.

Llega el momento en que quieres a una persona y empiezas a mejorar tu vida, no por ti, ni por terceros sino por ella, porque no quieres encerrarla en tu mierda, en tu mundo de basura y papel oscuro.

Pero me estaba cansando y estaba decidiendo en si dejar de cruzar la línea, en si seguir esperando o avanzar, pero se torna difícil cuando ella es mi razón, mis motivos y mis esperanzas.

Dejar que alguien entre a tu vida como ella lo había hecho era desgarrador, pero lo fue aún más cuando sus sueños se volvieron los míos, cuando su futuro se juntó con el mío... Cuando mi corazón la dejó que lo tomara y lo destrozara.

Lo peor es que a pesar de todo ella me seguiría teniendo de una manera indescriptible entre sus manos.

Aún en el rincón más minúsculo de mi cabeza, yacía algo que la justificaba ante sus acciones, antes sus puñaladas frescas y sin ninguna gota de remordimiento. Entregarme a ella, quizás era mi anomalía más grave pero sabía que no. No me arrepentía de nada, absolutamente de nada. Querer a Hasley era, sin dudas, uno de los más hermosos placeres de la vida.

Sí, se sentía desastroso tener que pensar en alguien, dejar de preocuparte solo por ti, porque al final de todo eso siempre había sido yo, mi mundo giraba alrededor de mis problemas, mis pensamientos y el punto blanco del crucifijo mismo: yo. Pero así fue hasta que ella apareció.

Aunque aquí el único culpable: yo. Yo lo era.

Aun sabiendo que podría haber el más mínimo rechazo ante ella seguí allí. Porque siempre fue así, siempre había sido así, se trataba de ella y de nadie más. Posar mis ojos en la amiga del ex de mi prima era la peor maldita mierda más hermosa que hice. No tenía sentido aquello, pero se volvió a la vez una mierda y una ocasión hermosa, sin embargo, los arrepentimientos ahora ya no servían de nada.

Destrozada. Ella lo estaba, pero intentó recargarse en mí un instante y sí, esa era una de las razones por las cuales acepté alejarme de su lado. Aparte de respetar su decisión, intervino mi cordura, mi subconsciente me hizo acordar de lo que era yo, de lo quebradizo que me encontraba.

Entonces hice lo más sensato del mundo: alejarme. No se tenía que recargar en mí, nunca debió buscar mi apoyo en ese pequeño momento y no, no era egoísmo. Fue protección.

Cariño, no debiste apoyarte en mí, estaba a punto de caer, no quería que cayeras conmigo.

Negativos, eso éramos ambos. Y sí, las leyes de la física dicen que los polos opuesto se atraen pero, joder, juntos crearíamos la explosión más grande y hermosa que el humano alguna vez haya visto. Y sí, la creamos.

Su inseguridad, su desconfianza, el crédito que se tenía a ella misma hacía de esto lo más difícil del mundo. Por más que yo quisiese que disipara aquellos pensamientos que su cabeza procreaba no lo lograba y, ¡maldición!, se está perdiendo y yo ya lo estaba.

Azul, como el cielo. Sus ojos eran aquel cielo azul que podías admirar en las mañanas. Tan tranquilo, cálido y acogedor, en donde podían divertirse, expresarte con ganas, llenarte de esperanzas y sueños para salir y cumplirlos. Eso hizo ella conmigo.

No había poder humano que lo cambiara. Ni siquiera Hasley con su indiferencia tan actuada, tan déspota y difícil de creer, que conllevaba a saber que aún su maldita mente de niña seguía allí, su inmadurez me sofocaba y odiaba eso, porque sabía que la chica era más que eso, más que inseguridad y falta de sentido común.

Y no era el límite de mi temperamento, ni mi perseverancia, tampoco mi orgullo, ni mucho menos me rendía, pero tenía que aceptarlo: jamás habría un nosotros, entre ella y yo.

Estar insistiendo en algo que simplemente no tiene resultado cansaba, cansaba tanto y dolía, que si el ser humano no ha conocido aún le infierno, esto podría ser el claro ejemplo de ello.

Weigel era de aquellas personas que querían salvarte, pero eran tan mala en eso que terminaba haciendo de la acción un tormento. Disparaba hacia los que hacían daño, pero su puntería era de la misma mierda que terminaba incrustándote la bala en el corazón.

Raciocinio era lo que me sobraba para irme, pero juicios eran los que me faltaban para quedarme porque, a pesar de que la quisiera, me daba cuenta de que ella al hacer algo por mí resultaba peor, vaya que resultaba de esa manera pero no importaba, no importaba siempre que se trataba de ella. Su intención era lo suficiente para mí.

Tómame y destrúyeme, corazón resiste, solo una vez más será.

Metafóricamente, Weigel se volvió mi adicción. Y, ¡demonios!, de tantas adicciones que había en este jodido mundo, sustituí la droga por una persona. Por ella, por alguien que, tarde o temprano, se iría, se alejaría, desaparecería de mi vida con murmullos.

Creí encontrar la felicidad y así fue. La encontré, porque a su lado mis sonrisas se pintaban de sinceridad, de honestidad y aclamaban el amor puro que nunca quise sentir, aunque tener los pies sobre la tierra era algo que no me olvidaba de tener en cuenta. Siempre estuvo presente y así sería.

Líneas paralelas. Eso somos, Weigel y yo. Tan juntas en una misma dirección y tan separadas que nunca se encuentran. Sin embargo, a un punto de vista diferente, se pueden visualizar juntas. En un infinito pero juntas y sí, aun así, el mismo infinito pueda ser un corto tiempo en segundos, está bien.

Honestamente lo estaba.

Capítulo 25

Hasley

Lunes en la mañana. Y el único sonido que podía oír entre las paredes de la minúscula cocina de mi casa era el crujir del cereal que creaban mis molares al aplastarlos.

La cabellera oscura de mi madre hizo presencia al entrar, haciendo que el olor de su perfume se impregnara en el aire ocasionando que llegara hasta mis fosas nasales. Tranquila, comenzó a sacar algunas cosas de la despensa y, de igual manera, del refrigerador para prepararse un emparedado. Sus ojos se quedaron anclados sobre mi pequeño cuerpo y, cautelosa, me observó.

—Últimamente te has estado despertando más temprano, ¿a qué se debe? —preguntó con sumo interés, pasando sus dedos por el pan. En ese momento no quería contestar a sus preguntas, por lo cual me limité a encogerme de hombros, dando por hecho mi cansancio. Ella, dejando salir un poco de aire de sus pulmones, movió las cosas a un lado y me miró fijamente poniendo sus manos sobre el mesón—. Hasley, ¿me puedes decir qué es lo que ha ocurrido? Llevas un par de semanas así, los sábados te despiertas hasta tarde, los domingos no sé siquiera si comes o haces el intento de salir de tu cama —soltó un poco irritada por mi actitud—. Pareciera como si yo fuese la única que vive aquí.

Llevando otro poco de cereal a mi boca, sacudí mi cabeza de un lado a otro, pero ella me reprendió con la mirada, tragué hondo y decidí contestarle.

—No ocurre nada —masculló.

—No mientas —con la voz más fuerte habló—. No he visto presencia de Zev por aquí o siquiera del pelirrojo que te llevó al cine la otra ocasión o el rubio con la que fuiste una completa grosera. —Al oír que mencionó a cada uno sentí cómo el nudo en mi garganta se formó y la presión en mi pecho se presentó aunque, de igual manera, le dio acceso a mi furia emanar mis venas—. Cariño, puedes decírmelo.

—Estoy bien, ¿sí? —espeté bajándome del taburete para darle una mirada fría—. No soy uno de tus pacientes, no me trates como uno.

Sus ojos azules se abrieron con asombro, estática en su lugar, entreabrió los labios pero nunca dijo nada. Ella estaba perpleja. Yo sabía que esa no era la forma para contestarle, pero estaba harta de darle vueltas al mismo tema, solo ya no lo quería recordar y ella se daba la desdicha de hacérmelo saber nuevamente.

—Hasley...

—Me tengo que ir —avisé cortándola.

Sin mirarla, salí de la cocina a pasos rápidos, tomé mi mochila y, colgándola por encima de mi hombro, cerré la puerta principal detrás de mí. Comencé a andar por la calle sin detener el paso ni un segundo, sentía cómo mis piernas se impulsaban cada vez con más fuerza, el aire de invierno golpeaba suavemente mi rostro.

Traté de respirar hondo y superar el hecho de que le había contestado de una manera fatal a mi madre. Calmándome por lo sucedido, me fijé en la hora sin ningún apuro, era temprano. Últimamente me despertaba antes de mi hora habitual y se debía a que en casi toda la noche no podía conciliar el sueño, ni unas cuantas horas, tenía en mente que mi imagen cada día iba de mal en peor, no era la mejor y, honestamente, me importaba un carajo.

En tan poco tiempo mis pies tocaron la entrada del instituto y una oleada de nerviosismo, como de inquietud, se asomó por mi mente. Me tocaba clases con la profesora Kearney, alargando una inhalación me di la valentía de entrar sin preocupaciones, pero una voz me impidió que lo hiciera.

—Hasley. —La voz pronunció firme mi nombre y me giré para encarar a la persona—. ¿Te has enterado de que Matthew tiene nueva novia?

Karla, una chica de piel bronceada me miraba fijamente junto a otra, eran unas de las porristas del equipo de rugby, el perteneciente a Zev. Sus miradas eran burlonas así como sus sonrisas, quise volcar los ojos pero me contuve.

—No me interesa —masculló entre dientes.

—Tanto le dolió que le fueras infiel que a la semana ya se había buscado a otra —se burló ignorando por completo lo antes dicho por mi parte—. Se nota lo reemplazable que puedes llegar a ser.

Y su comentario por alguna razón dolió. Obtuve una postura más firme y apreté las mangas de mi sudadera intentando no querer ir contra ella y estampar mi puño contra su rostro, aunque sabía que no lo haría por el simple hecho de que era débil y que la agresividad no era parte de mí. Algunas personas ya estaban presenciando la escena y no quería que otro escándalo más se armase.

—Te dije que no me interesa —repetí en un balbuceo con mi voz ronca.

—¿Qué se siente que te reemplacen, Hasley?—reafirmó mi nombre, volviendo a ignorar lo que dije—. Por fin se deshizo de la basura, ¿no es así?

Aunque esta vez no dejé que siguiera.

—No, no lo hizo porque aquí sigues, maldita perra.

Se escuchó un coro de "uh" y su boca se abrió al igual que sus ojos, me miró indignada para que, después, la furia gobernara su rostro y ponerse roja del enojo.

—Me las vas a pagar —siseó a cascarrabias, para darse la vuelta e irse de allí.

Las miradas se posaron sobre mí y me arrepentí de haber dicho lo anterior, así que opté por lo primero que mi subconsciente me gritó: huir. Girando sobre mi propio eje entré al salón de clases, en donde mi cuerpo se heló, pues el rubio ya hacía presencia y su rostro tenía una media sonrisa que se fue desvaneciendo en un fruncido de labios poco a poco. Agradecí en mis adentros al notar que no éramos los únicos en el aula, así que rápidamente tomé mi asiento y esperé a que la profesora llegara.

Mi día estaba comenzando con el pie izquierdo y aseguraba que no terminaría con el derecho.

Y lo confirmé cuando a la cuarta hora ya no pude soportar a otro profesor regañándome por mi distracción y falta de concentración. Resignándome, me fui hasta el campo para poder liberarme un poco de todo, desvaneciendo todos mis recuerdos y echando mis preocupaciones hacia el fondo de mi cabeza.

—¿Si sabes que lo que estamos haciendo está incorrecto?

Al frente de mí, Neisan repitió una vez más, volviendo a enarcar unas de sus pobladas cejas. Se había unido a mi escapada cuando me vio cruzar la puerta que daba hacia las canchas y no era la primera vez que pasaba algunas horas de fuga conmigo.

Bajando la mirada inflé una de mis mejillas mientras con una voz baja le susurré un porqué, aunque ya tenía la repuesta por mi cuenta, solo quería seguir matando el tiempo.

—No está bien que faltes a clases, Hasley, y yo no debería estar pasando la hora contigo —se lamentó dando un respiro hondo—. Esto ya se está haciendo una costumbre.

Tirando de la hierba del campo, desinflé mi mejilla, aún sin contestarle le devolví la mirada, sus ojos tropezaron con los míos y lancé un poco de los residuos que había arrancado a su dirección. Él torció sus labios e hizo tronar su lengua indicando que mi acción le disgustó, sin embargo, solo se sacudió. Aún en silencio de mi parte, el chico estiró unas de sus piernas colocándose con ellas en forma de v y volvió a hablar:

—Deberías de hacer algo por ti misma —pronunció ladeando la cabeza, le dediqué una arqueada de cejas y él echó una risita—. No te ofendas, pero te ves pésima.

—Lo sé —hablé después de mantenerme callada desde que mi trasero y el del chico habían tocado el pasto.

Desvié mis ojos a lo lejos del campo, el cual se encontraba por completo solitario, sin ninguna persona andando por allí. Dediqué unos cuantos segundos más a ver la nada, dejando que el aire fresco de invierno diera contra mi cara, causando que mi piel se erizara, pero lo pasara por alto. De nuevo, la voz intranquila de Neisan volvió a irrumpir.

—¿En qué tanto piensas? —inquirió, su voz suave más el acento británico me hacía querer pedirle que me cantara una canción para que yo pudiese dormir.

Volviendo mi vista hacia sus ojos, me quedé en silencio nuevamente. Frunciendo los labios me encogí de hombros, aunque supe que eso no quería como respuesta cuando me miró con recelo, así que opté por dejar a un lado mi personalidad borde y comenzara a entablar una conversación sana con el chico que me había estado ayudando estas semanas.

—Creo que no hace falta decirlo, Neisan —mascullé comenzando a tirar de la hierba otra vez—. Sé lo que quieres decir. Vamos, sé directo.

Neisan dio un suspiro exagerado, relamiendo sus labios negó unas cuantas veces para darme una sonrisa a medias. Mis ojos miraban los suyos fijamente y, aunque probablemente la bajaría en un momento, la sostuve hasta que entreabrió sus labios para hablar.

—Falta algo en tu mirada —indicó recibiendo un fruncido de cejas por parte de mí—. O quiero decir, alguien.

—¿De qué hablas? —pregunté solicitando a mi rostro que mostrara una mueca de confusión, pero lo rechazó.

—Necesitas a Luke. —Fue directo—. Siempre lo has hecho.

Mi rostro se puso serio y sentí mi mandíbula ponerse tensa, bajando la mirada negué unas varias ocasiones. Mis dedos se entrelazaron unos con los otros, comenzando una pequeña guerra de nerviosismo; mi mejilla derecha se infló y volví a negar dejando que una pequeña risita llena de inquietud saliera de mis labios.

—Estás loco, Neisan.

—Hey, soy con el que más tiempo pasabas del equipo después de Zev, claro está. —Recordó acercándose un poco más a mi anatomía—. Puedo intuir lo que pasa por tu mente y lo único que puedo decirte es que vayas, lo busques y arreglen las cosas —susurró sin perder el tono firme en su voz—. Hasley, mírame —pidió y cedí—. Los dos se necesitan en estos momentos.

—Ya no hay nada que yo pueda hacer, él no olvidará tan de pronto mi acción y me perdonará —musité sintiéndome pequeña ante los ojos oscuros del chico.

—Oye, oye, ¿tan poco lo conoces? Luke es un gran chico y tú lo debes saber —aseguró.

En ese momento, la pregunta que mi mente había estado procreando desde hace algunos meses hizo presencia y el letrero de lotería apareció ante mis ojos.

—Neisan —lo llamé—. ¿Desde cuándo Zev conoce a Luke?

La pregunta llegó tan de repente que observé cómo sus pupilas se dilataron, pasó su lengua unas cuantas veces por sus labios y acomodó una postura más firme a la de antes; apreciaba cómo su cuerpo se había puesto tenso por mi demanda, no se esperó eso y, siendo honestos, yo tampoco.

—Para ser exactos, hace como dos años —confesó. Ahora fruncí mi ceño y solo bastó eso para que él prosiguiera—. Zev conoció a Jane, la prima de Luke, en alguna fiesta. Ellos comenzaron a salir, aunque era como una relación fantasma, es decir, casi nunca se le veía con la chica. Él hablaba maravillas de Jane, pero nunca se mostraron como algo formal. Poco más tarde, Zev ya se hablaba con Luke, ya que Jane le había contado sobre su primo. Algo peculiar es que a Luke le importaba una reverenda mierda su prima, todo sucedió tan rápido. Los dos se comenzaron a hablar hasta que se llegaron a conocer más de lo normal, las cosas marchaban de maravilla, no fue hasta que Jane engañó a Zev.

La explicación de Neisan me dejó un poco aturdida y, aún uniendo las cosas lo más rápido que pudiese, intenté descartar varias partes. Cuando tuve mi rompecabezas casi armado, supe que faltaba más. Algo no encajaba aquí entre ellos y supe de qué se trataba cuando mi boca se abrió para inquirirle.

—Pero, ¿por qué Zev y Luke se dejaron de hablar?

—Porque el rubio sabía que Jane había estado engañando a Zev casi desde que empezaron aquella relación y él nunca dijo nada —respondió torciendo sus labios—. Ya sabes, es su prima, la familia es lo primero. Ahora Zev vive con un pequeño resentimiento hacia Luke, aunque él lo niegue.

—¿Cómo es que yo nunca me enteré? —En aludido dejé salir.

—No sé. —Neisan se encogió de hombros—. Lo más probable es que se debe a que su amistad igual fue fantasma o el simple hecho de que todo eso pasó en cinco meses.

—Ohh... —solté—. Eso fue lo que ocurrió.

—Sí, tengo mis razones para defender a Luke, es por eso que te digo que no es mala persona, solo necesita ayuda, como todos alguna vez.

Mi menté rápidamente se volcó al tema principal con el que habíamos empezado y quise huir de la escena en ese momento, pero era imposible, así que me limité a negar, nuevamente.

—No puedo —dije en un farfullo—. No puedo ir y decirle que me perdone así de la nada, escuchar lo que hablan los demás me lo impide, hace que se vuelva aún más difícil.

—¡Al diablo con la gente! ¡Al diablo las personas y sus malditas opiniones! —gritó alzando sus brazos al aire—. Tienes que decidir por ti misma, ver por tu bien sin tener que meter el qué dirán de las personas. Al final siempre será tú mierda y la de ellos es su problema... No puedes renunciar a alguien que está en tus pensamientos todos los días.

—Neisan... —pronuncié su nombre con un tono como si le rogase, intentando que se detuviera. Él no cedió.

—Hasley, eres tú y no es egoísmo, es bienestar propio. Tú vas a decidir, ellos no van a arreglar tus problemas, ¿entiendes? Deja de pensar en los demás, deja de pensar en Matthew y Zev. ¡Al diablo con ellos igual! Y si quieres, ¡al diablo conmigo también! Solo tú tienes la decisión y la tienes que tomar lo antes posible. Nunca sabes en qué momento podría ser demasiado tarde y cuando te des cuenta de la realidad, te vas a lamentar. Si tú eres feliz, hazlo; si eso te llevará a tu bien, tómalo; pero haz lo que tú creas que es correcto y recuerda que, hagas lo que hagas, va a estar bien, si así tú lo deseas. No puedes vivir atada a los susurros de los demás, a las suposiciones o a las acusaciones que te ponen, no puedes. Sí quieres algo, levántate, búscalo y consíguelo. —Él se acercó hasta mí y tomó mis manos entre las suyas haciendo que nuestras miradas se profundizaran aún más—. Porque, Hasley, lo único que cae del cielo es la lluvia, el granizo y los rayos.

Sus ojos oscuros miraban los míos azules, tenían una pizca de comprensión. Lo que había dicho me dejó prácticamente muda, dijo todo lo que necesitaba para poder darme las fuerzas necesarias y, aunque mi miedo no me dejara hacer las cosas que deseaba, ahora se estaba eliminando por cada palabra del chico.

Cerró los ojos unos cuantos segundos, los volvió a abrir, colisionando de nuevo nuestra vista, dando un suspiro con pesadez tratando de tranquilizar su respiración frenética y exaltada. El pelinegro se alejó de mí a una distancia considerable, por muy minúsculo que fueran los segundos, los estaba aprovechando cada uno en ese instante.

—Y si Luke es tu felicidad, corre y búscalo, por más estúpido que suene.

Al terminar de decir aquello, retirando algunos cabellos de su frente, se puso en cuclillas para levantarse y tomar su mochila, me dio una última mirada que gritaba hazlo y emprendió camino lejos de mí, desapareciendo del campo y dejándome ahí con todas sus palabras revoloteando en mi cabeza una y otra vez, siendo un mismo caleidoscopio con imágenes y sonidos claros ante mí.

Dirigiendo mi vista a la hierba, pasé mis dedos sobre esta. El recuerdo de Luke regresó a mi mente y, sintiéndome tan débil, di un respingo.

Reprimí las ganas de querer ir a buscarlo en ese momento y, ahogando mis deseos de sentir sus brazos alrededor de mí, me dejé caer de espaldas al pasto. No buscaba la forma de cómo presentarme ante él con mi cara de imbécil y después de haber actuado tan borde.

Suspendería economía. La imagen del señor Abbys diciéndome que me vería en vacaciones hacía de mi comida un desagradado total: malas notas más una suspendida equivalía a mi madre horrorosamente enojada.

La cafetería no era mi lugar favorito en esos instantes o creo que, sinceramente, nunca lo fue; solo me gustaba estar aquí por la compañía de Zev y sus amigos, los cuales ahora comían a dos mesas de donde yo me encontraba y ni hablar de Matthew, que en una de las esquinas a la derecha estaba toda su revolución.

Por el rabillo del ojo podía ver cómo Ciara Palmer estaba sentada a su lado mientras lo abrazaba del brazo; una que otras veces su mirada se posaba en mi diminuto y mal cuidado cuerpo, mientras en mi interior gemía porque la desviase hacia otro punto.

Mis manos tocaron el licuado de chocolate que tenía en frente de mí para llevar la pajilla a mis labios y sorber un poco de él. Esperaba a que Neisan llegase, sí, también me acompañaba en el almuerzo; apenas terminaba y me iba, él regresaba con los suyos, aunque creía que esta vez no sería así.

Sentí cómo mi estómago gruñó al momento que el esquelético cuerpo de Karla se posicionó en frente de mí. Mi boca se secó y di un suspiro alargado.

—¿Ahora qué quieres? —Mi voz no ayudaba en nada, salía en un murmullo como si estuviera intimidada. Y bueno, quizás así era.

—Que me vuelvas a repetir lo que me dijiste en la mañana. —Su voz era serena y no había ninguna pizca de furia.

—¿Es en serio? —articulé.

La chica rodeó la mesa y se detuvo a un lado de mí, me dio una sonrisa y asintió. Nuevamente, ya varios alumnos se encontraban a nuestro alrededor.

—Sí, vuélvelo a repetir.

—¿Para qué? —solté incrédula, no entendía a qué se debía esto.

—Créeme que si no lo haces, te vas a lamentar por toda tu mediocre vida —dijo aún con su sonrisa.

—Estás loca, Karla.

Decidida me levanté de la silla, dejando mi licuado de chocolate en la mesa. Ella me dio una mirada recelosa y se hizo a un lado, acción que creó mi cara de confusión, aunque lo ignoré por completo. Lo único que quería era salir, no quería verle otro segundo más, pero fui tan ilusa. Al instante que quise pasar por su lado, metió su pie causando que yo cayera.

Esto no podía ser real.

Miré dolida a Karla que sonreía con autosuficiencia, sus ojos desprendían felicidad y mi dignidad estaba igual que yo: en los suelos, aplastada y destrozada.

—¿Por qué lo haces? —susurré sin aliento.

Ella se acercó un poco a mí y susurró.

—Te dije que me las ibas a pagar. —Volvió a la distancia de antes y continuó con mi humillación—. No te bastó con Matthew y Luke, ahora estás enredando a Neisan. Matt hizo bien en mandarte al diablo, ahora sin amigo y sola, ¿qué se siente? —gesticuló, su voz sonaba tan orgullosa que me daba asco, pena y rabia. ¿Por qué demonios no me levantaba y defendía?—. Vamos, Hasley, cuéntanos, dile a todo el instituto lo que se siente ser una completa zorra y que, a causa de eso, ahora estés sola, aunque pensándolo...

Ella no pudo terminar con su discurso a mi desolación cuando alguien más la interrumpió.

—No. —La voz de Luke sonó a mis espaldas—. Mejor cuéntanos tú cómo mierdas fuiste la puta personal de Alexis Debian o, mejor aún, cómo estuviste entre las sábanas de Paul Grigohl, aun sabiendo que mantenía una relación con Yolanda. Vamos, Karla, creo que lo tuyo es más emocionante que lo de Weigel.

Lo último resonó por toda la cafetería creando un silencio para después darle paso a los murmullos. Los ojos de Karla miraron al rubio con muchas emociones, desde sorprendida hasta espantada. De pronto, su piel bronceada se puso pálida. Sabía que estaba detrás de mí, pero me encontraba en un estado de shock que no me atrevía siquiera a voltear sobre mi hombro.

—¡Es una completa mentira lo que estás diciendo! —chilló.

—Podré ser un *"drogadicto"* como muchos de aquí me llaman, pero mentiroso…. —Luke dio una risita—. Oh, cariño, eso no lo soy.

—Deja de mentir, solo estás delirando con pruebas que has de estar creando —atacó poniendo una postura firme.

—¿Quieres apostar? Aunque igual no las necesito, no porque sepas jugar a la zorra oculta quiere decir que eres la mejor.

—Dices mentiras solo para defenderla. ¡Mierda, Luke!

De pronto volví a la realidad cuando me apuntó, aún seguía en el suelo. ¿Qué demonios pasaba conmigo? Pero todo se esfumó al momento de sentir el cuerpo de alguien junto a mí, no necesita ver para afirmar de quién se trataba.

Luke me ayudó a ponerme de pie y en ese microscópico tiempo, sus ojos hicieron contacto con los míos. Su brazo rodeó mis hombros, y aquella sensación de protección que no había sentido hace mucho tiempo regresó, se hizo tan presente que quería llorar por tenerla de vuelta.

—No las necesito. Tú, terceros y yo sabemos perfectamente que es verdad.

Mi vista colisionó con los ojos avellana de aquel chico que me defraudó. Entre el tumulto de gente nos miraba cauteloso y, a su lado, Neisan me miraba con una sonrisa reprimida.

—Escúchenme bien todos... —habló. Su voz se volvió dura, fría y seca—. El que se vuelva a meter con ella tenga en mente que se mete conmigo, ¡bola de imbéciles! Hasley no está sola, nunca lo ha estado ni lo estará. —Los ojos de Luke fueron a la dirección de Zev y siseó—: Yo no soy el tipo de personas que promete quedarse y fingir conocer a una persona para que al final termine huyendo como cobarde.

Después de eso me llevó con él fuera de la cafetería, quedando en completo silencio. Una vez más me había sacado de una tortura; una vez más había demostrado que estaba ahí para mí; una vez más había cumplido su palabra, su promesa. Luke siempre estaba para mí.

Al detenernos me di cuenta de que nos encontrábamos en las gradas donde lo había conocido y la nostalgia invadió todo mi ser, aquello hizo que un sollozo se escapara de mis labios.

—Silencio. —Luke susurró cerca de mí y el toque eléctrico recorrió por todo mi cuerpo—. Te dije que siempre iba a estar para evitar que caigas, aunque creo que llegué un poco tarde.

—Creo que te lo tomaste muy literal —mencioné en un tono muy bajo.

Él dio una pequeña y diminuta risa causando que yo lo hiciera de igual manera.

—¡Demonios! —jadeó—. Extrañé tanto tu sonrisa.

Pasé el dorso de mi mano por mi nariz y miré cautelosa sus ojos. Y yo extrañaba tanto poder verlos a tal distancia, lo necesitaba tanto que aquel sentimiento dolía. Sus ojos en ese momento brillaban y me tomé el descaro de apreciar su rostro: el aro de su labio ya no era negro, ahora era plateado y la poca barba que hacía presencia lo volvía más lindo de lo normal.

—Lo siento, lo siento —repetía entre llanto. Poniendo mis manos en su pecho bajé la mirada, incapaz de seguir observándolo—. Jamás me arrepentiría de haberte conocido, todo lo que dije...

—Cariño —me interrumpió tomando con unas de sus manos mi mentón—. No hay nada que perdonarte, estabas asustada... Lo estás.

—Creí que alejándome de ti todo sería más fácil, pero resultó ser peor —confesé—. Lo lamento tanto, por decirte todo eso aquel día. Soy una egoísta que no pensaba en el dolor que causaría para ambos.

—Aunque me digas que me aborreces, lo tanto que me odias y me lastimes de la peor manera, ten por seguro que te seguiré amando, en esta vida y otras mil más.

Me odié en ese instante por no decirle que yo igual y todo lo que sentía cuando estaba junto a mí. Luke me abrazó, proporcionándome su calor, su seguridad y su protección, haciendo de ese momento uno de los mejores, el mejor. Al momento de enrollar mis brazos en su torso, reprimí un gemido. Podía sentir sus costillas, había bajado mucho de peso y no pude evitar que la culpa me carcomiera de nuevo sintiéndome aún pésima.

Sus manos, que reposaban en mi cabello, bajaron para tomar mis mejillas e hizo que lo mirase directamente a sus ojos eléctricos, estos se hacían profundos gracias a las ojeras que reposaban alrededor de ellos, haciéndolo lucir cansado de todo.

—No tienes una idea de lo que roto que me pone al verte así —admitió en un murmuro—. Soy tan jodidamente débil cuando se trata de ti.

—Te quiero, yo realmente te quiero —murmuré.

Antes de que yo pudiese decirle mis sentimientos, me besó.

No era nada apresurado, era lento, con una sincronización increíble, donde no había ningún roce de lengua, nada de morbo; un beso tan inocente y cálido, que podía sacarte el alma y hacerte sentir la persona más afortunada del mundo; uno en donde sus labios acariciaban de una manera tan suave los míos tratando de no quebrarme, como si yo fuera la porcelana más frágil del mundo.

Sintiendo su frío aro de mental rozando mi labio superior, di un respingo, atrapó entre sus labios el mío y se mantuvo así por unos segundos, besó la comisura de mis labios. Aún con sus manos sobre mis mejillas, regresó a ellos y dio otro beso, los acarició y bajó una de sus manos a mi cintura, ladeó su cabeza procurando que yo tuviese más acceso a él y así fue, enviando pequeñas sensaciones a mi sistema nervioso, pasé mis manos por su cabello, sintiéndolo áspero y largo, dio un jadeo y se detuvo. No se apartó, pero tampoco siguió. Se mantuvo así.

—Tengo miedo —musitó—, porque tú significas todo para mí y trato de ser lo mejor para ti, en serio que lo intento, pero a la vez no quiero que ames el desastre que soy y caigas conmigo, no quiero encerrarte en mi boulevard de los sueños rotos.

Y ahora fui yo quien lo abrazó, sintiendo el mundo entre mis brazos, odiándome por todo lo que ocurrió, pero dejando en claro que lo quería demasiado.

Capítulo 26

Hasley

—¡Weigel, corre!

Pasando a mi lado, Luke gritó aquello. Le di una mirada confundida, dejándole en claro que no entendía a qué venía eso pero él en lugar de detenerse, solo volvió a gritar entre risas.

—¡He tocado el timbre de una casa!

Oh, maldito.

—¡Estás loco, Howland! —reproché mientras comenzaba a correr lejos de allí.

Eso había sido tan infantil, sin embargo, era chistoso en algún punto oír a Luke riendo. Hizo que yo lo hiciera de igual manera. Él, al ver que mi velocidad disminuía, tomó mi mano haciendo que obligara a mis piernas ir más rápido, sentía cómo mis músculos empezaban a arder y tirarme al suelo era una de mis ideas principales.

Habíamos decidido ir al callejón, aunque el cielo comenzó a teñirse de un gris triste que preferimos ir a casa. Fue tan estúpido el tan solo decidir venirnos caminando hasta mi casa, ya que esta estaba demasiado lejos. Luke venía haciendo bromas y fumando uno que otro cigarrillo.

—No vuelvas a hacer eso —reprendí al rubio una vez que comenzamos a caminar con paso normal.

—Dios, Weigel, fue divertido —chasqueó con una sonrisa lobuna.

Le lancé una mirada diciéndole que no lo fue y él alzó las manos en forma de inocencia. Empecé a caminar por la orilla de la banqueta de

211

concreto mientras extendía los brazos, mi equilibrio no era para nada bueno, pero hacía el más grande de mis intentos. Escuché como Luke rió.

—Recuerdo que eso hacíamos mi hermano Zach y yo —susurró a mis espaldas. Me detuve, girando sobre mis talones lo miré—. Mamá solía decirnos que nos caeríamos y podría haber un accidente con los automóviles, siempre ha sido muy paranoica.

Me sentí mal en ese momento por haberle recordado aquellos acontecimientos de su vida. Su cara tenía una sonrisa, una melancólica, miraba hacia el fondo de la calle. Succioné mi labio inferior hacia adentro y traté de que sus ojos y los míos se encontraran.

—No quise recordártelo —murmuré apenada.

—No tienes que preocuparte, casi ya no duele como antes, he aprendido a sobrellevar las cosas —confesó y prosiguió—. Lo he hecho gracias a ti, contigo las cosas duelen menos, pero no cuando vienen de ti. Si entiendes, ¿verdad?

Mordí mis labios y bajé la mirada comenzando a sentir el ardor en mis mejillas. Me estaba sonrojando por dos cosas, una de ellas era por su confesión y la otra porque sabía a qué se refería con lo último.

Sentí las frías yemas de Luke rozar con la piel de mi barbilla, al instante que alzó mi cabeza me sonrió, el hoyuelo en su mejilla se dignó a aparecer y no pude evitar devolverle la sonrisa.

—Todo está bien, ¿de acuerdo? —pronunció.

Asintiendo lo rodeé con mis brazos mientras ocultaba mi cabeza en su pecho, pero tan pronto ya nos veíamos corriendo de nuevo, la lluvia estaba empapándonos por completo, ambos nos enfermaríamos. Estaba lloviendo en invierno y el fresco clima no era bueno en estos momentos. De repente, el chico se detuvo y comenzó a palpar sus bolsillos.

—¿Qué ocurre? —pregunté al ver su acción.

—¡Mierda, mierda, mierda! —maldijo varias veces—. ¡Mi cajetilla se ha mojado!

—¡Luke! —farfullé—. ¡Podrás comprarte otra!

—¡Pero ahí van más de diez cigarrillos sin encender! —se quejó—. ¡No son gratis, Weigel!

—¿Quieres apurarte? —mofé irritada—. ¡Hay frío!

Luke gruñó y a cascarrabias continúo corriendo. Al llegar a mi casa entramos rápidamente, Luke se apoyó contra la pared y se dejó caer al suelo tiritando del frío, no lo culpaba, yo estaba igual o quizá peor.

—Voy por unas toallas —avisé y subí rápidamente a mi habitación.

Tomé dos de mi closet, al girarme de nuevo hacia abajo di un pequeño brinco al ver que Luke se encontraba en el umbral de mi puerta enredado con una cobija, mordía su labio, en la parte donde yacía aquel arito plateado de metal. Ya era costumbre por parte de él.

—¿Dónde la conseguiste? —inquirí apuntando aquella tela de color roja de algodón.

—Estaba en el sillón. —Se encogió de hombros y se adentró a mi habitación para sentarse en la orilla de mi cama.

—Mi madre me va a matar —jadeé y él esbozó una sonrisa. Rodé los ojos y le tendí la toalla, él la tomó y se quedó quieto en su lugar sin tratar de secarse—. ¿Pasa algo?

—No —murmuró—. Oh bueno, sí, pero... no quiero que te pongas dramática, ni mucho menos sientas lastima por mí, ¿bien?

—Bien —afirmé extrañada por su actitud.

Luke dio un suspiro profundo y a continuación se quitó la playera, donde pude ver de nuevo el tatuaje que acompañaba a la ruleta. Sin entender aún, le dediqué un entrecejo fruncido; él puso su dedo índice sobre sus labios indicando que guardara silencio y, seguido, se dio la vuelta. Entonces comprendí: de nuevo tenía algunos golpes en su espalda.

Llevé unas de mis manos a mi boca y reprimí un jadeo. Aún no entendía por qué su padre le hacía eso, o siquiera cómo podía seguir mirándolo a los ojos. ¿Cómo podría llamarse a un padre haciéndole eso?

Di pequeños pasos hasta acercarme a Luke y analicé cada moretón que había allí, se podían ver con mucha claridad, el color morado con verde resaltaba fácilmente ante su pálida piel.

—¿Duelen? —pregunté a Luke mientras ceñía con mi dedo índice una de las marcas que había.

Lo tenía al frente con el torso completamente desnudo y sé que en otras circunstancias estaría nerviosa, aunque esta vez era diferente. Quería interrogarle por aquellos golpes en su piel, sabía quién era el causante de cada uno, pero quería saber el porqué de ellos.

—No tanto —confesó observándome por encima de su hombro.

—¿Seguro? —pregunté insistente. Sin embargo, Luke se dio la vuelta conectando su mirada azul con la mía y asintió con el semblante vacío.

Di un suspiro pesado, dándole a entender que no le creía pero también que no insistiría. Había descubierto que Luke tenía el mal hábito de mentir para no verse débil frente a mí. A pesar de que ya tuviéramos una buena relación y nos entendiésemos bien, no daba su brazo a torcer con su carácter de macho alfa.

—Deberías irte a bañar —sugerí cambiando de tema, ya que el ambiente se había puesto incómodo y el silencio había reinado.

—Weigel, ¿tratas de decirme que huelo mal? —dijo fingiendo estar ofendido mientras alzaba unas de sus cejas.

—¡No! —chillé negando unas cuantas veces—. Solo que tienes aún agua de lluvia y te puedes enfermar, yo igual lo haré.

Él me regaló una sonrisa y después con su pulgar acarició mi mejilla provocando que mis ojos se cierren por inercia.

El tacto de Luke era el roce más cálido que había podido sentir, tal vez era porque venía siendo de él; la sensación más maravillosa que mis entrañas podían sentir cada vez que enviaba aquellos toques de electricidad o pequeñas vibras por todo mi cuerpo. Su piel contra mi piel se había hecho algo tan necesitado y no de aquella forma con perversidad sino de aquella sana y tierna, aquel roce que no se puede describir de tan perfecto que es, Luke Howland me hacía sentir así.

Sentí cómo sus labios tocaron mi frente, estaban secos y fríos, aunque se sentían igual de bien; con él todo se sentía bien. Poco a poco, abrí mis ojos dejándome ver aquella poca barba sobre su mandíbula picaba sobre mi nariz, causando que la arrugara y gruñera.

—Me haces cosquillas —balbuceé. Luke se alejó unos cuantos centímetros de mí y rió—. ¿Quieres algo de comer? —ofrecí, él volvió a asentir, viéndose como un niño pequeño.

—¿Dónde está el baño? —preguntó viendo por toda la habitación.

—Es esa puerta de color crema —mencioné obvia apuntándole. El chico solo alzó sus manos en forma de inocencia—. Iré al baño de mi madre.

Me dirigí a la puerta para salir de la habitación, cuando estuve a punto de abrirla, Luke haló de mi brazo haciendo que girara sobre mí mismo eje y, sin previo aviso, pegó sus labios a los míos. No me importó nada, rápidamente puse mis manos en su cabello, enterrando mis dedos entre ellos y jalándolos; él pasó unas de sus manos por mi cintura y la otra se posicionó en mi mejilla haciendo de este beso más profundo y, joder… ¡Se sentía magnífico!

Mi espalda tocó la pared y la mano de Luke bajó hasta mi pierna haciendo presión. Supe que tenía que detenerlo, aunque no fue necesario porque él lo hizo.

—Gracias —susurró.

—No hay de qué —respondí de igual manera.

—Ahora bajo —avisó dándose la vuelta para caminar hasta el baño.

Me quedé viendo su espalda, no me agradaba la idea de que su padre abusara de él en aquel aspecto, detestaba a ese hombre sin siquiera conocerlo.

⌇

Ser buena en la cocina no era algo que yo fuera. Luke miraba el platillo que tenía enfrente de una forma extraña con la cabeza ladeada.

—¿Sopa instantánea? —preguntó ahora echando su cabeza hacia mí y con el ceño fruncido.

—Es lo que me hago cuando tengo frío —defendí.

—Estas demente, Weigel.

—¡Solo come! —chillé golpeándolo levemente con una almohada y él rió.

Agarró la cuchara y comenzó a comer, solté una risa al ver como una mueca se formó en su cara.

—¡Diablos! ¡Me quemé la lengua!

Luke Howland, eres un idiota.

El ojiazul me dio una mirada fulminante y se tocó la lengua. La vista que tenía de él me gustaba, su perfil era demasiado lindo. ¿Acaso todo en él era perfecto? Porque para mí lo era.

Su cabello rubio aún seguía mojado, haciéndolo lucir de alguna manera más atractivo de lo normal, pequeñas gotas rebeldes resbalan por la parte de sus sienes. Él pasó unas de sus manos por su cabello, causando que me salpicara, ante el impacto solo pude cerrar los ojos y soltar un jadeo en forma de quejido.

—Eso es por no decirme que estaba caliente —Luke gruñó—. Se me entumió la lengua.

Comencé a dar estruendosas carcajadas ante lo dicho, esto era divertido, su rostro era como el de un niño pequeño cuando está indignado y no quiere que lo toques. Él frunció sus labios y blanqueó los ojos para mirar hacia otro lado.

—Era obvio que estaba caliente. —Apenas pude articular.

—Cállate, Weigel.

Cubrí mi boca para intentar detener las carcajadas, pero era inevitable, mucho menos cuando su rostro era de alguna forma graciosa ante mí. Él volvió su mirada y negó unas cuantas veces. En un segundo, ya estaba en el suelo con Luke encima de mí haciéndome cosquillas.

—¡Detente! —exclamé intentando alejarlo.

Me estaba quedando sin aire hasta que Luke, por fin, se detuvo y, esta vez, quedando encima de él, nuestras respiraciones eran demasiado rápidas. Mi oído estaba apoyado sobre su pecho, oyendo claramente cómo su corazón latía frenéticamente.

Era impresionante cómo en ese corto tiempo podía olvidar todo lo que había pasado hace unos días atrás, como con Luke nada importaba, solamente éramos él y yo, y tal vez, solo tal vez, siempre fue así: solo los dos. Me hacía sentir bien, siempre me sentía así con él, a su lado. Era como mi protección, mi seguridad y mi paz.

Todo estaba en silencio, solo se oía el sonido de la lluvia que comenzaba a caer. Escuchaba aún sus latidos, si nada más, y no era un ambiente incómodo, era un silencio en donde no tienes que decir nada porque simplemente es reconfortante, es nítido, aquel tipo de silencio que puede decir más cosas que uno mismo con palabras, de esos por los cuales aparecen para que los sentimientos fluyan, aunque en un momento tenía que ser roto y fue por Luke.

—Weigel. —Su voz sonó tan ronca y su pecho vibró sintiéndolo en mi mejilla.

Alce mi mirada azul hacia la suya, esos ojos eléctricos me miraban serios pero a la vez tan penetrantes, estaban completamente brillosos. Este era Luke, mi Luke.

—¿Sí? —pronuncié en un murmullo.

Hubo tan solo unos segundos de silencio hasta que su boca se abrió, soltando en un suspiro las palabras perfectas:

—*Te amo.*

Y juro que en ese momento mi corazón se detuvo para después comenzar a palpitar con rapidez rítmica. Jamás me imaginé que Luke diría aquello, no así, no en un momento como este. Probablemente quisieras oír ese te amo en el instante perfecto pero... allí me di cuenta de algo y es que solo era especial si la persona de quien viniese lo era.

—Yo también te amo, Luke.

Y sí, ese día también supe que había caído completamente en Luke Howland.

—¿Qué clase te toca? —El ojiazul preguntó apoyando su hombro en el casillero a lado del mío.

—Cálculo —respondí sacando y metiendo libros de mi mochila al casillero.

—Ugh —gesticuló—. Entonces te deseo suerte, me voy a escuchar los valores y morales del humano.

Reí ante eso y negué, Luke estaba a punto de irse hasta que lo llamé haciendo que volteara. Me puse de puntitas para poder estar a su altura y le di un beso.

—Suerte para ti también. —Le regalé una sonrisa y él igual.

—Eso me gustó —confesó entrecerrando los ojos y se alejó.

Si me viera a mí misma podría verme con una completa cara de boba, de eso estaba muy segura. Regresé a mi casillero para cerrarlo y bajando mi mirada hasta mi mochila oí aquella voz que hizo erizar mi piel.

—¿Ya estás con Luke?

—Eso a ti no te importa —masculló entre dientes.

—Solo es una pregunta sin ninguna intención, Hasley. —Matthew rodó los ojos.

—Una que no se me da la gana de responder —mofé—. Me tengo que ir a mi clase.

—Hasley... —sentenció.

—Ya basta —hablé firme sujetando la correa de mi mochila—. Yo ya te dejé en paz. No me he vuelto a meter contigo. Ahora hazlo tú.

Decidida a darme la vuelta e irme a mi aula sin tener que soportarlo más, él volvió a hablar, pero entre sus planes no estaba que solo los dos lo escuchásemos.

—¡Al menos debiste engañarme con alguien mejor! —siseó en un grito que se oyó por todo el pasillo.

Enojo. Sí, en ese instante solo esa emoción me invadió. Por lo cual, no supe cómo ni en qué momento me veía dando un gran paso hacia él y en un corto tiempo mi puño ya estaba chocando con su rostro.

—Luke es mil veces mejor que tú —indiqué entre dientes y giré sobre mis talones para irme de allí.

Capítulo 27

Hasley

Los dedos de Luke rozaban mi mano y, cortando la pequeña brecha entre ellas, las entrelazó. En su otra mano llevaba un cigarrillo, dando pausadas caladas para expulsar después el humo. No me gustaba el olor, pero cuando el humo se combinaba con su perfume me resultaba de alguna forma maravilloso.

—Pareces chimenea —comenté meciendo nuestras manos.

—Y te encanta —sonrió de lado.

—Narcisista —ataqué.

—Lenta. —Se acercó hasta mi oreja y la atrapó entre sus dientes causando que diera un gélido gruñido.

—No hagas eso, me da cosquillas —reprendí pero él no me hizo caso—. ¡Luke!

Se alejó de mí y por un instante creí que se daba por vencido pero me equivoqué, aún con nuestras manos entrelazadas, me jaló hasta su cuerpo y con su otro brazo me abrazó enterrando mi cabeza en su pecho, sentí el frío metal de su arito hacer contacto con la piel trasera de mi oreja y dejó un pequeño beso allí. Hacía cosquillas y enviaba pequeñas sensaciones a través de todo mi cuerpo, estaba erizando mi piel, dio una pequeña risa y mordió mi lóbulo.

—Ya detente —jadee, pero él seguía sin obedecer—. Pushi...

Al instante que dije aquello, se separó de mí, me miró con el ceño fruncido y torció los labios.

—Ni se te ocurra —advirtió—. Suficiente tengo con la perra de mi prima llamando y enviándome mensajes las veinticuatro horas diciéndome así para que lo hagas tú también.

—Pushi suena a nombre de gato —confesé—. ¿Por qué te dice así?

—Es una larga historia —gruñó.

Se quedó en silencio durante unos segundos para después soltar una carcajada.

—¿Qué es divertido?

—Jane lo es —respondió—. Siendo honesto, he pasado gran parte de mi infancia junto a ella, es mi única prima y la quiero a pesar de todo —admitió alejándose de mí—. Puede ser muy cínica y dura, pero es una gran chica, quizá juega con los sentimientos de los chicos, aunque tiene sus razones, es por eso dejo que haga de su vida una mierda. Sin embargo, la defiendo de cualquier cabrón.

Antes de que pudiese pensarlo dos veces, la pregunta salió de mi boca.

—¿Es por eso que nunca le dijiste a Zev que lo engañaba?

Mierda.

Quise meterme ahí mismo una cachetada por estúpida. Luke me miró aturdido y movió sus labios de un lado a otro, pensando en mi cuestionamiento, hizo lo mismo los últimos diez segundos y habló:

—Con que ya lo sabes... ¡Vaya!

—No como yo esperaba pero sí, lo sé.

—Pues sí, preferí no decirle a Zev porque Jane me lo suplicó. —Dio un suspiro—. Ella siempre me ha ayudado en lo que puede, por eso me vi con la obligación de callarme.

—Entiendo...

—No, no entiendes, amor.

—¿Por qué lo dices?

—Porque los sentimientos que se sienten en cada tipo de relación son diferentes y los míos con Jane no se comparan al de nosotros. Este último es más fuerte.

Sonreí.

Luke tomó una última calada para tirar la colilla al suelo y aplastarla, seguido palpó sus bolsillos y sacó una pequeña bolsa. Supe que era al ver el polvo blanco dentro de ella.

—Si sigues así, te matará —sentencié.

No mencionó nada, solo me regaló una curvatura de labios. Se burlaba. Le di una mirada fulminante y bufé volcando los ojos. No entendía por qué Luke quería eso. De hecho, en ocasiones, no entendía nada de lo que viniese de él. Si de algo no me equivoqué es que la palabra incógnito lo definía demasiado bien.

—De acuerdo, pero ¿mínimo puedes evitar hacerlo en frente de mí?

Tenía razón. Podía hacerlo pero no lo haría porque ambos sabíamos que él no querría que yo me fuese.

—Yo no te estoy reteniendo, te puedes marchar —agregó jocoso.

Luke se sentó sobre la acera de aquella calle vacía donde se podía sentir el ligero viento. Me percaté que cogió sus llaves, tomando el amuleto en forma de periquito con su cola plana para coger un poco y esnifar. La regresó a su bolsillo. Relamí mis labios y tragándome todo el orgullo me senté a su lado.

—He oído de ti últimamente por los pasillos del instituto —mencionó para romper el silencio y con un toque irónico finalizó—. Eso es nuevo.

—¿Sobre mí? —pregunté, extrañada, volteando a verlo.

—Seh —chasqueó sacando de su pantalón una cajetilla y cogió un cigarro.

Al parecer Luke consumía de todo, no le importaba en dónde y cuándo, solo lo hacía como si de un dulce se tratase.

El tabaco no me extrañaba. Ante los ojos de la sociedad eso era algo común, lo cual solía ser triste. Sin embargo, el que quisiera consumir todo al mismo tiempo, aun así fuese un día al mes, era mucha carga para su débil cuerpo.

—Así que le has dado un buen golpe en la cara a Matthew. —Me miró esbozando sonrisa.

—Algo así —musité apenada—. Dicen que se ve más atractivo con él.

—Quizá —confesó y fruncí la cara.

—¿Debería sentirme mal?

—No. —Me sonrió de lado—. Pero al menos ya entiendo por qué tu nombre resonaba por todos los pasillos nuevamente.

—Creen que soy patética. —Reí sin ganas.

—¿Sabes? —Él me miró—. Deja que se reían de lo patética que creen que eres, al final de cuentas todos terminamos igual. —Dio una calada a su cigarro y dejó escapar el humo—, en un boulevard de los sueños rotos.

Nuestros ojos se quedaron fijos durante varios segundos, para después mirar hacia al frente y él volver a dar una calada, inflé mi mejilla izquierda y comencé a dar pequeños golpes a mi rodilla con la yema de mi dedo índice. Aún no entendía el significado de su frase.

Luke

—¿Qué piensas hacer? —André indagó.

—Explotar tu gran trasero —respondí.

—Quiero conservar mi trasero si no te importa —dijo divertido.

—¿Tienes un encendedor?—pregunté mirándolo—. El mío se ha ido a la mierda.

—¿Para explotar mi trasero? —Arqueó una de sus pobladas cejas.

—No seas imbécil —farfullé.

Él dio una estruendosa carcajada y buscó en su bolsillo trasero de su pantalón.

—Una cita con fuegos pirotécnicos —mencionó estirando su brazo con el encendedor en sus manos, lo tomé sin quitar mis ojos de los suyos—. Eso es raro, Luke. ¿A dónde irán?

—Hablas mucho, André —reproché pasando mis manos por el rostro—. La voy a llevar a las afuera de la ciudad, si no regreso en veinticuatro horas es porque estoy en la cárcel.

—Prometo sacarte. —Alzó una de sus manos y reí negando.

—Bien, entonces me voy —avisé poniéndome la cazadora y el casco.

André alzó su pulgar sonriente y me subí a la motocicleta, le di una última mirada al chico y aceleré para dirigirme a la casa de Weigel. El aire daba directamente a mi rostro, debería ponerme el casco, pero lo detestaba, era demasiado incómodo conducir con él puesto.

Las cosas con mi padre se habían vuelto un poco menos tensas y más cómodas, los insultos en la casa cesaban, pero me seguían obligando a ir a mis citas de psicología. Blodie hacía las cosas bien, el hecho de que me gustase consumir marihuana se trataba de mí y no lo demás. Dependencia quizás. Es por eso que palabras llenas de sentimientos no harían que yo cambiase de opinión tan fácilmente.

Es difícil dejar algo cuando ya estás acostumbrado a ello.

Pensaba en que a veces las cosas dan un giro de una manera tan inesperada, que ya te encuentras en el borde de tu vida. Es el momento exacto en donde te encuentras pensando en ti pero ese no era mi caso; en el borde de la mía, me encontraba pensando en Weigel.

Esfumé todo tipo de pensamientos cuando detuve la moto en frente de la casa de la chica, me quité el casco y guardé bien la cajetilla que se asomaba en la parte superior de mi bolsillo comenzando a caminar hasta la puerta. Con mis nudillos di unos cuantos golpes suaves, la puerta se abrió revelando a una mujer con los mismos ojos de la chica, ella me sonrió.

—Señora Bonnie —pronuncié con la comisura de mis labios un poco elevados.

—Buenas noches, Luke —asintió—. Hasley está arriba, ahora baja, ¿vas a pasar?

—No, gracias —negué tratando de no sonar tan grosero.

—Vaya... —La mujer iba a hablar cuando la voz de su hija sonó a sus espaldas.

—Ya estoy lista —avisó.

La pelinegra salió cuando su madre se abrió paso, solo aportaba consigo unos tejanos junto a un suéter gris, era tan sencilla, ante mis ojos era la chica más linda y no sabía por qué la veía de tal modo o tal vez sí, amaba todo de ella. Amaba a Hasley.

—Espero y se cuiden. —Bonnie sentenció y asentí.

—Estará bien —afirmé y la mujer me miro, sostuvo mi mirada por un largo tiempo para después sonreír. Ella giró sobre su mismo eje y se adentró a la casa, sin antes, despedirse cariñosamente de su hija.

Hice contacto visual ahora con Hasley y tomé de su mano para caminar hasta la moto; me subí primero poniéndome el casco para después ella hacerlo, sus manos se entrelazaron delante de mi abdomen, así los dos obteniendo seguridad por parte del otro. Al acelerar, sentí cómo apoyaba su mejilla sobre mi espalda. A causa de eso, mis ojos se cerraron, dando un suspiro los volví a abrir, sonreí, aunque ella no pudiese verme y comencé mi recorrido.

El camino tardo unos veinte minutos. Era el mismo lugar en donde la había traído aquella noche en la furgoneta, en donde le había confesado lo enamorado que estaba. Bajamos y empecé a buscar la bolsa entre los arbustos hasta que di con ella, hurgué dentro para sacar algunas cosas, sentía la mirada de la chica sobre mis acciones. Al tener todo en el suelo, su voz se hizo presente.

—¿Esos son...?

—Sí —afirmé antes de que pudiese completar su pregunta—. Habías dicho que nunca has encendido fuegos pirotécnicos, así que esta noche será tu primera vez.

Levanté uno y se lo extendí, su mirada estaba llena de entusiasmo, lo tomó de entre mis manos y lo examinó unos cuantos segundos, me acerqué a ella en una sola zancada.

—Bien, hay que meter esta parte en el pasto —señalé la parte inferior—, para que la parte superior apunte al cielo y ya solo se enciende el mechón.

—¿Cuántos has traído?

—Menos de diez. ¿Quieres encenderlos todos o uno por uno? — pregunté levantando unos cuantos más del suelo.

—Primero la mitad —indicó.

—Me parece perfecto. —Esbocé una sonrisa—. Son ocho, comienza a posicionarlos en una fila.

Obedeciendo lo hizo, reí al ver lo infantil que se veía, blanqueé los ojos empezando a ayudarla. Al terminar, le indiqué que se alejara un poco, saqué de mi bolsillo el encendedor de André y encendí cada uno.

Me levanté rápidamente y me puse detrás de Hasley, bastó tan solo unos segundos para que estos comenzaran a dispararse hacia el cielo, eran de colores diferentes, azul, rojo, amarillo y rosado.

—Otra vez, otra vez —rogó una vez que estos terminaron de esparcirse—. Pero esta vez yo quiero encenderlos.

—¿Segura? —Alcé una de mis cejas y, ahora, ella asintió—. Bien.

Repitiendo todo el proceso, le pasé el encendedor. Me aseguré de que lo hiciese con cuidado, cuando terminó con todos la tomé de los hombros y la llevé a unos cinco metros lejos, los fuegos volvieron a explotar, creando un contrastante entre ellos.

—¡Esto es hermoso! —chilló riendo.

Dejé de prestar atención al cielo y me concentré en mirar a la pelinegra con una sonrisa siendo plasmada en mi rostro. Me sentía malditamente feliz. La risa de Hasley era uno de mis sonidos favoritos, la manera en que sus ojos se achicaban, sus pómulos se abultaban y sus labios se movían eran una de las tantas cosas que me gustaba y amaba de ella.

¿Cómo una persona puede llegar a ser tu fuente de felicidad?

No tenía una respuesta clara, pero sabía que era de alguna forma tan incomprensible, solo constaba en que esa persona fuese feliz para que tú también lo fueras, que ella sonriese para que tú tuvieses una razón de hacerlo también.

Sus ojos veían fijamente las luces de fuego que se esparcían por el cielo, creando pequeñas semejanzas de constelaciones. Su mirada era entretenida, el iris de sus pupilas creaba un hermoso arcoíris, desprendían mucho brillo. Era la iridiscencia más hermosa que hubiese visto y, lo más único, es que estaban claramente en sus ojos, luciendo aún más lindo de lo que ya eran y haciéndola a ella perfecta.

Di un suspiro y la rodeé con mis brazos por detrás, ella hecho su cabeza sobre mi pecho y puse mi barbilla sobre esta misma.

—Gracias. —Pude escuchar que susurró.

—De nada —murmuré. Bajé la cabeza hasta su oído y volví a hablar—. Aunque creo que soy yo quien debe darte las gracias.

—¿Por qué?

—Por darme esperanzas, porque cuando estoy contigo me siento malditamente completo —confesé—, porque esta noche soy demasiado feliz y tú eres la razón de que me sienta así. Te amo tanto, Hasley Diane Derrick Weigel.

Besé detrás de su oreja.

Ella volteó a verme, su mirada era cautelosa, queriendo saber más de mi frase y esto era lo que odiaba la noche: me hacía decir cosas que no haría en las mañanas, pero se trataba de la chica que tanto amaba. ¿Qué podría perder?

Y a pesar de que fuera muy malo amando, tuviese tantos defectos que hasta yo mismo me aterraba, aún sabiendo que estaba un poco roto, que era la delgada línea entre lo malo y echado a perder, tuviera una mala relación con mis padres, aún no tuviese un futuro asegurado pero, sobre todo, que yo fuese todo lo opuesto al chico perfecto. Ella susurró esas perfectas palabras, esas tan cortas y pequeñas, pero que te hacían sentir más vivo que nunca.

—Yo igual te amo, Luke Howland Murphy. —Acarició desde el cabello que se ocultaba detrás de mi oreja hasta llegar a mi barbilla—. Que si esto fuera un pecado, no me importaría, podríamos hacer del infierno un buen lugar, juntos.

Me miró tan penetrante y solo fue unos segundos para que se acercase a mí, tomando mis hombros, y sus labios tocaran los míos.

Oír aquellas palabras pronunciadas por parte de ella me hizo tener todas mis esperanzas completas, tener motivos para seguir y terminar con toda esta mierda; sentía cómo mi presión volvía a ser la misma y mi corazón se aceleraba. Jamás pensé que algún día me sentiría así y aunque en momentos inoportunos no me había sentido bien, honestamente hoy sí. Oh, maldita sea, vaya que se sentía muy bien.

Muchos decían que era horrible, quizás hacerle caso al pesimista que dice que el amor es una gran mierda era una solución para huir de las decepciones al corazón, pero no. Hasley me hacía ser tan optimista, que ahora estoy aquí con ella y no sé a dónde diablos ir, pero siempre dependía de quién se tratase, como fuera la relación y se sostuviese.

Me alejé de ella unos centímetros y con una vacía expresión junté nuestras frentes, respiré hondo y cerré los ojos.

—Weigel, somos tan perfectamente imperfectos —musité cálido.

Duramos unos cuantos minutos así, en un completo silencio, solo oyendo nuestras propias respiraciones, el aire colisionando contra nuestra anatomía. Solo los dos. Era hora de irnos. Sin decir nada, la tomé de la mano entrelazando nuestros dedos.

Me dirigí con ella a la moto. Antes de colocarse el casco, Weigel se volteó, sus celestes ojos me miraron con sumo detenimiento. Mi semblante estaba serio, no mostraba ni un gesto que no fuera el mismo vacío; la tomé de la cintura y el pequeño espacio que había entre nosotros, proporcionando un poco de aire, fue cortado cuando me acerqué a sus labios nuevamente. Ella dio un paso hacia atrás chocando con la moto, sin detener el beso, la chica se sentó sobre esta, con mi rodilla abrí sus piernas para poder tener una mejor posición.

Delineé con la punta de mi lengua sus labios, aunque ella tomó mi *piercing* entre sus dientes, ganando un gruñido de frustración por mi parte; profundicé más el beso, ladeé la cabeza para tener más acceso a su boca. Subí con mis dedos su suéter haciendo contacto con su tibia piel, se puso tensa al sentir mis fríos dedos, acaricié con estos su cintura, llevé más mi toque hasta su espalda, sintiendo su columna para llegar a la parte más alta. Ella gimió entre nuestros labios y, de igual manera, yo también.

Mierda, me tenía que detener.

Mordí su labio y, antes de separarme, gruñí. Retiré mi mano de su cuerpo y la observé, su rostro estaba completamente rojo, quizás de vergüenza o pena; en cambio, yo estaba caliente. Joder. Mis hormonas ya se habían alterado con tan solo un simple beso y toque.

—Perdón si te hice sentir incómoda —susurré, aunque de pronto, ella comenzó a reír y la miré confundido—. ¿Qué ocurre contigo?

—Todo está bien, Luke —pronunció.

—No, no lo está. Es obvio que tendremos sexo pero no aquí. ¡Hay tierra! —dramaticé y ella soltó una carcajada.

—¡No! —chilló y cubrió su rostro con ambas manos—. ¡Eres un idiota, Howland!

—¿Me estás negando el sexo? —Abrí la boca y fingí estar indignado—. Mi vida sexual ha estado inactiva durante un largo tiempo.

—Eres un cínico, Luke —reprendió avergonzada.

Me incliné para rozar nuestras narices, antes de volver a mi posición, dejé un beso en su frente.

—Un cínico al que amas —musité parcial.

—Uno que no ha tenido sexo durante un largo tiempo —dijo de igual manera acompañada con un timbre de diversión.

—Cállate —dije juguetón y la volví a besar.

Capítulo 28

Una vez más halé del brazo de Luke intentando que entrara y él soltó un quejido.

—Estás loca si crees que entraré allí —murmuró entre dientes.

—Oh, vamos —supliqué de nuevo.

—Nunca he entrado a una iglesia o, bueno, quizás sí, pero no quiero hacerlo ahora. —indicó y ordenó—: ¡Suéltame!

—Lo harás —sentencié y me miró durante unos segundos.

—No sé para qué demonios quieres que entre —bufó—, pero está bien.

Soltó un suspiro y se liberó de mi agarre, sin rechistar más, entró. Caminó entre el pasillo del lado derecho y optó por sentarse en unos de los asientos del fondo, intenté no decir nada al respecto, al menos había tocado el suelo de la iglesia.

—Es una cita, bobo —articulé mirándole con una sonrisa.

—Entonces, esta es la cita más rara que he tenido en mi vida —confesó en un murmullo.

—Silencio —susurré y besé su mejilla.

Él alzó las manos y miró hacia el frente. Ni siquiera yo tenía idea del por qué lo había traído hasta aquí, pero al menos los dos escucharíamos la misa y de alguna forma esto era gracioso para mí y molesto para él, comenzábamos a molestarnos mutuamente.

Toda la misa pasó entre reclamos y gruñidos por parte de él, aunque en un determinado tiempo todo terminó y Luke salió de allí como si su vida dependiese de ello.

—Weigel, tienes prohibido hacer citas para nosotros —indicó caminando con cierta rapidez.

Rodé los ojos y traté de seguir su paso detrás, caminaba demasiado rápido para mí; mis pequeñas zancadas en comparación de las suyas era una muy grande diferencia.

—¡HOWLAND! —grité para que se detuviera y lo pudiese alcanzar.

—Esta me las vas a pagar —amenazó mirándome con recelo.

—Me gusta cuando te enojas —vacilé.

Luke me dio una sonrisa cínica y me rodeó para abrazarme por detrás pasando su brazo por mi cuello, rozó su barbilla por encima de mi cabello haciendo pequeñas cosquillas y causando que yo me removiera.

—Esto es por lo que has hecho.

Y antes de que yo pudiera comprender lo que hacía o al menos hablar, él mordió mi mejilla.

—¡No! —chillé y dio una gran carcajada.

—Y ese es el comienzo.

Sonrió lobunamente, metió sus manos a los bolsillos de sus tejanos y, de nuevo, comenzó a caminar.

Moviéndome incómoda entre mis sábanas, una voz cálida sonó cerca de mi oído; ignorando por completo el acontecimiento me enredé más entre mi sabana. Sin embargo, no bastó menos de un minuto cuando sentí mi cuerpo siendo sacudido por alguien tomando de mis hombros.

—Weigel, despierta —dijo en un cantito.

Entreabrí mis ojos con pesadez para ver a una persona sobre mí, quise entrar en pánico hasta que su voz hizo presencia de nuevo, la poca luz que entraba a mi habitación hizo que pudiese verlo. El cabello rubio de Luke desprendía brillo gracias al umbral de la luna, sus ojos se cernían por toda mi cara y una sonrisa se plasmaba en la suya.

—¿Qué haces aquí? —murmuré soñolienta pasando mis dedos sobre mis ojos.

—Acompáñame, vamos —indicó levantándose de la cama.

Aún un poco aturdida, lo miré con el ceño fruncido. Estiré mi brazo hasta tomar mi celular entre mis manos para poder ver la hora. Él debía de estar bromeando.

—¡Son las tres de la mañana! —grité en un susurro—. ¿Esta es tu venganza? ¿Hacer que me castiguen?

—Quizás —dijo cínico—. Aunque eso lo hace más emocionante —sonrió divertido—. ¡Ven!

—¿Cómo entraste?—demandé.

—Tu madre debería cerrar la ventana de la cocina —mencionó dirigiéndose a la puerta, pasó unas de sus manos por su cabello intentando acomodarlo y negué.

—¡Estás demente! —chillé bajo y dio un pequeña risa—. ¡Guarda silencio, Luke!

—Apresúrate, Weigel —ordenó saliendo de la habitación.

Relamí mis labios unas cuantas veces para que pudiese asimilar que Luke se encontraba en mi casa a las tres de la madrugada, había entrado por la ventana y me estaba pidiendo que lo acompañase a no sé dónde. Esto era una completa locura, el chico estaba mal de sus capacidades en estos instantes.

Sin embargo, mi mente echó todo hasta el fondo, y no me pude retractar cuando ya me veía levantándome de la cama e ir directo a mi closet, con rapidez me puse la ropa que tuviese a la mano y haciéndome una coleta fui en busca de Luke, en donde pude encontrarlo de pie cerca de la ventana que se encontraba en la cocina, su anatomía era ceñida por la tenue luz que le aportaba la calle.

—¿Qué estás haciendo? —pregunté entrecerrando los ojos por el ardor que causaba aún el efecto del sueño.

No contestó, solo teniendo como respuesta por parte de él fue ver cómo salía por ventana, me quedé incrédula ante su acción y estúpida con la pregunta en la boca, pero me sentí aún más cuando crucé de igual manera la ventana, era tan patética en casos donde se involucraba Luke, me estaba insultando mentalmente por ello y ya me veía en frente del chico nuevamente.

Aun ignorándome comenzó a caminar en dirección a la calle y, siendo muy obvio, lo seguí con pasos pequeños. Sí me madre viese esto ahora mismo me estaría encerrando en mi habitación, y aunque había la posibilidad de que me castigara, aquí me divisaba haciéndome camino al rubio. Supe hasta dónde llegaríamos cuando pude observar su motocicleta siendo aparcada sobre la banqueta, aquello podía involucrar una multa.

—¿A dónde se supone que vamos? —inquirí tomando una posición firme cruzándome de brazos pero, una vez más, volvió a ignorarme. Irritada, hablé tajante—: Demonios, Luke, dime.

—¿Ya te he dicho que haces demasiadas preguntas? —En cambio, él, lucía tan divertido y fresco. Metió sus manos a los bolsillos de sus tejanos y prosiguió—. Solo déjate llevar por el momento —pronunció, pero al ver que mi expresión no cambiaba, decidió volver a hablar—.Hey, ¿confías en mí?

Di un gran suspiro y deshice el cruce de mis brazos.

—Luke, lo hago...

—Entonces solo confía, créeme que lo que menos quiero es que te ocurra algo —musitó interrumpiéndome con una mueca en su rostro.

—Está bien —accedí rendida, por consecuencia, él sonrió dejándome ver aquel hoyuelo que tanto me gustaba.

—Sube —me indicó.

Él lo hizo primero para después hacerlo yo de igual manera, pasé mis manos alrededor de su abdomen y enredé mis dedos para poder sentir un poco más de seguridad. Luke dio una pequeña risa cuando coloqué mi mejilla sobre su espalda, y volví a sentir la pequeña vibración de esta.

—Conduciremos lo más lejos que podamos, donde solo estemos tu y yo.

Terminando de decir la oración, aceleró y comenzó a conducir por las calles oscuras y un poco vacías de la ciudad, el aire frío erizaba mi piel, creo que haberme puesto unos shorts no había sido una buena opción, aunque la campera si lo fue. El sereno de la noche caía sobre nosotros aportándonos un poco de sensaciones poco agradables.

Fue un largo recorrido, y lo supe cuando me di cuenta de que estábamos fuera de la ciudad, lo árboles deshojados se mecían, y el único sonido que podía oír era el del viento colisionando contra nuestros cuerpos, así también, el que procreaba el de las llantas rodando sobre el duro pavimento de la carretera.

La moto se fue deteniendo poco a poco, hasta que Luke tuvo que poner su pie para poder sostenerla y bajar el soporte. Dudosa, ante todo, mordí mi labio y bajé de igual manera, él aún seguía en su misma posición.

—¿Ocurre algo? —pregunté dejando que el tono preocupado en mi voz se hiciese presente.

—Se ha calentado el motor. —Me miró con una sonrisa torcida y yo le di una mirada incrédula—. Tendremos que caminar.

—¿Qué? Has de estar de broma.

—Claro que no. Vamos, Weigel —animó bajándose.

—¿Dejarás tu moto aquí? —gesticulé aún sin creer lo que decía.

—Trataré de adentrarla un poco más entre los árboles —explicó comenzando a moverla—. Espérame un momento.

Opté por no protestar, tenía la incertidumbre de que si decía si quiera algo, él lo pasaría por alto, eso había estado haciendo desde que me despertó, ignorando mis peticiones y preguntas. No tenía idea alguna sobre qué era lo que intentaba hacer o lograr, pero qué más daba. Mi lado capcioso evaluaba los movimientos del chico, el lugar parecía un sitio demasiado lúgubre, teniendo como raciocinio la sensación de miedo por mi parte.

Si esta era su venganza por hacerlo entrar a la iglesia, estaba en un momentáneo instante desquiciado. Esto podría ser peligroso pero, por supuesto, a Luke Howland no le estaba importando en lo absoluto.

El rubio desapareció de mi vista y no pude evitar expulsar un jadeo de pánico ante la situación, intentando calmar mis pensamientos exhalé e inhalé varias veces, cuando volví a ver la figura del chico acercarse a mí, sentí de nuevo la sensación lúcida mantener en calma mi respiración y ser.

—Vamos. —Movió su cabeza hacia el frente indicando que caminara con él.

—Siento que en cualquier momento saldrá alguien y nos matará —dramaticé y Luke rio.

—Deja de ver películas mediocres —se burló y pasó su brazo sobre mis hombros.

—Estaré toda mi vida castigada si mi madre se da cuenta.

—Valdrá la pena. —Se encogió de hombros.

—Tal vez —susurré y él rodó los ojos.

Dos horas. Habíamos pasado dos horas caminando aquella carretera y aunque mis pies comenzaban a doler lo pasaba por alto. Luke sacaba conversaciones haciéndome reír, el cielo oscuro comenzaba a aclararse poco a poco y el frío aire dejaba de ser tan tenso.

—¿Pasarás Nochebuena en tu casa? —preguntó pateando una piedra.

Mecí nuestras manos entrelazadas antes de responderle.

Basándome sobre todo lo que mi madre me comentó que haríamos en Navidad, le respondí.

—Supongo que sí, mi madre me dijo que haríamos una pequeña cena para las dos. —Me encogí de hombros.

Él solo asintió haciendo un ruido extraño con su boca. En silencio, seguimos caminando sin dirección alguna, el aire que se colaba entre nuestros cuerpos era el juicio de la diminuta brecha que había allí. Fue hasta que Luke decidió romper el no tan agradable—silencio.

—Hasley... ¿Extrañas a tu padre?

Honestamente no me esperaba una pregunta de tal magnitud, ni siquiera se me había pasado por la mente que Luke se dignase a preguntarme sobre aquel hombre pero, ahora, en lugar de pensar por lo personal que fue esa pregunta, me encontraba divagando sobre la repuesta de ella.

—No sé —murmuré cabizbaja—. Supongo que no... He vivido más de quince años sin él, creo que ya me acostumbré.

—Sé que mi pregunta fue indiscreta, pero necesitaba preguntar, simple curiosidad.

Reí por lo bajo acordándome que esa era la razón por lo cual lo conocí.

Luke se detuvo causando que yo lo hiciera de igual manera, dando un pequeño paso hacia mí, llevó nuestras manos entrelazadas hasta su pecho y dio leves caricias con su pulgar a mi mano.

—¿Y lo has necesitado en algún momento?

Tragué saliva y dejé que un suspiro saliera de entre mis labios.

—Sinceramente sí, hay ocasiones en que necesito un apoyo paternal. A veces me he preguntado cómo se sentirá el amor de un padre.

—Vaya y yo que huyo del mío —ironizó rodando los ojos.

—Hey, Luke... —Golpeé levemente su hombro con mi mano libre.

—Estábamos hablando de ti —recordó—. Créeme que tu padre perdió a una persona demasiado valiosa.

Sentí cómo me sonrojaba que tuve la necesidad de bajar la mirada. No me sentía mal o melancólica en estos momentos hablando de mi padre.

—Lo mismo pienso, pero con mi madre —admití tronando la lengua—. La adoro, Luke.

—Y ella a ti —susurró cerca de mi oído—. ¿A qué edad se fue tu padre?

—Justamente cuando yo cumplí los dos años. —Inflé una de mis mejillas y proseguí—. La casa se siente vacía a veces, hay momentos en que mi mamá se siente sola y yo también, pero lo hemos superado juntas.

—Hasley, no estás sola, ¿lo sabes verdad? —Alzó su vista azulada hasta la mía y divagó con sus pupilas mi rostro—. Quizá te sientas así, pero nunca lo has estado y quiero que tengas en cuenta desde ahora que no lo vas a estar, estoy aquí y siempre lo estaré, solamente para ti.

Sentí mis ojos aguarse y no pude sostenerle más la mirada. Luke llevó mi rostro entre su pecho y murmuró algo que no pude entender porque me encontraba pensando, pensando en tanto. Me daba cuenta en ese instante que Luke daba y hacia todo por mí, desde que nuestros sentimientos se encontraron él trataba de que yo estuviese bien y feliz, sin que nada me dañara, aunque no siempre podía, admitía que hasta ahora había hecho lo suficiente.

—Prometo ser el hombre que siempre te protegerá —susurró—. Tal vez no sea el último hombre en tu vida, pero sí el primero y el que te amará más que a su propia vida.

Eso hizo que lagrimeara más y me sintiera la persona más afortunada de este mundo.

—Te quiero... —murmuré entre el lloriqueo.

—Yo lo hago aún más —contestó besando mi cabeza por encima de mi cabello. Se mantuvo unos segundos más así, hasta que volvió a hablar—. Tengo una idea... —canturreó—. Pasaré Navidad con vosotras.

—¿Qué? —solté incrédula—. Estás loco, no puedes dejar a tu madre.

Luke frunció los labios y asintió de mala gana.

—En eso tienes razón, pero... —Limpió mis mejillas que tenían esparcidas unas cuantas lágrimas y continuó—. Voy a tu casa y después me acompañas a la mía, podría presentarte a mi madre, igual a mi hermano mayor y su esposa —dijo con cierta emoción.

—¿Y tu padre? —inquirí una vez que me calme un poco, fruncí mi ceño y él bufó, sabía que no le agradaba la idea y tampoco a mí pero, después de todo, él estaría ahí y era su padre.

—Bien, conocerás al gran Jason Howland. —Blanqueó los ojos y comenzó a caminar de nuevo conmigo a su lado.

—Luke —lo llamé y él hizo un pequeño sonido con la boca indicando que yo continuara—. ¿En serio quieres que tu familia me conozca?

—Por supuesto que sí —dijo con una sonrisa—. Quiero que conozcan mi fuente de esperanzas y felicidad pero, sobre todo, a la futura madre de mis hijos.

Mis mejillas empezaron a arder y no pude evitar soltar una gran carcajada. Luke me miró con los ojos entrecerrados y traté de calmarme.

—¡Ay, Dios! —Una vez más, reí—. No empieces con tu futuro prometedor.

—¡Oye! No es un futuro prometedor.

—¿Ah sí? —Arqueé mis cejas y le regalé una sonrisa—. Entonces, ¿qué es?

Luke sin detener nuestra caminata, me miró penetrante y alzó la comisura de sus labios tratando de embozar una diminuta y disimulada sonrisa, para después hablar y dejarme perpleja ante eso:

—*Un sueño.*

Capítulo 29

Hasley

En una semana estaríamos en el mes de diciembre. A mamá le encantaba, aunque ¿a quién no le gustaba? Navidad, una de las épocas favoritas de casi todo el mundo. A ella le gustaba poner el árbol antes de que fuera primero de diciembre y acababa adelantado los detalles y la decoración en la casa.

—Hasley, ve sacando las esferas. —Ella indicó mientras elevaba las luce a la altura de sus hombros—. Iré por una extensión más larga.

Con las luces en sus manos, caminó hasta el fondo de la casa y desapareció de mi vista. Solté un suspiro agotador y, sin levantarme, tomé la caja con las esferas, eran de un color dorado con plateado, combinaba con la sala. Algunos adornos con forma de botas yacían colgados sobre los estantes, pues no teníamos chimenea.

Unos pequeños golpes provinieron desde la puerta principal y fruncí el ceño. Mamá no estaba cerca para abrir y eso implicaba que tendría que ponerme de pie para saber de quién se trataba. Gruñí por lo bajo y con pereza me levanté de la alfombra.

—¡Ya voy!—grité cuando volvieron a tocar.

Al momento de abrir, mi piel hizo contacto con la perilla, la pieza metálica estaba fría por lo cual envió un escalofrío por mi espina dorsal. Automáticamente, mis labios se curvaron y sentí una gran ola de felicidad.

—Espero y no sea un mal momento para venir. —Luke murmuró con una mueca—. Es solo que... en mi casa están discutiendo.

—No, para nada —negué y tomé su mano para incitarlo a entrar—. Mi madre está decorando para navidad, ¿nos quieres ayudar?

—¿Tan rápido? —preguntó incrédulo—. Falta una semana para que sea diciembre.

—Dile eso a mi mamá. —Reí. Luke negó con una sonrisa.

Él me miró y por inercia me sonrojé, dio un paso hasta mí y me envolvió en un fuerte y cálido abrazo, aspiré su olor varias veces y me sentí confundida. Esta vez no olía a marihuana, para nada. Ahora, era un olor a ropa guardada en algún rincón de su armario.

Enrollé mis brazos alrededor de su torso y ejercí fuerza, la cual no fue nada para él. Luke se separó de mí y besó mi frente, pude sentir cómo una sonrisa de formó en sus labios.

—Dime en qué quieres que te ayude —susurró.

Me alejé de él para ir a las cajas que anteriormente estaba abriendo y las apunté.

—Hay que sacar las esferas y quitarles el polvo que tienen. Mi madre ha ido por una extensión para poder conectar las luces y ponerlas alrededor del árbol.

—Está bien —asintió y cogió una caja para caminar con ella hasta el sillón de la sala.

—¡Ya la encontré! —La voz de la mujer irrumpiendo en el lugar hizo que ambos dirigiéramos la mirada a ella. Su vista tropezó con la de Luke y le regaló una sonrisa—. ¡Oh, hola!

—Buenas tardes, señora Bonnie —saludó él, poniéndose de pie—. No regañe a Hasley, fue mi culpa por no avisar que vendría. Disculpe.

—No te preocupes, hijo. ¿Quieres algo de tomar? ¿O de comer? Estaba haciendo chocolate caliente, ¿te gusta?

Yo carcajeé. No tenía ninguna duda de que a mi madre le agradaba Luke.

—Ajá —balbuceó—, quiero decir, si me gusta el chocolate caliente.

—Perfecto. —La mujer sonrió—. Traeré una taza para cada uno— avisó. Antes de que entrara a la cocina, me miró—. Diane, ¿por qué no invitas a Zev? Ya tiene como un mes que no lo veo por aquí.

Todo en mi interior se heló y me sentí un poco vulnerable al oír el nombre del castaño. Mi madre no sabía nada sobre todo lo que había ocurrido hace un mes, sobre el drama y mis ataques de lágrimas. Y honestamente no quería que lo supiese.

—Él... —inicié—. No creo que pueda. Está muy ocupado, ya tiene novia.

—¿Ya tiene novia? —Enarcó una ceja—. Vaya, no viene a visitarme y ya hizo de su vida toda una obra. —Rió negando—. Está bien, iré por lo que iba a buscar.

Yo asentí y dejé salir un gran suspiro. Caminé hasta Luke y me senté a su lado, sentía mis ojos arder avisándome que las lágrimas comenzarían a descender, los cerré al instante y sujeté mi cabeza entre mis manos.

—Tranquila. —La voz serena de Luke musitó cerca de mi oído—. Él es un estúpido.

Entreabrí mis ojos y giré mi rostro hacia él, quien me miraba con una pequeña sonrisa sin despegar sus labios.

Acercó su rostro al mío y besó mis labios, no fue uno duradero, tampoco uno donde nuestra piel chocase de una manera pegajosa, sino uno suave, sin ruido y lento. Un beso en donde él cierra los ojos y tú puedes mirar cómo las venas de sus párpados se hacen notables, donde sus pestañas se erizan y su nariz choca con la tuya.

—Te amo —murmuré mirándole y él aún con los ojos cerrados—, más de lo que creía que podía llegar a amar.

—Y gracias a eso, tú eres la razón más grande para que yo siga de pie —confesó volviendo abrir sus ojos.

Esbocé una sonrisa y dejé caer mi cabeza contra se pecho. Escuché cómo mamá entró de nuevo a la escena y nos acompañó, y ahí nos encontrábamos los tres hablando de cosas, la mujer siendo tan cálida con él y Luke sonriendo cada vez que algo gracioso se presentaba.

Y este era el Luke Howland que había descubierto. Sin embargo, amaba cada faceta de él, porque lo conocí en la peor, descubrí la más frágil, me enseñó la honesta y me dejó explorar la verdadera. Y en cada una de ellas, lo amé aún más de lo que ya lo hacía.

—Tú estás alto, hazlo —ordené apuntando la corona navideña—. Mi madre y yo somos bajas de estatura.

—De acuerdo, lo haré. —Elevó sus manos en forma de inocencia y cogió el adorno para acomodarlo en la puerta principal—. ¿Así está bien?

—Perfecto. —Mamá alzó los pulgares—. Terminen de acomodar el arbolito, voy a sacar los últimos adornos.

Luke formó un rostro incrédulo y yo reí.

—Tiene miles de ellos.

—Como que le gusta mucho la navidad, ¿no es así?

—¡No! ¿En qué te basas? —dije con sarcasmo y él carcajeó.

—Diciembre es un gran mes —afirmó, comenzando a colocar las luces alrededor del árbol—, tu madre hace que tenga vida y no sea uno común entre los doce meses del año.

—Ella es muy espontánea y alegre —admití. Lo ayudé en el proceso, las luces eran blancas y eso hacía resaltar las esferas—. Me gustaría que todo fuera así.

—A mí me gustaría que siempre fuera así —Rió con amargura y sentí una presión en el pecho al darme cuenta a que se refería—, pero al parecer ser infeliz es algo que ya tenía que ser desde que nací.

—No digas eso, Luke —lo regañé en un suspiro. Él no dijo nada por un buen rato, solamente se limitó a terminar de colocar las luces—. Me haces sentir mal —murmuré después de varios minutos en silencio—, como si yo fuera una pieza en esa frase —concluí.

Tomé algunas esferas y comencé a ponerlas. Luke se mantuvo de pie a un lado mientras solo observaba, por el rabillo del ojo vi que se relamió los labios y ser acercó hacia mí.

—No quise decir eso —reprochó—, es solo que suelo ser un idiota con las cosas que digo. Pero tú no entras en la frase "soy infeliz", en lo absoluto. Eres lo mejor en mi vida, eres esa razón por lo que soy y eres el motivo de todas las cosas buenas que intento hacer —sonreí enternecida y prosiguió—. Eres como mi navidad.

Mis mejillas se sonrojaron y me vi con la necesidad de ocultar mi rostro. Sentí su presencia aún más cerca y después como sus manos acariciaban mis brazos.

Alcé mí vista hasta él y sonreí.

—Te amo, Luke, con cada minúscula parte de mí.

—Estoy tan feliz de escuchar eso —confesó puliendo una sonrisa de oreja a oreja—. Ok, sigamos con esto de ponerle las ridículas esferas al árbol, apenas tenemos una mínima parte de ellas colgadas.

Asentí y proseguimos a decorar, había muchas esferas de diferentes tamaños y diseños, aunque el color era el mismo. Dorado y plateado.

Luke cogió la estrella y me miró, esa solía ponerla siempre mamá en la punta del árbol. Le gustaba mucho, la cuidaba tanto, ya teníamos como cuatro navidades con ella.

—Ponla en la punta —apunté con mi dedo y él siguió la dirección con sus ojos—. Trata de que la estrella mire en dirección a la sala y no a la puerta principal.

—De acuerdo.

Me quedé observando a Luke y me di cuenta de que su espalda comenzaba a ancharse, su cabello estaba creciendo y me reí en mi interior, le faltaba más glúteos, honestamente estaba algo plano.

Traté de no reír. Puse todo mi peso sobre una de mis piernas y me crucé de brazos, él solo estiró su brazo y pudo colocarla tan fácilmente, haciéndolo lucir algo muy simple.

Caminó de espaldas y se puso a mi lado mientras miraba la estrella, segundos después, buscó mi vista y me regaló una sonrisa haciendo notar su hoyuelo.

—Retiro lo que dije sobre que eras mi navidad —pronunció, no me dio tiempo de mirarlo mal porque agregó rápidamente—. Eres la estrella más brillante en mi navidad, aquella que me guía para salir del camino lleno de oscuridad.

Capítulo 30

Hasley

—¿Quieres hacer algo hoy? —le pregunté a Luke ladeando mi cabeza, pero él no respondió—. Hey, Luke —dije en un cantito mientras pasaba mi mano por su rostro.

—¿Ah? —Parpadeó un par de veces hasta mirarme bien.

—¿Me estás escuchando?

—Lo siento —se disculpó relamiéndose los labios.

—¿Ocurre algo? —Traté de sonar un poco suave, intentando que no se sintiera presionado por ello.

—No —negó unas cuantas veces.

—¿Estás seguro? —Levanté unas de mis cejas y él dio un suspiro intranquilo.

—Sí, lo estoy —afirmó rascándose la barbilla—. ¿Qué me estabas diciendo?

Atrapé mi labio entre mis dientes y decidí ya no insistir. Últimamente Luke había estado actuando raro, se desviaba fácilmente de nuestras conversaciones, como si estuviese pensando en algo que le preocupara demasiado y se iba sin decir alguna palabra, aunque no necesitaba explicaciones me preocupaba, porque tenía la pequeña incertidumbre de que su comportamiento se debía a algo mucho más personal y privado.

—Te preguntaba si querías hacer algo hoy... —murmuré por lo bajo, queriendo recordarle, aunque claramente él no lo haría porque no me había estado prestando atención.

—Honestamente no tengo ganas de salir, de hecho, quería retirarme, no me siento bien —explicó en un ligero suspiro en medio, dejándome un poco desilusionada.

Miró su bandeja de comida con disgusto, estaba sin tocar, ni siquiera su jugo había bebido. Con su mano la movió a un lado alejándola de su cercanía haciendo una mueca de disgusto.

—Luke —lo llamé. Él no se dignó a dirigirme la mirada, en cambio, solo hizo un sonido extraño con la boca para que yo continuara—. ¿Te ha hecho algo tu padre?

Esta vez, alzó sus ojos hasta los míos y pasó su lengua con rapidez sobre su labio superior.

—No. —Suspirando estiró sus piernas por debajo de la mesa, causando que sus pies chocaran con los míos y los regresó para levantarse de su asiento. Fruncí el ceño ante su acción y me susurró casi inaudible—: Nos vemos después.

—Espera —gemí deteniéndolo, tomé su mano por encima de la mesa y lo obligué a que me volviese a mirar—. ¿Qué tienes?

—Nada, Hasley —pronunció con mucha firmeza mi nombre y negó unas cuantas veces. Apretó sus labios formando una tensa línea y los volvió a abrir para hablar, claramente, irritado—. Tengo sueño, solo iré a descansar, luego te veo.

Por esta ocasión, no protesté para dejarlo ir quedando inaudita ante su contestación, sentía mi pecho aún encogido por la forma en que me habló, pero dolía aún más el hecho de que me había llamado por mí nombre y no por mi apellido como solía hacerlo. Se sentía realmente extraño. Luke con pasos rápidos desapareció por completo detrás de las puertas de la cafetería.

Quería decirle qué me había parecido la canción que hace tres días me pidió que escuchara. Era realmente hermosa, me encantó, la letra era magnífica y me enamoraba cada segundo. Esperaba a que él me preguntara sobre ella, pero no fue así. Observé la pantalla de mi celular que indicaba la hora para la siguiente clase, di un suspiro de cansancio y emprendí mi camino a mi aula.

$$\rightsquigarrow$$

Rezaba desde que entré al lugar para que él no estuviera ahí y que, solo por esta vez, la suerte estuviera de mi lado. Gracias al cielo, así fue. Mi respiración se tranquilizó y los nervios se detuvieron cuando pude ver solamente a la pelinegra, quien jugaba con unas cuantas servilletas desprendiéndolas entre sus dedos.

—¿Jane? —murmuré por lo bajo cuando me aseguré de que estuviera lo suficiente cerca para que me escuchara.

Su mirada azul se levantó haciendo contacto con la mía, su mandíbula se tensó un poco y elevó unas de sus cejas para después fruncir el ceño.

—¿Sí? —intentó afirmar, pero falló en el intento.

—Disculpa si te interrumpo —lamenté con la voz tranquila.

—Descuida —murmuró.

—¿Podemos hablar? —pedí haciendo una mueca de súplica.

—¿De qué?

A juzgar por su rostro podía ver que estaba un poco nerviosa como si mi presencia la incomodara y aunque no entendía por qué, intenté no tomarle tanta importancia. Jane tomó una profunda bocanada de aire y trató de tranquilizarse ante mí.

—Es algo privado —murmuré—. Se trata de Luke.

—Ah, Luke —soltó. Miró a su lado a un chico pálido con ojos grisáceos y habló por lo alto—. Dave, estaré por un rato fuera, intenta cubrirme.

—¿Y si no lo hago? —Él retó.

—Conocerás lo cabrona que puedo llegar a ser —gruñó burlona.

Dave soltó una risa y alzó el pulgar en forma de aceptación. Jane, sin molestarse, saltó por encima de la barra para estar al otro lado junto a mí. Me dedicó una sonrisa dándome a entender que comenzara a caminar, dirigí mi vista al suelo y comencé a hacerlo.

—¿Qué hizo, Pushi? —Ella inició y di una pequeña risa por el peculiar apodo.

—No ha hecho nada —confesé en una mueca.

—¿Entonces? —dijo en un tono confundido, la miré unos segundos un poco apenada.

—No te lo tomes a mal, pero quería pedirte el número de André, ya que tenía pensado hablar él. —Me abracé a mí misma e intenté decirlo sin que se sintiera ofendida—. Es su mejor amigo, creo que sabría lo que ocurre en él.

—Yo soy su prima y créeme, los tres hemos pasado mucho tiempo juntos, lo que sea que quieras saber te lo puedo decir... —Su voz se fue apagando y me miró seria—. Aunque, pensándolo bien, quizá tengas razón, hay cosas íntimas de hombres que entre ellos dos se cuentan y su machismo no deja que yo escuche.

—Gracias por entender. —Le dediqué una sonrisa, pero la desesperación me estaba carcomiendo por obtener una respuesta. Pasé las manos por mi rostro y ya me encontraba hablando—. Jane, tu primo me preocupa.

—¿Por qué? —musitó con el entrecejo levemente fruncido.

—Se distrae mucho, no sé qué ocurre en él. —Me apoyé en la pared y sentí mis ojos arder, no quería llorar, sin embargo, mi debilidad era más fuerte que mi resistencia—. Últimamente tiene un humor intocable, quiere que no me meta en sus cosas y no quiero imaginarme que esto se debe a que su padre lo... —Me detuve al instante cuando me di cuenta de lo que estaba a punto de decir, pero ya era demasiado tarde.

—Que mi tío lo golpeé —terminó por completo la oración. Di un asentamiento de cabeza entristecida. Jane dio una inhalación profunda y continuó—. No sabes cuánto detesto que haga eso, pero yo no puedo hacer nada. Luke no se esfuerza, suele fumar hierba siempre que algo no va bien como si aquello fuese la solución. Cuando discuten él se echa la culpa de la muerte de Zach y a pesar de que todos le hemos dicho que él no tiene nada que ver, no lo acepta, ¡es un testarudo de mierda!

—No sé qué hacer para ayudarlo —dije por lo bajo mirando el suelo.

—A veces no puedes ayudar a quien no quiere ser ayudado —citó, causando que yo mantuviera toda mi atención en ella—. Luke estará mejor con Pol, creó que es la mejor decisión que le he visto tomar.

—¿Pol? ¿Su hermano? —cuestioné confundida.

—Sí —afirmó—. Zachary era todo para él en esta vida, pero también está Pol y él lo quiere. ¿Tú qué piensas? ¿Crees que sea lo mejor? —Ella frunció los labios y me recordó al gesto tan característico en Luke.

—Bueno... —No sabía qué decir, porque no tenía idea de lo que hablaba, pero necesitaba saber sobre esto, podía intuir que era muy importante—. Pol es su hermano, pienso que es lo mejor.

—Yo también, irse fuera de Australia le hará bien a Luke.

Y en ese momento, sentí mi mundo caer.

¿Qué? ¿Esto era verdad? ¿Luke se iría de Australia? ¿Me iba a dejar? No podía creerlo, quería en ese momento decirle a Jane que me explicara, que esto fuera mentira, pero no podía ser egoísta, si esa era la solución para que su padre dejara de maltratarlo, lo aceptaría. Lo que más quería para Luke era que dejara de sufrir y encerrarse en aquellas sustancias toxicas.

Traté de reponerme de mi pequeño bloqueo mental y hacer como si no pasara nada.

—Espero y todo salga bien, estará en buenas manos con Pol. —Mi voz salió un poco quebradiza, así que decidí cambiar de tema rápidamente—. ¿Me podrías dar el número de André?

—Por supuesto —accedió sacando su celular para dármelo.

—Gracias, Jane. —Le regalé una sonrisa guardando de nuevo el aparato telefónico al bolsillo trasero de mis tejanos. Estaba a punto de irme, cuando ella me habló.

—Hasley...

—¿Sí?

—Luke te quiere demasiado. Por favor, no le rompas el corazón porque él confía mucho en ti.

Salí del salón de clases y caminé por los pasillos en busca de Luke. Me preocupaba, los últimos tres días de la semana había estado faltando al instituto, yo tenía conocimiento de que él solía saltarse sus clases. Pero eso era antes, en los dos últimos meses se estuvo esforzando en sus notas, aunque fuese algunas materias y llevarse a extra la cantidad que se permitían reprobar.

Me detuve en seco al divisarlo junto a una chica. Baja de estatura y pelirroja natural. Apreté mis labios, sintiendo una sensación desagradable.

En el tiempo que llevábamos juntos, no lo había visto cerca de alguna que no fuera su prima o yo. No quería aceptar que eran celos lo que sentía en ese momento al tener tal imagen frente a mí. Solo hablaban, nada del otro mundo.

Decidí ignorarlos y dirigirme a mi casillero en busca de mis cosas para mi siguiente clase. Me motivaba saber que ya terminaría el curso. Unas semanas más y sería libre.

Lo abrí y dentro de este, todo se encontraba desacomodado. ¡Dios! La organización no se quería adherir a mí ni porque me decía a mí misma que tener todo en orden me sería de mucha ayuda en algún futuro.

—Creo que voy a suspender tres materias.

Su voz rasposa y ronca sonó a mis espaldas.

Sin apresurarme, cerré mi casillero y me giré, queriendo preguntarle acerca de la chica. No pude. Mi pecho se encogió al ver su imagen, si antes lo había visto con muchas ojeras, esta vez fue peor; su piel estaba demasiado pálida, su cabello más roñoso, había un poco más de barba que la otra vez y sus cansados ojos estaban levemente rojos, no podía descifrar si era porque había estado drogándose o llorando.

Me dediqué a ignorar todo para abrazarlo, con mis pequeños brazos envolví su torso sintiéndolo tan indefenso y frágil, pero tratando de enviarle un poco de protección. En ese corto tiempo pude confirmar que olía a hierba. Y me sentí tan inútil cuando escuché su primer sollozo.

Tragué con dificultad y me alejé muy a cuestas de él, lo miré una última vez para ir directo a su pecho, traía puesto un buzo gris grande, sus manos estaban ocultas debajo de este. Sin avisarle, tomé su brazo alzando la manga y sentí la rabia e impotencia recorrer todo mi cuerpo.

—Tu padre tiene que detenerse —dije a regañadientes.

—Quizá cuando me mate lo haga. —Dio una risa sin humor y le di una mirada feroz—. Tranquila.

—No es gracioso, Luke. Y tampoco me pidas que me tranquilice sabiendo que tu padre es un completo inhumano —murmuré suavizando mi rostro.

—Oye, algún día todo esto acabará, no te preocupes, no por esta ocasión, ¿quieres? —pidió chasqueando la lengua.

Al oír eso supe a qué se refería y quería decirle sobre lo que Jane me había dicho sobre su decisión de irse de Australia, pero no pude, no quería invadir su espacio íntimo y privado. Tenía la esperanza de que me dijese en algún momento, porque sabía que lo haría. Confiaba en él.

—No ha sido él —confesó tras varios segundos en silencio.

Me aturdí.

—Entonces, ¿quién?

Luke se quedó pensando con la mirada perdida, tragó saliva al mismo tiempo que se llevaba una mano a su rostro, tallándolo lleno de frustración.

—Yo.

Parpadeé asintiendo, relamí mis labios, atrapando el inferior con mis dientes. A diferencia de otras veces, entendí perfectamente. Lo sabía. Lo supe desde aquella vez que vi esos moretones dibujados sobre su piel el día que me dio su sudadera en la fiesta.

Respiré hondo y exhalé entre pausas.

—¿Podemos ignorarlo? —pidió.

—No —me negué.

—Por favor.

—Luke, no lo haré.

—Por favor, no ahora —suplicó, mirándome con una sonrisa a medias.

Amor...

—Está bien —acepté decaída.

Yo ya no quise decir nada al respecto, ni siquiera volver a hablar por el momento, sin embargo, Luke lo hizo.

—¿Quieres hacer algo hoy? La verdad es que quiero salir, he estado encerrado en mi casa durante varios días.

—Por supuesto que sí, Luke. —Puse mi mano sobre su mejilla y la acaricié—. Pero, dime, ¿cuáles vas a reprobar?

Él soltó un bufido.

—Cálculo, Ciencias Sociales e... —Se detuvo, hizo un mohín y dio una risita boba—. Historia.

—¿Historia? —Reí—. ¿Quién suspende historia?

—¡Luke Howland! —se apuntó y reímos.

—Me gusta tu risa —confesé en voz alta.

—A mí me gustas tú —murmuró y se acercó a mi rostro para dejar un beso, ante tal modo, me sonrojé—. Oye, perdóname por haberte tratado como un completo imbécil hace una semana. ¿Ya te he dicho que eres muy irritante y formulas muchas preguntas?

—Desde que nos conocimos —respondí acordándome aquella vez que volvió a repetirlo cuando fuimos a la tienda de discos.

—Cuando nos conocimos —repitió y dio una fuerte carcajada—, te veías demasiado hermosa con aquella pasta dental en tu blusa.

—¡Oh, Dios! ¡Cállate, Luke! —Cubrí mi rostro con ambas manos.

—O cuando la trajiste al revés.

—¡Detente! —farfullé muy avergonzada.

—Te adoro con todo eso y tu pésima combinación de ropa.

—¡Eso es mentira! —me defendí.

—Oh, no lo es. ¿Ya viste los colores que usas?

—Uy, perdón por no vestirme completamente de negro como tú. —Me crucé de brazos.

—Deberías.

—Olvidé lo imbécil que eres —siseé.

—¿Quién me ha elegido?

Puse los ojos en blanco. El timbre indicando que las clases comenzaban interrumpió la discusión que manteníamos, apreté mis labios en una línea y di un suspiro. Sujeté con fuerza mi mochila, pero fue en vano porque Luke hizo una mueca y se acercó a mí.

—¿Qué haces? —pregunté extrañada al ver que me quitaba la mochila.

—Intentando ser caballeroso, ¿no ves? —habló obvio.

—¡No es necesario! —ataqué.

—¿Segura? —cuestionó arqueando una ceja.

—Segura —afirmé y dejó salir un poco de aire.

—Bien, porque hacer esto se me hace tan ridículo —murmuró y reí por lo bajo negando.

Luke pasó su brazo por mis hombros y me atrajo a él, comenzamos a caminar por el pasillo mientras intercambiábamos nuestras clases. A pesar de que sonriera, sabía que no estaba bien, sus ojos no tenían el resplandor que siempre habían poseído.

Nos detuvimos en frente de mi aula, en donde me esperaba una gran exposición sobre todas las células animal, estaba segura de que me aburriría.

—Llegaste a tu destino, Weigel —dijo burlón—. Te paso a buscar a las seis.

—Hey, tranquilo, apenas empiezan las clases —recordé.

—Es que olvidas las cosas demasiado rápido.

—Pero esta vez no.

—¿Cuánto quieres apostar? —retó.

—¡Nada! Nos vemos.

Me giré para entrar al salón y oí como se burló. Las clases comenzaron a pasar de una forma lenta y es que siempre era así cuando querías que pasara rápido todo se volvía a una velocidad tortuga. La última fue un poco entretenida, la profesora Clara, de idiomas, solía hacer muchas dinámicas para que nuestro aprendizaje fuera más fácil y aunque muchos decían que eso era para niños de primaria, funcionaba demasiado bien. A la salida intenté buscar a Luke, pero fracasé. Él ya se había ido.

Al entrar a la casa sentí un poco de melancolía, me preguntaba cómo se sentiría tener hermanos, oía que muchos se quejaban de ellos, que eran molestos o muy chismosos en la vida íntima de uno, aunque después me fijaba en el caso de Luke y dudaba de todo.

Avisé por teléfono a mi madre que saldría y con unas cuantas súplicas accedió, sin antes preguntarme a dónde iba y con quién. Mintiéndole un poco, ella, en un suspiro, me dijo un suave está bien. Sabía que me había comportado mal con ella en el tiempo de mi crisis y por eso le pedí varias disculpas, tenía en claro que con eso no arreglaba todo en absoluto. Me había pedido que le diera una explicación para contestarle de una forma tan grotesca, claramente no le iba a decir la verdad, así que saqué otra historia que ella creyó o simplemente quiso dejar el tema un poco en el olvido.

En el tiempo que tenía comí algo con queso para después irme a bañar, el agua estaba demasiado fría y tenía mucha pereza para ir a encender el boiler, así que me arriesgué a morir de hipotermia.

Me encontraba en el sillón principal de la sala jugando con un estúpido juego que había en mi celular, el cual no entendía, ¿por qué demonios lo había descargado? Y fue en ese momento que sentí entrar la tristeza a mi corazón. Lo descargué porque Zev me había obligado a hacerlo.

Me daba cuenta de que me hizo falta en varios momentos y aunque ahora estuviera Luke conmigo, no podía negar que necesitaba al que una vez llamé mejor amigo. Recuerdos que pasamos juntos entre risas y lloriqueos vinieron a mi mente, creí conocerlo y él a mí, pero hoy me daba cuenta de que nunca fue así. Aún dolía la forma en que me había hablado aquella vez, dándole la razón a Matthew y desechándome como una completa basura.

Unas cuantas lágrimas escaparon de mis ojos y me odié en el instante que lo hice porque yo me encontraba derramando penas por alguien que no valía la pena, por alguien que seguramente le estaba valiendo un sorbete mi existencia.

Unos cuantos toques se oyeron en la puerta principal y supuse que era Luke, levantándome del sillón me sequé las lágrimas para eliminarlas de mis mejillas, antes de abrir di una gran bocanada de aire.

—Pasé cerca de una tienda que vende cosas sobre el mar y me dio la curiosidad de entrar. —Luke mencionó apenas me vio—. Dijiste que te gustaría practicar buceo y a mí nadar con los delfines, así que compré un collar de gamuza sintética con un dije de delfines y otro que simboliza el buceo. —De su bolsillo sacó una pequeña bolsa y la abrió—: Tú llevarás mi sueño y yo el tuyo.----

No pude evitar cubrir mi boca del asombro por ese detalle tan tierno y lindo por parte de él, y si, esta vez lloré, pero fue por emoción y felicidad. Luke no era romántico, pero a veces tenía sus momentos cursis y eso era suficiente para mí.

—Sé que es raro, ya que usualmente son corazones o alguna frase cliché, pero esta es mi forma de... —dejó la frase en el aire y chasqueó—. ¿Cómo se le llama a esto?

Bajé mis manos y reí.

—Luke, esto significa mucho para mí, gracias.

—No hay que agradecer, lo hice porque quise —mofó ahora tomando su postura de macho alfa—. Esto no es cursi, ¿estamos de acuerdo? —indicó levantando su ceja—. Aparte me gustó, son como azulados, nuestro color favorito es azul y tiene un estilo hippie, creo... ¿Te gusta el estilo hippie, no es así? Oh, y sobre la furgoneta tenía pensado que podríamos ir a la cascada de...

Luke hablaba demasiado rápido de que me estaba causando risa, sus mejillas estaban levemente sonrojadas haciéndolo lucir realmente curioso y adorable, antes de que siguiera hablando me abalancé a él, abrazándolo fuerte y enterrando mi cabeza en su pecho.

—Gracias —susurré—. Eres lo más hermoso en mi vida.

—Y tú eres lo único bueno y bello que tengo —dijo besando mi cabeza—. No quiero perderte.

—No lo harás —aseguré.

Estaba completamente convencida que no quería nada más, porque tenía a Luke. Y teniéndolo a él, lo tenía todo.

¿Qué haría cuándo se fuera de Australia?

Capítulo 31

Hasley

Era primero de diciembre y me encontraba en la habitación de Luke. Observaba cada disco de vinilo que yacían en esa pequeña repisaba, Luke se puso a un lado de mí y con sus labios fruncidos buscó entre ellos, sacó uno y lo leyó. No pude ver cuál era ya que se dio la vuelta y fue hasta la mesa. El reloj que tenía en su mesita de noche indicaba que eran las ocho de la noche, el tiempo pasó rápido porque se le había antojado comida rápida en el camino.

—Quiero... que escuches una canción en específico —murmuró colocando el disco.

La melodía comenzó a sonar encerrándose en la recámara de Luke. Mis ojos no se alejaban de su cuerpo en donde solo podía ver su perfil, la letra empezó con una frase característica. Él se rascó el tabique de su nariz y comenzó a balancearse de un lado a otro con una mano dentro del bolsillo de sus tejanos.

Su rostro estaba serio, sus ojos me hacían sentir cálida, en cambio, los míos comenzaban a picar, iba a llorar, estaba a punto. Agrandé aún más mi sonrisa, mis mejillas las sentí calientes, lo más seguro es que estaban coloradas. Intenté bajar la mirada, pero la mano de Luke en mi mentón lo impidió.

Sus labios se unieron con los míos, creando un beso suave, me había acostumbrado a su tacto, a la forma en que sus labios acariciaban los míos. De una forma singular y curiosa. Él se alejó para volver a crear un lindo contacto de nuestros ojos.

Comenzó a balancearse conmigo de un lado a otro, yo solté una risita porque me pareció gracioso, vino a mi mente el recuerdo de la vez que de igual manera estábamos bailando Wonderwall como dos completos tontos, porque eso éramos, unos tontos. Quizá dos tontos enamorados.

Puse mi cabeza en su pecho oyendo con una tranquilidad increíble la canción, que con cada palabra era una posibilidad de estar en cielo. O bueno, ya lo estaba junto a Luke. Sentí cómo su respiración chocó con mi oreja y después sus labios acariciar mi lóbulo.

Inició cantando en un murmuro causando que yo cerrara los ojos, él dejo un casto beso sobre la parte trasera de mi oreja y continuó con su tarareo meduloso, la letra de la canción me hacía sentir especial y el trato que Luke me estaba proporcionando solo complementaba la escena.

Lo quería mucho. Lo amaba con cada partícula de mi cuerpo. No quería dejarlo ir, nunca.

Abrí mis ojos cuando sus fríos dedos tocaron mi mejilla, fue suave y tierno, a pesar de la temperatura de su piel, sentí ese acto tan cálido. Tuve un contacto directo con sus orbes azules.

Escuchar la canción con su voz fue lo suficiente para que mi corazón doliera y las palabras que amenazaban con salir de mi boca ante el simple recuerdo de saber lo que ocurriría dentro de un tiempo, me traicionaron.

—No quiero que te vayas... —susurré y la primera lágrima salió dándole el paso a las otras.

—¿De qué hablas? —Me miró confundido.

—De irte lejos de Australia, con tu hermano —sollocé, él dio un suspiro.

—¿Cómo te enteraste? —cuestionó en un tono suave.

—No importa cómo, solo no quiero... —Relamí mis labios y me di cuenta de lo que estaba haciendo, me comportaba egoísta con él porque, al final de todo, Luke merecía estar lejos—. Pero sí estarás mejor no puedo impedírtelo, solo quiero que olvides todo lo que una vez te hizo daño y si para eso necesitas irte, ten la seguridad que estaré de acuerdo solo por ti, porque quiero que seas feliz...

—Hey, oye... —me interrumpió y chasqueó varias veces—.Para ser feliz te necesito a ti, ¿entiendes? Tú eres mi sonrisa.

—Pero... —Una vez más, él me interrumpió.

—Y sí, dejaré Australia —afirmó—. Pero no es para siempre, solo me voy porque iré a un centro de rehabilitación, quizá solo sea un año, pero voy a regresar.

—Te voy a extrañar.

—Todavía no me voy. —Dio una risita.

—Es que solo pensarlo me da nostalgia.

—Quiero que sepas algo —aludió—. Sí me voy fuera de la ciudad para ir a un centro de rehabilitación es por ti.

—¿Qué?

—Porque quiero ser una mejor persona para ti, porque quiero tener un futuro a tu lado por el resto de mi vida. —Él tomó una inhalación profunda y después exhaló—. Weigel, quiero algo serio contigo. Te dije que te amo, y siempre lo haré, en esta vida y en mil más. Hasley, lo hago y no me arrepiento, y si eso implica dar mi vida por ti, lo haría, lo haría sin pensarlo porque la mía siempre será la tuya, porque siempre se tratará de ti, siempre ha sido así.

Y en lugar de sonreír, mis sollozos aumentaron más. Luke me abrazó dando pequeñas caricias en mi espalda intentando calmarme, donde solamente éramos los dos. El espacio se redujo y me sentí completa. Tomó mi rostro entre sus manos y besó cada uno de mis ojos para después hacer lo mismo con mis mejillas así eliminando las lágrimas que estaban allí.

—Jamás había querido algo con tantas fuerzas como lo hago contigo —Luke murmuró.

—¿Si sabes que te amo? —Acaricié su mejilla.

Él no respondió, solo volvió a besarme, pero ahora de una forma intensa. Tomó mi nuca y llevé mis manos hasta su cabello, enredando mis dedos y jalando de ellos. Sentí la orilla de la cama y, después, sin darme cuenta, Luke estaba encima de mí. Era increíble cómo las cosas podían cambiar en un corto tiempo, de un momento melancólico a estar besándonos sobre su cama.

Sus labios besaron mi cuello y bajó hasta mi hombro, desnudando la piel de este para dejar un casto beso allí. Regresó a mi cuello y succionó causando un gemido de mi parte.

Su mano se fue hasta debajo de mi blusa y la levantó poco a poco, y esa noche no hice nada para detenerlo, prometí entregarme a él de la forma más honesta y él me tomo de la forma más bella.

—¿Estás segura de hacerlo? —Luke preguntó por tercera vez, yo reí y asentí.

—Estoy muy nerviosa, pero sí, sí quiero —Él dio un suspiro y miró hacia abajo.

—¿Es seguro de esto? —cuestionó volteándose para verle la cara al señor.

—Sí, chico —afirmó este.

—Bien —asintió volviendo su mirada a mí. Le di una pequeña sonrisa y me le devolvió—. No sé en qué momento dije que quería hacer esto, estoy demente.

—¿Tienes miedo? —reí.

—Sí —afirmó, pero prosiguió negando varias veces—. Me refiero a ti, Weigel. No por mí, solo no quiero que nada te pase.

Agrandé mi sonrisa e intenté ocultar mis mejillas que posiblemente ya estaban sonrojadas. Luke había dicho aquella vez que quería saltar de un acantilado, estábamos a punto de hacerlo, el aire a esa altura era muy fuerte y a pesar de que fuera cálido, transmitía un poco de frío. La marea estaba tranquila, no tenía ninguna pizca de que estuviera brava.

—Entonces... ¿Van a saltar o no? —El señor, claramente desesperado por Luke, habló.

—¡Espéreme un segundo! —Luke farfulló—. ¡Ahhhh, Dios! —chilló y di una gran carcajada, él me dio una mirada fulminante para luego ver al hombre—. Cinco minutos, que pasen los que siguen y prometo tirarme sin más idioteces.

El hombre suspiró y accedió a la petición de Luke, el chico levantó su pulgar y se alejó un poco de allí, lo seguí incrédula dándole una mirada para que me explicara que acababa de ocurrir hace unos segundos.

—Prometo que lo haré —mencionó. Buscó su pantalón y sacó de allí un rollo blanco. —, solo necesito relajarme. —Sin más que decir, lo encendió para dar una profunda calada.

—¡Luke! ¡No puedes hacer eso en público! —reproché al rubio.

—Cállate, Weigel —espetó echando el humo a mi cara.

Rodeé los ojos y me crucé de brazos, Luke en este momento se estaba comportando tan insípido. Aunque todo mi mal humor se fue por la borda cuando me di cuenta de algo, últimamente me decía esas dos palabras con tanta frecuencia y me resultó gracioso.

—¿Por qué te ríes? —Luke interrumpió. Me di cuenta de que lo estaba haciendo cuando regresé mi semblante a uno serio—. Luego dices que el bipolar soy yo.

—Me he dado cuenta de algo. Es gracioso que me has dicho en repetidas ocasiones un *"cállate, Weigel"* a un *"te quiero"*—respondí arqueando una de mis cejas.

—Bueno, entonces, mis *"cállate, Weigel"* serán mis *"te quiero"* para ti. Tómalo o déjalo —se burló volviendo su vista al rollo.

—Eres un odioso.

—Cállate, Weigel —sonrió.

—Madura —murmuré.

—Mira… —Se acercó a mí—, yo no soy el que llega con la ropa manchada o al revés.

Me sonrojé una vez más y lo quise asesinar en ese instante.

—¿Si sabes que comienzas a molestar?

—Pero aun así me amas y yo a ti. He de admitir que mi vida se basa en eso y lo digo en un sentido literal.

—Ahora me intentas persuadir. Eres grandioso —reí.

—No, no —negó—, gracias a ti por seguir aquí conmigo. —Se mantuvo en silencio unos segundos y volcó los ojos—. Mucho romanticismo en un solo minuto, vamos ya.

—¡Oh! ¡Arruinas los momentos! —reproché y él carcajeó—. ¿Ya terminaste?—mofé de mala gana.

—Creo que ya. —Dio una última calada y lo aventó al mar. Estaba a punto de decirle que eso era contaminación cuando tomó mi mano y gritó—. ¡Corre, Weigel!

—¡No! ¡Detente!

Pero era muy tarde, Luke ya había saltado del acantilado conmigo. Lo único que pude escuchar fue el "no te sueltes de mi mano", antes de que nuestros cuerpos se hundieran.

Capítulo 32

Hasley

Palmeé nuevamente mis mejillas e hice bizcos frente al espejo. Al darme cuenta de lo ridícula que me veía, solté una carcajada. Cubrí mi rostro con ambos manos y eché un fuerte suspiro.

Me alejé del espejo y observé por completo mi cuerpo de pies a cabeza.

Jamás fui una persona que tuviese baja autoestima o menospreciara mi físico, sí, como la mayoría de las personas, cada vez que solía escuchar comentarios negativos hacia mí, no podía evitar preguntarme si estos eran ciertos. Yo tenía en claro que no poseía las mejores curvas, a decir verdad, mi cuerpo no se trataba de un noventa, sesenta y noventa, tal vez todo era un setenta porque todos sabían que mi complexión se resumía a un peso muy bajo. Lo único que me ayudaba era mi rostro.

Dios, qué triste.

Recordé cuando Luke me dijo hace unos días atrás que solía tener una pésima combinación de colores. Tejanos azules de mezclilla, tenis blancos y blusa de colores sólidos, ¿qué había de malo en ello?

Hoy, a diferencia de otros días, portaba un vestido casual de color azul marino, era corto y de tirantes, se abombaba sin exageración en la parte de abajo y arriba era un corte en v que le daba un toque elegante.

Mamá insistió mucho en que me lo pusiese. Recuerdo que lo había comprado hace un año para que fuéramos a la boda de Amy, su amiga. Desde aquella vez, el vestido no volvió a ceñirse en mí. Tenía suerte, aún me quedaba.

—¡Diane, ya ha llegado!

El grito de mi madre desde la planta baja explotó mi pequeña batalla frente al espejo. Fruncí mi ceño y me di la vuelta para ir por mis cosas. Celular y cartera.

Luke platicaba con mi madre al pie de las escaleras, él vestía un pantalón negro junto a una camisa de botones desfajada casi del mismo color que mi vestido y su característica chamarra negra.

Ambos dirigieron su vista hacia mí y esbocé una sonrisa de oreja a oreja. Al principio creí que el chico diría algún comentario por el cual yo rodase los ojos, sin embargo, él curveó sus labios al mismo tiempo que ladeó su cabeza, haciéndolo lucir como un niño pequeño.

Yo quise morir de ternura.

—¿Ocurre algo? —le pregunté.

Él negó.

—Con todo el respeto a tu madre aquí presente, no sé si eres tú o soy yo, pero cada vez que te miro, me enamoro más de ti —confesó—. Te ves perfecta.

Ahí estaba de nuevo ese ardor en mi rostro y la revolución en mi estómago ante sus palabras.

No pude sostenerle la mirada, por lo que me vi con la necesidad de bajarla hasta mis pies. Desde que lo tenía a mi lado solo se había encargado de darme tantos cumplidos casi como si fuese algún reto.

Él subió las escaleras que me faltaban por bajar y acercó su boca a mi oído, el roce de su piel contra la mía solo aumentó el estado en el que me encontraba.

—Vamos, sabes que me gusta ver ese efecto en ti —musitó.

Alcé mi vista, encontrando sus ojos azules y reprimir una sonrisa.

—Te gusta solo porque eres tú quien lo crea.

—Y se siente fantástico.

Guardé silencio y él me cogió de la mano, invitándome a que lo siguiera. Mi madre nos miraba con dulzura.

Aún no entendía la manera en que la mujer se había vuelto un poco cercana a Luke, dándole una parte de su confianza en este corto tiempo que nosotros habíamos comenzado a salir, no como una pareja oficial, pero tomando la iniciativa.

—Estará de regreso antes de las nueve de la noche —el chico le indicó—. Prometo cuidarla en cada instante.

—De acuerdo —asintió—. Confío en ambos, no vayan a romper

mis reglas.

—Nunca —él negó.

—Hasta pronto, mamá.

—Te espero, mi vida.

Al salir de casa, mi campo de visión se centró en el carro plateado que estaba en frente de nosotros. No pude evitar juntar mis cejas y darle una mirada interrogativa a Luke.

—Es de Pol. Me lo ha prestado para poder llevarte a… ¿nuestra cita?

—Sí, Luke, es una cita.

—Bien, eso suena demasiado ñoño, pero a ti te gusta, así que me voy a sacrificar y lo llamaré como tal.—Mordió su perforación y frunció sus labios—. ¿Tengo que abrirte la puerta?

Sus mejillas se ruborizaron y no pude pedirle al cielo que me diera más de su parte. Solté una risa por su estado y ejercí fuerza en el agarre de nuestras manos.

—No me molesta si quieres o no abrirla, al final solo es una acción que no significa nada, dudo que hacerlo o negarte a ello repercutirá en tus sentimientos hacia mí —le expliqué—. No quiero que veas estos gestos como una obligación.

—Joder —maldijo—, ¿quieres dejar de decir cosas que solo aumentan el amor que siento por ti?

Luke haló de mi mano, atrayéndome a su cuerpo y envolverme en un abrazo. Mi rostro chocó contra su pecho, mis fosas nasales captaron el aroma de su perfume y ahí mismo fue cuando noté la diferencia.

Ya no percibía el olor a hierba, simplemente era su colonia. Esa varonil que hace meses atrás se perdía entre el olor de la marihuana o nicotina. En mi cara, se dibujó una sonrisa de oreja a oreja, llenándome por completo de felicidad.

—Tenemos que irnos —avisó.

Me alejé de él y acepté.

Después de todo, abrí la puerta por mi propia cuenta. Luke subió y me miró dudoso, alcé mis cejas esperando a que hablara.

—¿Te gustan las comedias románticas?

—¿Acaso me estás dando un spoiler de lo que será *nuestra cita*?

—¿Crees que haré lo mismo que todos suelen hacer? No, Weigel. Si le llamarás cita a esto, tiene que ser diferente a lo que estás acostumbrada, lo suficiente para que nunca lo olvides y nadie pueda repetir.

—¿Haremos algún ritual? —vacilé.

Su entrecejo se frunció para posteriormente poner los ojos en blanco.

—Eres patética —atacó.

—¿Entonces no es un ritual? —insistí.

Amaba molestarlo de esta manera, sobre todo si se trataba de hacer preguntas innecesarias una tras otras, sabía perfectamente que eso lo irritaba y lo conocía tan bien que luego de varias palabrerías, él diría:

—Cállate, Weigel.

Pero para su desgracia, ya tenía conocimiento de lo que significaba.

—Yo igual te amo, Luke.

La comisura de sus labios se curvó y negó con su cabeza varias veces. Él optó por ya no responderme y encendió el motor del carro, iniciando con su trayecto y sus ojos sobre la calle.

Iríamos al cine. Eso fue lo que me dio a entender, aunque su destino parecía ser otro. Apreté mis dientes, diciéndole a mi subconsciente que no intentase ni por un segundo soltar lo que comenzaba a maquinear.

Mi vista iba de un lado a otro, observando por la ventana los edificios y locales, la zona en donde nos encontrábamos era casi el centro de la ciudad. Estábamos muy lejos de lo que yo suponía era nuestro destino.

Minutos después, Luke aparcó el carro en el estacionamiento de la plaza más grande de Sídney, justamente en aquella donde se hallaba el casino, ese sitio en el cual los fines de semana, como hoy, muchas personas venían a perder en lugar de ganar dinero. Llegué a la conclusión de que quizás habíamos venido hasta aquí por el cine, pues tenía una zona VIP principal a comparación de otros.

—¿Sabes? —llamé la atención del chico—. Por momento creí que iríamos al de tus padres.

—Así es.

Volteé a verlo confundida.

—¿Regresaremos?

Luke echó una risa y se acercó a mí, cogiéndome de la mano nuevamente.

—Eres demasiado lenta.

—¿Debí entender algo?

—Mis padres son dueños de los cines Village, es decir, de la cadena de estos. Creí que sería demasiado obvio cuando nos referimos a la palabra *"dueño"*, somos la competencia de los Luxurs.

Mi boca se abrió sorprendida.

—Guao, ahora tiene sentido.— Relamí mis labios e hice mi cabeza a un lado—. ¿Eso significa que tienes el quíntuple de trabajo? Claro, si nos basamos en la cantidad de ellos.

—¿Ya te he dicho que hablas mucho? —chistó.

—¿Lo siento?

—Sí, como sea. Vamos.

Nos adentramos y me sentí cohibida. Él me atrajo a su cuerpo y me reprendí por no llevar conmigo un abrigo.

La fila de personas era larga, normal para un sábado.

Luke me llevó consigo y se hizo notar ante un chico que se encontraba de pie a la entrada de las puertas de cristal que dividía la parte VIP de la tradicional.

—Howland —lo saludó.

—Hey.—Él se lo devolvió, aportándole varias palmadas sobre su hombro—. ¿Está todo listo?

—De la forma en que lo pediste. Sala cuatro.

Intercambiaron otras palabras y seguimos nuestro recorrido.

Luke no se volvió a dirigir a mí, solo me fijé que tecleaba algunas cosas en su celular para luego halarme hasta la sala. Mis pies reaccionaron, volviendo a caminar. El lugar estaba en oscuras y me aferré a nuestro agarre.

De pronto, las luces se encendieron, di unos pequeños pasos y observé a mí alrededor. Sitio vacío. Pantalla encendida. Temperatura agradable. Dos asientos en medio con la lámpara encendida y un carrito de productos a un lado.

Miré a Luke.

—¿Por eso no querías llamarle cita?

—No quiero que sea común, menos repetitivo.

—¿No tendrás problemas con tu padre?

Me sonrió.

—Él lo sabe.

—¿No me mientes?

—Dios, en serio hablas mucho.

—Solo me preocupo —admití, encogiéndome de hombros—. Mi intención no es irritarte, tampoco que haya disgustos con…

—Detente —me interrumpió, llevando una mano a mi rostro—, todo está bien. Te lo prometo. Lo único que quiero es que disfrutes este momento, la ocasiones, que nos concentremos en lo que somos y en nadie más, aun así el mundo esté ardiendo allá afuera, quiero que me mires.

—¿Y tú a mí?

Su gesto cambió a uno serio y me miró en silencio por varios segundos.

—Eso no lo tienes que preguntar —murmuró—. Todo lo que veo eres tú, siempre ha sido así.

Acorté la brecha que nos dividía y sellé nuestros labios, fui yo quien tuvo la iniciativa. Él sujetó mi cintura y puso firmeza al beso, llevé mis manos a la parte trasera de su cuello y profundicé el acto. La sensación que me transmitía era única y perfecta, se alineaba tan bien podía hacerlo todo el día.

Aspiré un poco su olor y me alejé, conecté mi mirada con la suya.

—Has dejado de fumar, ¿cierto?

—Estoy intentando, hago lo mejor que puedo.

—Estoy orgullosa —musité.

Luke frunció ligeramente su ceño, atrapando el significado de mis palabras. Mi corazón bombeó sangre con un ritmo acelerado al instante en que me fijé cómo sus ojos se cristalizaron.

—Muy orgullosa de lo que te estás proponiendo y me hace feliz ser parte de tu progreso.

—Es difícil digerir esas palabras cuando no las escuchas por un largo tiempo.

Desvió su vista al suelo durante un momento y regresó a la mía.

—Solo sigue, vas bien.

—Me esfuerzo, tú sabes que no es fácil.

—Pero lo lograrás. Lo haremos juntos.

Sonrió a medias.

—¿No me soltarás?

—Nunca.

Luke asintió, pasando la punta de su lengua sobre su labio inferior y rascó el puente de su nariz.

Yo sabía que podríamos, necesitaba mucho apoyo y le daría todo el que él necesitara, lo quería llenar de amor, impulsarlo a mejorar en todo, le enseñaría a ser una persona que sumara y multiplicara las cosas positivas.

Éramos jóvenes. Inexpertos. Unos niños que quizá no sabían el significado de lo que era amar, los adultos siempre nos verían de esa forma y nos juzgarían. Los dos estábamos conscientes.

—*Lo lograremos, Hasley Diane Derricks Weigel.*

Capítulo 33

Hasley

—¿Por qué las plantas crecen mejor con abono? —Neisan preguntó al aire—. El abono es desecho, si me echo basura encima, ¿sería más guapo?

Yo fruncí mi ceño ante su cuestionamiento extraña y lo miré mal. El estado de confusión se presentó en mí. Seguía sin entender muchas cosas sobre él, creía conocerlo, aunque en realidad me daba cuenta con el tiempo que Neisan era alguien raro por completo.

—¿Más?

—Sí, no es por ser narcisista, pero feo no estoy.

Puse los ojos en blanco y suspiré.

—Inténtalo, al lado de los baños hay un bote grande, deberías apresurarte, no querrás que alguien te gane.

—Buena estrategia —dijo, regalándome un guiño—. No soy tan estúpido como aparento.

«Deja de engañarte», pensé.

Sin decirle más, decidí llevar mi cabeza sobre mis brazos, los cuales descansaban encima de la mesa. Esperaba por Luke, en la mañana, antes de entrar a literatura, me había dicho que terminando el horario de clases lo acompañaría a un sitio, no tenía idea alguna de qué se trataba, sin embargo, aquí me encontraba en las mesas del patio trasero junto a Neisan.

Por su parte, el chico no tuvo problemas en aceptar a mi petición de que estuviese conmigo durante media hora. Él iría a entrenamiento

262

a las tres. Ambos ganábamos.

Seguía triste por la noticia de que Luke se iría de Australia antes de finalizar el año. A pesar de que querer platicarlo con alguien, prefería guardármelo y tratar de lidiar con este tormento que consumía lentamente. Un porcentaje de mí estaba siendo egoísta al querer suplicarle para que no se fuese mientras otro cierto porcentaje veía de forma positiva esta gran oportunidad que él tenía.

«Es por su bien, Hasley», me regañé.

Resoplé cansada y volteé hacia el castaño, aún con mi cabeza entre mis brazos. Me sentí desconcertada al fijarme en lo que realizaba. Una hoja de papel blanca. Figuras.

—¿Origami?

Él volteó a verme y dibujó una sonrisa en su rostro.

—Algo así. En el origami no se usa tijera.

—Pero no estás usándola.

—Lo sé, pero normalmente suelo ocuparlas, en este momento no me sirven.—Se encogió de hombros—. Listo, he finalizado.

—¿Es un elefante?

Me erguí. Neisan asintió y me acercó la figura de papel.

—Te lo regalo.

La comisura de mis labios se elevó. Cogí su pequeño y significativo obsequio, apreciándolo desde todos los ángulos que se me fuesen posibles.

—¿Desde cuándo sabes hacer esto?

—Mmm… ¿trece años? —dudó—. No sé, veía a mi padre hacer barcos con el periódico después que terminaba de leer y los ponía en el centro de la mesa que se hallaba en la sala, en ocasiones jugaba con ellos. Me llamó la atención lo peculiar que es transformar el papel en diferentes figuras.

—¿Qué otro talento ocultas? —acusé, mirándole con los ojos entrecerrados.

Se quedó pensando, proyectándose una vez más su vida. Aunque no pudo responderme porque la voz de una tercera persona nos interrumpió.

—Perdón por hacerte esperar —Luke habló—. La profesora Caitlin habla demasiado y cuando toca temas de política no hay absolutamente nadie que la detenga.

—Te apoyo en eso —Neisan chistó.

Howland elevó sus cejas y asintió, dándole un saludo y al mismo tiempo la razón a mi amigo.

—Descuida, gracias a eso he descubierto que tengo un deportista con el don de hacer origami—hablé orgullosa—. Me ha regalado un elefante de papel.

—Genial, origami.

—¡Que no es origami! —el castaño farfulló—. Da igual, mejor me voy, nos vemos luego, Hasley. Hasta pronto, Luke.

Me despedí, agitándole mi mano. El dueño de ojos azules frunció sus labios y lo miró de reojo cerciorándose de que desapareciese de su campo de visión, regresó a mí y su gesto serio me atacó.

—Así que… —inició arrastrando sus palabras y, con la voz firme, prosiguió—, un elefante de papel.

—¿Sí?

—Es feo —declaró.

En mi cara, se mostró la incredulidad.

—No lo es —defendí.

—Sí, sí lo es —insistió—. Ni siquiera parece un elefante, se asemeja a una bola que ha tenido una pésima suerte de ser transformada en… ah, sí, nada.

Abrí mi boca indignada y la cerré al instante. Ya entendía. Conocía esa actitud, siempre que se encontraba celoso lanzaba duras críticas a su oponente, a lo que el sintiese que era una amenaza para lo nuestro.

Quería arruinar mi perspectiva del detalle que Neisan me había otorgado. Quizás esto no se comparaba en magnitud a lo de Zev cuando nos dio los boletos de la película sin haberlos pedido o a la vez que asistí con Matthew y él decidió cancelar todas las funciones. Luke estaba celoso.

—¿Acaso eso que huelo son…?

—No, ni se te ocurra —sentenció sin dejarme terminar.

—No se me ha ocurrido, es como realmente estás.

—Te equivocas.

—Claro —ironicé, alargando la *a* en un canto.

Rodó sus ojos y relamió sus labios.

—Supongo que no te molestará el que yo invite a salir a Annie— atacó.

—¿Annie?

—La chica de la USB —recordó—. Gracias a ella no reprobé, tal vez debería hacerlo como una muestra de agradecimiento, ¿no crees?

Ya. La pelirroja de la cual me habló días antes.

—¡Es diferente! ¡A Neisan lo conozco desde hace tiempo! —Elevé la voz—. Tú desde hace dos semanas.

—¿Y eso lo vuelve un problema o qué?

—No lo harías.

—Rétame.

Solté un grito y cogí mis cosas.

—Hazlo. No querrás verme enojada.

—¿Amenaza?

—Claro, Pushi.

—Me voy a la mierda —siseó—. ¿Vienes conmigo?

—Dios, sí. Me encantaría ir a la mierda contigo.

De mal humor, me puse de pie. Él me sujetó de la mano y caminamos a través del instituto con el estacionamiento siendo nuestro destino. Por ese día, llevaba consigo la moto.

—¿A dónde iremos? —inquirí.

Luke me puso el casco para después repetir lo mismo con el suyo.

—Lo sabrás cuando lleguemos.

Sin decir otra cosa o yo intentar protestar, nos montamos.

Luke se tomó su tiempo manejando, sin prisa y evitando soltarle algún insulto a cualquier conductor que se interpusiese en su camino. Lo felicité por ello. Mejoraba cada día. En el lapso que tuve a una distancia corta su cuerpo, me fijé en que el olor de su ropa desprendía nicotina, pero no percibía el de hierba.

Un sentimiento de alegría me invadió.

Luego de unos minutos, Luke aparcó cerca de unos edificios que se encontraban en una zona transitada de la ciudad. Mis ojos escanearon alrededor, tratando de averiguar la razón de su parada.

Me quité el casco, colocándolo en la rendija de la moto y voltear hacia el chico con una ceja enarcada, agregando:

—¿Y bien?

Él despeinó su cabello, pasando una mano sobre este.

—¿Recuerdas que me haría un nuevo tatuaje?

—¿Te lo harás?

Echó una pequeña risita, comenzando a caminar. Yo lo seguí.

—Sí —afirmó— y tú me ayudarás a escoger el diseño.

—¿De verdad?

—Joder, Weigel —masculló—. Vuelves a hacerme otra pregunta y juro que te dejaré fuera del local. No me imagino cómo estarás ahí dentro cuestionando cada cosa, por favor, evita interrogar el por qué los tatuajes se hacen con agujas.

Arrugué me entrecejo, regalándole una mirada colérica.

Entramos dentro y lo primero que observé fue la estética del lugar: era limpio y con varios diseños de dibujos colgando en la pared, las cosas acomodadas y la luz blanca le daban una buena imagen. Yo no iba a tatuarme y me hacía sentir en confianza plena ante lo que veías.

—¡Luke! —saludó un hombre con perforación y un brazo completamente tatuado.

—¡Ernest!

—Creí que cancelarías —confesó.

—Para nada, solo que he tenido asuntos que arreglar y me vi con la necesidad de correr la fecha —explicó él—. Hoy estoy desocupado.

—Fantástico. Solo va una persona antes de ti e iniciamos, ¿está bien?

—Tómate tu tiempo, miraré un rato los diseños.

—Genial, regreso.

Luke volteó a verme y esbozó una sonrisa lánguida, se acercó a mí, envolviéndome con sus brazos y depositar un beso sobre mi cabeza. Apoyé mi mejilla derecha sobre su pecho e inhalé con profundidad.

—¿Me ayudarás? —pidió.

—Sí —acepté.

Él me llevo hasta un mostrador, ahí yacían varios álbumes con bocetos de los tatuajes, cogí uno y le eché una hojeada. Había muchos de diferentes tamaños, formas y alguno que otro contenía tinta de color.

Ladeé mi cabeza y una surgió.

—Hace unos meses me dijiste que la ruleta de tu pecho tenía un significado, ¿cuál es?

Tragó saliva y desvió sus ojos hasta los míos. Se quedó en silencio, escogiendo las palabras correctas para dictármelas, ante eso, yo mordí mis labios, formando una línea recta y prestándole atención.

—Es un juego de azar, es decir, nunca sabes lo que te tocará, simplemente pasa y listo. Puede darte beneficios o desgracias. Ganas o pierdes. Así es la vida, cruel y justa. Una puta ruleta.

Ahora que me lo explicaba, todo en mi mente se acomodaba, alineando su respuesta y la manera en que resultaba lógico. Me arrepentí mil veces haberle dicho que solo llenaba su cuerpo de tinta sin ningún sentido.

—Qué interesante. Una ruleta… ¿y el otro que tienes a lado?

—Es la fecha de nacimiento de mi madre en número romanos.

—¡Qué tierno! — elevé mis labios.

—Algunas cosas son para siempre, Weigel —sentenció—. El pasado y los tatuajes son parte. Te marcan y se quedan.

Llevé mi mano a mi boca, mordisqueando la uña de mi dedo pulgar, pensando.

«Te marcan y se quedan», volví a repetir en mi interior.

Yo quería que Luke estuviese conmigo para toda la vida de las mil formas posibles que existiese. Sonaría descabellado y tenía conocimiento de que nosotros los jóvenes cometíamos errores, pero por primera vez deseaba algo de verdad.

Entonces, en ese pequeño espacio en el que nos encontrábamos y con mi mente contactándose a mi corazón, dejé salir lo que estaba sobre la punta de lengua:

—Vamos a tatuarnos juntos.

Sentí la mirada de Luke sobre mí y llené de aire mis mejillas.

—¿Qué has dicho?— Incrédulo, me preguntó.

Yo lo miré.

—Me gustaría tatuarme contigo. Algo para los dos —hablé en voz baja—. No pido que sea grande, solo que signifique… lo nuestro.

Él reprimió una risa sin éxito y sus labios se curvearon de lado.

Pensaba que posiblemente me metería en problemas con mi madre. Si llegaba a verlo, podría empezar a pedir perdón desde antes que mencionaron una palabra. Me castigaría. Aunque lo que más me preocupaba era que culpara al chico de mi decisión, pensando que él había sido la mala influencia para que yo lo hiciera.

—¿Tienes algo en mente? —demandó—. ¿Y en qué sitio lo quieres?

—Queremos —corregí.

—Me agrada.

Su rostro con astucia me atrapó y besó mis labios. Suave y tierno.

Comenzamos a observar imágenes e intercambiar opiniones. Luke me explicaba algunos diseños mientras yo intentaba entender, él tenía en cuenta de lo indecisa que era, por lo que vimos otros bocetos y alargaba su poca perseverancia.

Cuando creímos tener un objetivo en claro, nos dimos cuenta que era diferente lo que cada uno quería. Una pluma. Un punto y coma. Gruñí irritada y dejé caer mi cabeza sobre su pecho. Escuché cómo suspiró luego de unos minutos en silencio.

—Tengo una idea —murmuró, seguido arrastró consigo una hoja

blanca y el lápiz que descansaba a un lado de la pila de álbumes—. No soy bueno dibujando, pero Ernest lo hará mejor al tener mínimo una idea.

Decidí no decir nada y vigilar sus movimientos. No lo ataqué con preguntas.

Se tomó todo el tiempo necesario que ocupaba y finalmente, tiró el lápiz. Mi nariz se frunció, tratando de entender por qué escribió el nombre de los colores alrededor de la silueta.

—¿Te gusta? Es una fusión de lo que escogimos, el fondo será una mancha de colores.

—Sí, me gusta —sonreí—. Tú me gustas.

Luke ocultó su rostro. Estaba sonrojado. Oh, Dios. Eso casi nunca pasaba.

—Howland, sigues —el chico lo llamó rompiendo la escena.

—Bien, será en conjunto —le avisó, señalándome a mí aún con sus pómulos enrojecidos.

—Pues iniciemos.—Se alegró—. ¿En dónde y qué van a querer?

Luke cogió mi mano junto al dibujo y se acercó a Ernest para dárselo, en el transcurso de la preparación, le explicó lo que quería.

El tatuaje se trataba de un punto y coma, sin embargo, la coma era en forma de pluma, alrededor tendría una mancha de colores, asemejando el patrón del arcoíris. Eso sería nuestro *"para siempre"*. Muy cursi y meloso, pero *nuestro*.

—Será en la parte oculta del tríceps. —Alzo su vista a mí y agregó—: Se oculta mejor.

Accedí, sentándome al otro lado de manera que pudiera ver y no estorbara mediante el procedimiento.

El chico comenzó lo suyo y con su mano entre la mía, le proporcionaba pequeñas caricias, escaneé el rostro de Luke quien no demostraba dolor, a excepción de las arrugas en el puente de su nariz. Una parte de mí temía por lo que pudiese sentir y la otra no quería echarse hacia atrás.

—¿Duele mucho? —pregunté.

—Nah—soltó laxo— pero si a ti sí te duele, puedes apretar mi mano.

—¿Seguro?

—¿Arrepentida, Weigel? —retó.

—¡No! —chillé.

Él echó una carcajada y continuamos viendo el trabajo de Ernest.

Minutos más tarde, Luke me cedía el lugar. Mi turno. No rechisté, así que al mal paso era mejor darle prisa. El nerviosismo me consumía, la duda y el miedo de que algo pasara me inyectaba inseguridad.

—Estarás bien —susurró.

Fue así como me sellé a la persona que más había amado, sin culpas ni miedos, sintiéndome libre y plena ante mis decisiones, quien me amaba con toda y mi torpeza, mi insistencia, necedad y errores.

Solo éramos él y yo. Con la misma intensidad que me anhelaba, yo lo hacía. Actos, palabras y sentimientos que nos envolviesen se volvían uno solo.

—¿Qué tal? —Luke interrogó una vez que me puse de pie.

—No fue tan sufrible como me lo imaginé —vacilé. Fruncí mi ceño y proseguí—: A todo esto, ¿qué significa ambos tatuajes combinados?

Me regaló una sonrisa y respondió:

—Es la continuación de nuestros sueños, Hasley Weigel.

Esta vez, a diferencia de otras, preferí decir algo más.

—*Error, nuestro boulevard, Luke Howland.*

Capítulo 34

Luke

Nunca fui una persona que se arrepintiera de las cosas que hacía, muchas veces uno aprendía de sus errores, el tener que lamentarse por algo que hiciste en tu pasado está bien, es cierto que no puedes revertir lo hecho, sin embargo, ese sentimiento te hace humano.

Siempre acepté mis decisiones y estuve consciente de sus repercusiones, a pesar de los problemas que en algún pasado tuve con Hasley. Actualmente todo marchaba de maravilla y ni hablar en el ámbito familiar, la relación con mi padre mejoraba con el paso del tiempo, no podía sentirme mejor. Pol se encontraba en la ciudad desde hace algunas semanas atrás y eso significaba una sola cosa: *pronto partiría con él.*

—¿Estás seguro de lo que harás?

A mi lado, André cuestionó mientras encendía un cigarrillo. Lo miré.

—Sí —afirmé, asintiendo varias veces, convincente de mi decisión—. No puedo echarme hacia atrás. Es decir, en menos de un mes dejaré Sídney, lo que menos quiero es que haya secretos entre Weigel y yo, honestamente anhelo que las cosas marchen muy bien entre nosotros para que no haya disgustos, malentendidos o que ella se tenga que enterar por terceras personas.

—¿Cuándo tienes pensado decírselo? —él inquirió, dándole una profunda calada a su cigarrillo.

—Mañana por la noche —respondí—, quería saber si me podrías ayudar, te necesito.

Me sentía lo suficiente nervioso como para darme cuenta que las palmas de mis manos empezaban a sudar al mismo tiempo que mi pierna se movía de manera inquietante.

André le dio pequeños golpes a la colilla con su pulgar, causando que las cenizas se desprendieran y fuesen arrastradas junto al aire.

—Por supuesto, siempre he sido tu gata —masculló entre dientes.

A mí se me hizo graciosa la escena, por lo que maullé, arrugando mi nariz y hacerle un ronroneo por lo bajo, él me dio un golpe en el hombro ocasionando que yo me quejara, y agregó:

—Un día te patearé el culo.

—Tranquilo. —Me reí. Retomé la plática abandonada de hace unos minutos, tomando una postura seria—. Solo consígueme la furgoneta de nuevo.

—Oh, vaya, ¿a dónde la llevarás? Aunque la pregunta más importante aquí es, ¿iré a tu cita?

—La llevaré a una puta cascada porque ella quiere ir a una. —Torcí mis labios, fingiendo estar asqueado—. Le diré todo lo que quiera saber, pero necesito una canción que Zach siempre solía cantar y es con la que ahora me siento tan identificado, te pido de favor que dentro de la caja del vinilo metas una carta que te daré. Y no, no te llevaré. Me ayudarás porque no tengo aquel disco de esa banda y mañana estaré con ella, así que te ordeno que me lo encuentres, al rato te paso el nombre —solté todo sin hacer ninguna pausa, casi como si alguien me estuviese apurando—. Maldita sea, estoy muy nervioso.

—Demonios, pensé que me bañaría en la cascada —pronunció con un disfraz de decepción. Yo lo miré mal—. Pero está bien, cuentas con mi apoyo, jamás creí verte en tal estado, porque… ¿una carta?

Tosí, cubriendo mi boca con el dorso de la mano.

—Sí, la cargo en mi mochila —respondí—. Son algunas cosas que debe saber una vez que me haya ido de Australia. Le pediré que la lea cuando me encuentre lejos, solo de esa manera no intentará impedir que me vaya.

El moreno asintió y maldijo al cielo.

—Habrá algo más importante, ¿no es así? Quiero decir, tu actitud no es la misma que otras veces, estás actuando más raro de lo normal.

Le dediqué una mirada, André lo sabía. A él no podía mentirle, conocía a la perfección cada una de mis facetas, mis acciones, mis oraciones y mi comportamiento ante cualquier sentimiento absurdo que me invadía.

—Sí, creo que es hora —declaré, dando un frío suspiro, dejando que el aire saliese con lentitud.

—Joder, ahora tengo más miedo de enamorarme —dijo horrorizado.

—Cállate, André.

—Cállate tú —atacó—. Pareciese que le pedirás matrimonio. —Rio entre la oración—. Sabes que lo que me pidas yo lo haré, eres como mi hermano y solo quiero verte feliz. Cabrón, me pondré sentimental.

Ambos nos reímos y luego hubo un silencio para nada incómodo, me confesaría ante Hasley de una manera tan extraña y que jamás me imaginé.

Tenía miedo.

Tenía miedo de decirle todo. No pensaba en cómo reaccionaría al enterarse de que yo sabía sobre aquella fotografía, la cual causó que toda la tormenta se desatara. No podía si quiera imaginármelo, tenía que darme el valor para poder confesarle que aquella noche que fui a su casa con André y Jane, la llamada que recibí era de Matthew reclamándome sobre la foto.

La risa de André me sacó por completo de mi burbuja y lo miré extraño.

—¿De qué te ríes? —cuestioné.

—De nada. —Se encogió de hombros y volvió a reír.

—Eres un maldito raro —admití, desviando mi vista al suelo y robarle un cigarrillo.

—Aun así, tú me quieres, imbécil—mencionó, haciendo tronar su lengua.

Solté una risilla por lo bajo y después nos quedamos en silencio.

Quería a André, lo hacía en serio. Se había vuelto más que mi mejor amigo, era mi hermano y mi cómplice en todo, él en serio me ayudó muchas veces y jamás me dejó solo en ningún momento.

André Evans era un increíble humano.

—Hey —me llamó, captando mi atención—. Eres el hermano que nunca tuve. Gracias.

Curvé la comisura de mis labios ante un gesto de sinceridad.

—El único que tendría que agradecer soy yo —contradije—. Tú eres quien me ha hecho un favor al ser parte de mi vida.

—Dios, ¿este es el momento en donde nos besamos? —vaciló en

un murmuro.

—Creo que sí —chasqueé.

Él arrugó su entrecejo.

—Ugh, no. Realmente me gustan las chicas, pero te lo agradezco.

—Y yo honestamente estoy enamorado de una, lo siento, pero no cabes en mi corazón.

Nuestras carcajadas se apoderaron del espacio y me sentí feliz. Últimamente era así. En mi interior, todo se completaba poco a poco, se unía y el vacío comenzaba a llenarse, hacía tiempo que no lo sentía, pero ahora las cosas habían cambiado y todo se acomodaba tan bien que llegaba a preguntarme si era real.

Y la respuesta: sí, esto era real.

Hasley

Cogí mis cosas para guardarlas y salir del aula sin apuros, al momento de intentar pasar hacia el otro lado mi mochila, mi pulsera se atoró con unos cuantos hilos que salían de ella, maldije por lo bajo debido al incidente. Me sentía tan estúpida.

—¿Ocurre algo?

La voz de Luke causó que me sobresaltara, obligándome a alzar mi mirada hacia él. Solté un gruñido.

—Ocurre esto —farfullé, haciendo un movimiento con mi cabeza para enseñarle el problema que tenía a mi lado.

Él dio una pequeña risa.

—Déjame ver —murmuró, acercándose más a mí y ponerse de cuclillas, tomando una mejor posición.

Luke observó durante varios segundos el desastre y escuché que musitó algo, sin embargo, no pude entenderlo. Estuvo durante varios minutos así, tratando de desenredar cada uno de los hilos atrapados. De pie, nuevamente, sacó su encendedor del bolsillo de su chaqueta ocasionando que yo le diese una mirada aterrada. Él solo negó con su cabeza indicando que me tranquilizara, se puso de cuclillas otra vez y empezó a quemar los hilos con suma delicadeza de no quemar mi piel.

—Listo —avisó irguiéndose con una sonrisa, acercó sus labios a mi frente y le dio un beso—. Estas muy tensa, ¿a qué se debe?

—Proyectos finales —bufé. Miré su cuello y fruncí mi ceño—. ¿Y tú collar?

—Se ha reventado —dijo sacándolo de su bolsillo, él lo depositó en mi mano y lo aprecié detalladamente.

Dejé caer mi cabeza su pecho, aún observando el collar, me sentía cansada y sin ganas de absolutamente nada, quizá me enfermaría. Él acarició mi cabello con sus dedos, enredándolos y jugando varias veces.

Entonces, recordé que Luke no tenía las dos últimas horas de clases, es decir, estuvo esperando por mí durante ciento veinte minutos por mí. Dios, con lo que él odiaba el instituto, más en sábado, no lo culpaba, todos detestábamos ese sistema escolar.

—¿Qué estuviste haciendo durante dos horas? —indagué. Inflé mis mejillas y lo miré, alejándome un poco de su cuerpo.

Luke desvió sus ojos al techo, danzando con ellos en una vacilada y regresar a los míos, antes de responderme, jugueteó con su arito en el labio, atrapándolo entre sus dientes.

—Ya sabes lo que hacemos los chicos cuando tenemos el campo libre —inició—, flirtear con otras chicas y tratar de obtener el número de ellas para tener una cita más tarde.

Fruncí mi ceño y lo empujé del hombro.

—No es gracioso.

—Lo sé, pero verte celosa me encanta —dijo sin descaro.

Puse los ojos en blanco.

—Me caes mal —bromeé. Luke esbozó una sonrisa lánguida.

—Me amas —chistó—. Estuve con Annie, al final le invité una gaseosa en forma de agradecimiento por haberme pasado las tareas, sino hubiese sido por ella habría reprobado.

No la conocía del todo, ella y yo ni siquiera habíamos hablado y el simple hecho de que estuviese ayudando a Luke no me daba buena espina, es decir, el chico estuvo soltero durante largos varios años, no me parecía agradable que justamente ahora estuviese buscando algún tipo de relación amistosa, pero tampoco quería comportarme controladora. Él también podía tener amigas.

Repetí su explicación en mi mente y escogí las mejores palabras sin sonar a la defensiva o una celosa compulsiva.

—Genial. Está bien.

Me convencí, asintiendo y sonriendo voluntariamente.

Luke carcajeó, dándose cuenta de que estaba conteniendo mis ganas de decir algo más. No se tragaba en lo absoluto mi respuesta.

—¿Estás celosa?

—No te rías.

—Joder, es patético que lo estés, ¿quieres saber por qué?

La diversión seguía en su rostro.

—Hey, detente —me quejé, agregando en voz baja—. No da gracia.

—Hasley, es estúpido. No importa con cuántas chicas me hable o si les gusto. ¿Crees que querría perder a la chica que me ha gustado desde los diez años? No hay necesidad de sentir esas mierdas, te amo a ti, a quien quiero a mi lado por siempre es a ti, nunca tengas esas ideas de que te dejaré por alguien más —confesó—. Mi vida tiene nombre y apellido, y es el tuyo.

—¿Diez años? —me sorprendí, dejándome boquiabierta.

—¿Comprendes? Joder, eres demasiado adorable, tus mejillas están rojas —declaró.

—Mi mente apenas está procesando —admití—. Quiero besarte.

—Hazlo —animó.

Me puse de puntitas y le di un beso en los labios, pequeño y corto.

—Eres el mejor.

—Tú lo eres —devolvió—. Amor, cambiando de tema, quería hablar contigo.

—¿Sobre? —contesté dubitativa.

—¿Podría pasar por ti en la noche? Tenía pensado pedirle permiso a tu madre. —Llevó su mano a mi cabello y sujetó un mechón—. Pero si te sientes muy presionada por el instituto puedo posponer todo.

Lo observé.

—No, salir contigo me hace bien —admití y me regaló una sonrisa.

—¿Estás segura de ello? —cuestionó, elevando una de sus cejas—. No quiero ser el causante de que repruebes…

—Lo estoy, Luke —interrumpí—. Todo saldrá bien con mis proyectos si me mantengo al día, en serio, no hay por qué preocuparse.

—Está bien —suspiró.

Dejó de jugar con mi cabello y cogió mi mentón para atraer mis labios a los suyos. Fue uno suave y detallado, tanto que sentí hasta la más minúscula célula de su piel moverse sobre la mía, como si tratase de grabar la textura de mi labio, el sabor y lo más minucioso que había en ellos. Se separó unos centímetros para mirarme tan determinante que sentí mis piernas flaquear, como si viera todo en mí con tan solo observar mis ojos, grabando mi mirada, el color y la dilatación de mis pupilas, y eso hice yo también.

—Te amo —pronunció sentimental—. En serio lo hago, no tienes una idea de cuánto, ni del miedo que siento al imaginarme de arruinar algo. Te amo, Hasley Weigel.

—Yo igual te amo, Luke Howland —confesé con una sonrisa abrazándolo con fuerza. Él me tomó de la cintura y dio una pequeña vuelta haciendo que yo riese—. ¡Detente!

Acató lo indicado por mi parte y nos separamos. Luke tenía una gran sonrisa en su rostro la cual llegaba hasta sus ojos, estaban entrecerrados, pero lo que más amé fue el hoyuelo que se hizo presente en su mejilla, amaba ver eso de él, amaba la manera en que su nariz se movía o cualquier característica que se manifestaba cuando reía.

Su sonrisa era la más lúcida ante mis ojos.

Pasó su brazo por mis hombros y me atrajo a él, presionándome contra su cuerpo para comenzar a caminar por los pasillos entre la multitud de alumnados que iban de punta a punta para ir a sus casas, me rodeaba con tanta facilidad haciéndome sentir tan diminuta, mencionando que igual sacaba dos cabezas de altura. Luke Howland era una persona muy alta para su edad.

Alcé mi vista hasta su rostro, la suya iba al frente, pude apreciar su nariz, su cabello, sus pestañas que se abatían y el *piercing* que era atrapado por sus dientes.

—¿Quieres ir a tu casa o vamos a otro lugar? —propuso, sus dedos comenzaron a moverse rítmicamente sobre mi hombro.

—Creo que sería mejor ir a casa. —Creé una mueca—. Así le podría avisar a mi madre que saldré más tarde contigo.

—Me parece perfe... —él no pudo terminar porque su celular comenzó a sonar—. Demonios, cuanto odio los celulares —murmuró alejando su brazo de mí para poder sacar el pequeño aparato y ver la pantalla, escuché cómo insultó por lo bajo y contestó—. ¿Valdrá la pena? Porque si no es así juro que llegaré a golpearte —mofó hacia la otra persona, hubo un pequeño silencio y frunció el ceño—. Voy saliendo, ¿por qué? —Rodó los ojos—. Dímelo...no, ¡joder André!

Nos detuvimos en un peldaño de las escaleras, Luke soltó un suspiro, viéndose irritado por lo que su mejor amigo le estuviese diciendo.

—¿Qué pasa? —pregunté impávida, siendo innecesario porque él solo agitó su mano en forma de espera.

—¿Quién? —Sonó ecuánime—. ¡Solo dímelo! ¿¡Entonces para que mierdas me hablaste!? —vociferó y di un pequeño salto por la forma en que lo dijo—. ¡André! ¡Si no me ibas a decir nada de...!

Y repentinamente guardó silencio, su rostro se puso serio, pero todo su cuerpo se tensó. Conocía a Luke, en el tiempo que llevábamos juntos, podía asegurar que se salió de su órbita, el espacia en donde se hallaba había colapsado.

— ¿Estás seguro de eso? —Su voz tembló, cerró los ojos y tomó una bocanada de aire.

—Cariño —lo llamé.

Siendo brusco, guardó su celular nuevamente y pasó ambas manos por su cabello frustrado, estaba enojado, lo demasiado para que yo pudiese ver cómo la vena de su cuello se hacía presente quedando sobresaltada, su rostro se tornó de un color rojizo y soltó unas cuantas obscenidades al aire.

—¿Dónde está ese maldito imbécil? —demandó.

Su celular volvió a sonar, pero esta vez lo ignoró.

—¿De quién hablas? —pregunté un pasmada por su cambio tan repentino.

Luke me ignoró por completo y comenzó a caminar con grandes zancadas hasta la salida del instinto, iba a una velocidad demasiado rápida que tuve que apresurar mi paso para poder alcanzarlo y preguntarle con más autorización sobre su actitud, él llegó a la salida y empezó a buscar entre el tumulto de estudiantes a alguien, no entendía absolutamente nada.

¿Qué demonios le había dicho André?

Guardé su collar dentro de mi mochila y agitada, intenté tomarlo del brazo, sin embargo, fallé. Visualizó su objetivo y se dirigió a este, todo tuvo sentido cuando pude divisar a la persona

Oh, mierda.

Esto no era nada bueno y no habría resultados concurrentes con raciocinios lógicos para su defensa.

—¡Luke, detente! —ordené inútilmente, evitando cualquier agresión de su parte, pero la rabia lo estaba controlando.

—¡Tú! —farfulló por encima de todos los parlantes—. ¡Eres un gran hijo de puta!

Matthew no tuvo ni oportunidad de siquiera poder mirar bien a Luke, cuando el puño de este dio directamente contra la esquina de la boca del pelirrojo haciendo que se tambaleara, aunque el equilibrio estuvo de su parte y exitosamente no cayó al suelo, se tocó la parte golpeada mirando incrédulo a Luke.

—¿Qué es lo que te ocurre, idiota? —espetó incrédulo Matthew por el golpe.

—¡Eres un cobarde! —ladró—. ¡Un gran cínico!

Lo empujó ejerciendo gran fuerza, pero el chico no cedió a caerse.

—¡¿De qué estás hablando?! —ahora, él gritó igual de enojado.

De pronto, todas las personas se encontraban alrededor de ellos admirando la escena que se montaban, caminé lo suficiente para estar más cerca y así evitar que Luke le diera otro golpe al chico.

—¡Maldito seas, Matthew Jones! —farfulló.

Los ojos del rubio desprendían fuego y lanzaban dagas hacia Jones, quien al quitarse la mano de la zona afectada pude ver cómo un poco de sangre brotaba de su labio. Jadeé horrorizada.

—¡Deja tus idioteces y sé directo! —pidió cansado.

—¡Te voy a matar, gran cínico de mierda!—abucheó, y atrapándolo de la camisa lo estampó contra la pared.

—¡Luke! —chillé—. ¡Detente, por favor!

—¿Quieres que te diga? ¡¿En serio quieres?! —masculló junto a una risotada carente de humor—. Trataste a Hasley como infiel cuando tú lo fuiste primero.

Al oír aquellas palabras ser pronunciadas, mis ojos se abrieron y la incredulidad se plasmó en mi rostro. No sé si había escuchado bien. ¿Matt me había engañado? Miré al pelirrojo incrédulo por la declaración del rubio, sus ojos verdes viajaron de mí hacia los de Luke.

—No sé de qué estás hablando —acezó, tratando de quitarse al chico de encima.

—¡Claro que lo sabes! —ladró—. ¡Te metiste con mi prima Jane! ¡Y sabes que sí lo es porque tú escuchaste cuando ella lo dijo el día del cine! ¡Estuviste engañando a Hasley con mi prima! ¡Lo sabías, lo hiciste y aun así tuviste el maldito descaro de humillar a la chica que te quería!

Escéptica, di unos cuantos pasos hacia atrás. Ahora entendía por qué Jane actuó tan indiferente y tensa el día que fui a verla para poder hablar de Luke. ¿Por qué me había hecho eso Matthew? Lo miré dolida, en una microscópica parte de mi pecho había una decepción, pensé muchas cosas buenas de él y nunca fue así.

No es como si yo hubiese actuado de la mejor manera, no era un ejemplo ni una justificación de lo que pasó, pero es horrible cuando crees tener expectativas de alguien y resulta ser peor que tú, sobre todo cuando has sido quien tuvo toda la carga de los problemas y se sacudió como si no tuviese ningún pecado por el cual ser apedreado.

—Hasley —me habló.

—No, ni se te ocurra pronunciar de nuevo su nombre —Luke le amenazó.

—Detente —indiqué—. No vale la pena, solo suéltalo y olvida todo, por favor.

El aludido me miró y apreté mis labios indicándole que parase. Solo quería que todo quedara atrás, que ya no se tomara en cuenta. Las cosas pasaban por algo y quizás así era por esta ocasión, tal vez fue para darme cuenta de quién era realmente Matthew y poder tener a mi lado a la verdadera persona que amaba. Entonces, ya no importaba nada del pasado.

Luke asintió y a regañadientes soltó al chico, mirándolo con asco y alejándose a una distancia adecuada de él. Cuando creí que todo terminaría, el chico de tez pálida habló:

—Sí, sí lo hice —afirmó en voz alta obteniendo la mirada del rubio—. ¿Y sabes qué, Luke? ¡No sabes cuánto lo disfruté!

—Bastardo —masculló.

Por un segundo, pensé que se daría la vuelta y lo ignoraría. No fue así.

Dio dos pasos grandes y le proporcionó un gran golpe. Esta vez, Matthew no se quedó de brazos cruzados, él se lo devolvió. De pronto, los dos se encontraban golpeándose. No sabía qué hacer, estaba congelada ante todo esto, tenía que actuar rápido antes que uno de los dos se hiriera de gravedad. ¿Por qué nadie se metía a separarlos? ¿Y los integrantes del equipo de baloncesto?

—¡Deténganse! ¡Luke, basta!

—¡Tú no te metas, Weigel! —espetó el más alto.

—¡Hasley!

Una tercera voz. Por el rabillo del ojo me cercioré de que se trataba de Neisan.

—¡Matthew suéltalo! —gemí ahogándome—. ¡Basta!

—¡Aléjate!

Uno de ellos, me empujó, ocasionando que cayese al suelo de lado. Mi cabeza se golpeó contra el pavimento y me mareé. Mi rodilla dolía ante el acto. Los gritos dejaron de oírse y capté un sinfín de advertencias. Me puse de pie a pesar del dolor, segura de que sangraba mi zona afectada, mi mente se nubló y el grito desesperado de Luke cerca de mí se proyectó.

—¡Hasley!

Y cuando alcé mi mirada, capté solamente la de Luke con un terror indescriptible en sus ojos, al borde del colapso y la demencia. Entonces, recordé cuando aprecié sus orbes azules minutos antes.

Lo último que sentí fue una gran oleada de aire atravesar mi cuerpo al instante que algo me golpeaba de un lado. Mi cabeza chocó y mi cuerpo se congeló convirtiéndose todo en negro.

Luke

El odio me estaba controlando, cuando André los nombró a ambos, todos mis sentidos se fueron y perdí la cordura. Quería destrozarlo con mis propias manos a ese imbécil. ¿Quién se creía? ¿Qué pensaba que Hasley era? ¿Por qué lo había hecho? Tenía la certeza que la engañaba, que de alguna manera no la estaba tomando en serio en ese momento como su novia, pero jamás imaginé que fuera con mi prima, se metió con mi maldita prima.

Ella me las pagaría.

—Detente — pidió Weigel—. No vale la pena, solo suéltalo y olvida todo, por favor.

La volteé a ver y ella apretó sus labios.

Cavilé muy bien las cosas. No quería que hubiera más problemas, lo mejor sería dejar todo por la paz. Asentí y regañadientes liberé a Matthew de mi agarre dándole un gesto asqueado para largarme de ahí. Sin embargo, el idiota no tenía pensado dejar las cosas así.

—Sí, sí lo hice —afirmó con la voz dura causando que lo mirase de nuevo—. ¿Y sabes qué Luke? ¡No sabes cuánto lo disfruté!

Mi cuerpo se enerva de rabia al escucharlo.

Sabía que lo había hecho por venganza, porque me metí con Hasley aún ella siendo su novia, pero el descaro era lo único que tenía ante las palabras que había escupido. Utilizó a Jane.

Maldito él.

—Bastardo —siseé.

Di dos pasos grandes y golpeé su mejilla, pero enseguida me lo devolvió. Yo no medía mi fuerza, estaba descargando todo, desde que lo vi cerca de ella, cuando me mostró esa risa burlona, el día que la besó. Todo.

—¡Deténganse! ¡Luke basta! —La voz de Hasley sonó.

—¡Tú no te metas, Weigel!

—¡Hasley!

La voz de Neisan gritó y recé al cielo para que la alejara de nosotros, lo que menos quería era que recibiese un golpe de nuestra parte.

—¡Matthew, suéltalo! ¡Basta!

—¡Aléjate! —este farfulló y la empujó.

Atisbé cómo la chica cayó a trompicones sobre la calle.

Lo cogí del cuello de su playera y lo estrellé contra el suelo, él gimió y quise repetirlo pero entonces alguien me alejó.

—¡Ya fue suficiente! —Zev gramó.

Miré por encima de mi hombro para darme cuenta de que Neisan me sujetaba. Me deshice de su agarre y arremeté al castaño.

—¿Ahora quién es tu verdadero amigo, imbécil? —gruñí—. Al final te volvieron a engañar.

Él dio un paso al frente retándome y Neisan se puso en medio de los dos.

—Ya.

Le hice caso pero no porque quisiera, sino porque mis sentidos se despertaron al instante que escuché los gritos de las personas que estaban a nuestro alrededor, ya no hablaban de la pelea entre Matthew y yo. Era sobre algo más.

Volteé en busca de Hasley y di con ella, mi cuerpo se tensó, la angustia comenzó a accionar en mi cuerpo. Ella se sobó la cabeza y su mirada chocó con la mía. Preocupación, pasmo, temor, fueron las primeras características en mi rostro mientras el suyo solo mostraba confusión.

—¡Hasley! —gramé.

El miedo no me dejaba pensar bien. Iba a ocurrir un desastre y no estaba listo para ver. Mis piernas se movieron, corriendo en dirección a ella, repetía en mi cabeza solo una cosa:

Aquí estoy, siempre estaré para evitar que caigas.

Pero quizá llegué tarde. Llegué tarde una vez más. Y la mirada perdida de mi ángel se esfumó cuando cerré los ojos.

Hasley

Me incorporé poco a poco en el colchón y me sobé mi cabeza, con mis ojos escaneé mí alrededor y me di cuenta de que me encontraba en la habitación de un hospital. Observé las palmas de mis manos que tenían pequeños raspones, quité la sabana que había sobre mí y pude divisar que mi rodilla estaba vendada, me había lastimado más de lo pensado.

Bajé de la camilla hasta que mis desnudos pies tocaron el frío suelo causando que diera un tambaleo. Pude ver que el bolso de mi madre yacía en el sillón que se encontraba a lado de la camilla junto a una sudadera negra de hombre, supuse sería de Luke.

¿Dónde estaban?

A pasos lentos, comencé a caminar hasta la puerta para poder salir al pasillo, pero la aguja que estaba enterrada en mi mano hizo que me detuviera, sin mucho éxito me la quité y gemí por el dolor que aquello causó. Salí hacia el pasillo desolado, salvo que había unas cuantas personas afuera, empecé a caminar, aunque mi recorrido no fue mucho. Mi madre venía junto a… ¿Zev?

—¡Mi amor! —Mi madre se alegró.

Me di cuenta que sus estaban muy hinchados y rojos. Estuvo llorando.

—¿Qué tanto tiempo he dormido? ¿Qué hora es? —pregunté.

—Dos horas y media, van a dar las seis de la tarde —respondió—, ¿te sientes bien?

—¿Qué hace él aquí? —demandé por la presencia del rizado.

—Mejor vamos adentro, cariño.

Fruncí mi ceño, confundida, pero obedecí a su petición. Me di la vuelta para volver a la habitación que me hacía sentir más enferma, no odiaba los hospitales, aunque no era mi lugar favorito para pasar una noche.

—¿Y bien? —inquirí.

—Hasley... —Zev inició.

—No, tú cállate —emití de mala gana—. Ni siquiera sé qué haces aquí. ¿Mamá?

—Si Zev está aquí es porque se preocupa —dijo poniéndose a su lado.

La miré incrédula para después soltar una risa irónica.

—¿Preocuparse? —Di un gran suspiro y sacudí mi cabeza varias veces, ella no sabía nada sobre lo ocurrido en los últimos meses—. Solo quiero saber dónde está Luke.

—Te lo voy a decir.

—Solo escúchalo —añadió ella—. Por favor, amor.

—Bien —accedí sin ninguna otra opción.

La habitación se quedó de un completo silencio.

—Estoy esperando.

Zev dio un suspiro y con eso un paso hacia mí.

—Estaba presente cuando vi cómo caíste al carril contrario —comenzó a hablar—. El camión iba a impactar contra ti, estaba a unos cuantos metros, ya no podía detenerse, estaba muy cerca y... Luke se metió.

—¿Qué? —murmuré, sentí mi cuerpo entrar en pánico.

—Te alejó dejando como único objetivo del choque su cuerpo... Él fue quien terminó impactándose.

—¿Y cómo está? —gemí con cierto temor, Zev bajó su mirada y mi cuerpo se heló. Miré a mi madre quien se cubrió la boca al instante y supe que no era nada bueno—. ¡¿Qué pasó?!

—Hasley... él no pudo... —Zev negó—. Vino al hospital en un estado muy grave, fue infarto cerebral.

—No... —Di unos cuantos pasos atrás y dirigí mi vista a la mujer—. Esto no...

—Lo han reportado como muerto hace una hora y media. —Ella declaró en un aludido.

Mi cuerpo se congeló en ese instante, sentí la impotencia viniendo y todo lo que viví junto a él fue un claro caleidoscopio pasando en mi mente, fueron segundos, tan pocos. Todo, absolutamente todo se presentó. Desde el día en que mis ojos y los suyos se conectaron aquella vez que caí de las gradas, las veces que corríamos al callejón, sintiendo tan real su primer toque y su primer beso, sus palabras susurrando los *te amo* cerca de mi oído y sus caricias.

Su mirada fue lo último que se proyectó antes de que yo cayese al suelo. Mis lágrimas no salían debido a que aún seguía en shock, todo se hizo oídos sordos ante mí, ya no escuchaba, ya no veía, ni siquiera sabía si seguía respirando, el dolor en mi pecho me estaba consumiendo. Perdí la noción de todo. Quería creer que esto era una mentira, un terrible y espantoso sueño, que estuviese todo en mi mente, pero sabía que no era así, el dolor se presentaba para recordarme que me encontraba pisando tierra a la realidad.

—Hasley. —Escuché la voz de mi madre a mi lado, mientras con una de sus manos me movía—. Hasley, cariño, mírame.

Lentamente giré mi rostro a ella, en sus mejillas se deslizaban una que otra lágrima y vi mi vista nublarse. Pronto me derrumbaría.

—Dime que es mentira —susurré aún con esperanzas mientras sostenía mi corazón entre mis labios.

—Mi amor. —Arrastró las palabras con tanta tristeza pura—. De verdad, lo siento...

Y fue peor, mucho peor escuchar aquello. El peso en mi cuerpo se hizo más grande, mis manos estaban frías y cayó la primera lágrima.

—No... No, no, no —repetía entre balbuceos—. Eso no es cierto...

«Caería primero por ti para bloquear tu dolor.»

Esto no era real, él debía de estar conmigo a mi lado.

Comencé a gritar todo lo que podía, lloré lo suficiente para que mi alma dejara de doler, pero no funcionaba, no se detenía, seguía lastimando en lo más remoto de mi interior, me estaba quemando sin prender fuego, era como tratar de comer cristales rotos. Hería. Hería tanto que querías sacarte el corazón para acabar con esta maldita mierda, y no tenía palabras para poder describir con una exactitud lo que estaba sintiendo en ese momento, porque no había, no se podía. Ni siquiera la palabra más fea o dolorosa podía caber en un significado gigante a este sentimiento.

—¡Él prometió estar conmigo! ¡Él no está muerto! —Sentí mi garganta arder al pronunciar aquello—. ¡No es verdad! ¡Luke!

Me veía tirando los objetos que había a mi alrededor, tuve la facultad de percibir el olor metálico de la sangre, sabía que me había lastimado, sin embargo, no me importaba tanto en ese momento, porque aún tuviese heridas físicas, nada se comparaba a la emocional y sentimental. *Mierda*. Todo me daba vueltas, mi cabeza dolía y seguía viendo las imágenes de Luke recorrer mi mente, su sonrisa desvaneciéndose con mis lágrimas, escuchaba sus carcajadas y repitiendo mí apellido miles de veces. Era una tortura, una bonita y triste tortura.

«Nos estamos destruyendo de la forma más hermosa y bella que hay, ¿te das cuenta? Estamos creando nuestro propio boulevard, solo *que este tendrá un final para uno de nosotros y déjame decirte que no me arrepentiré.»*

Ahora sabía cuál era el final, comprobé por mí misma también el verdadero dolor del alma y me daba cuenta de la destrucción divina que él me estaba proporcionando sin la menor de las intenciones.

Entonces, el recuerdo más doloroso y bello que tenía en mi memoria, me atacó. Quemándome el pecho y oyendo cómo mi corazón crujía.

«Te dije que te amo y siempre lo haré, en esta vida y en mil más. Hasley, lo hago y no me arrepiento, y si eso implica dar mi vida por ti, lo haría, lo haría sin pensarlo porque la mía siempre será la tuya, porque siempre se tratará de ti, siempre ha sido así».

Se sintió como un balde de agua fría, como si estuviese caminando entre filosos cristales y agujas, penetrando de una forma inhumana y bestial mis sentimientos, mi cuerpo y mi corazón. Mi respiración comenzó a dificultarse, mi aliento se sentía frío y mi cabeza demasiado grande, un dolor invadió mis sienes mientras cubría con una mano mi boca.

Di unos cuantos pasos hacia atrás hasta que la pared me detuvo, me deslicé al suelo y ahí, destrozada, pasé mis manos por mi cabello, jalándolo, intentando sentir algún otro dolor que no fuese esta jodida mierda, no quería que nadie me tocase, o siquiera se atreviese a decir que me calmara, porque no serviría de nada.

No lo haría.

«Rompe mi corazón si quieres, pero no te vayas. Nunca lo hagas».

Él no lo rompió pero sí se fue, se fue de mi lado y para siempre.

—¡LUKE! —grité todo lo que pude.

Repitiendo su nombre muchas veces con temor a que dejara de existir igual.

Él ya no estaba más. No estaba más a mi lado y jamás lo volvería a estar. Nunca volvería a sentir su áspero cabello entre mis dedos, su sonrisa lobuna cuando decía algo en lo que estuviera bien y yo mal, sus abrazos haciéndome sentir protegida y tan pequeña, jugando con su pequeño arito de metal en su labio, no volvería a sentir su escasa barba de algunos días rozando alguna parte de mi rostro, no volvería a jugar con mis dedos o besarlos mientras decía algún cumplido, ni mucho menos volvería reír conmigo.

Pero, sobre todo, lo que dolía más, era que ya nunca más en mi vida escucharía su angelical voz pronunciando mi apellido de distintas formas.

—Necesito verlo —rogué, cruzándome la idea de gatear por el suelo—. ¡Quiero estar con él!

—Sí, sí lo verás, pero no en este estado, Hasley... —Mi madre murmuró.

—¡Quiero verlo! ¡Maldita sea! ¿¡Qué tengo que para poder ver a quien amo!?

Ella me miró con lágrimas y asintió, cogió mi mano y nos dirigimos afuera, mi labio inferior temblaba y mi corazón latía rápidamente. Estaba tan perdida en esta pérdida que no me percaté que mi madre se encontraba hablando con unos señores y un doctor, entonces supe que eran los padres de Luke, por primera vez podía verlos, y mi alma dolió. Dolió al recordar que él quería que yo los conociera.

—Es esta habitación. —Mamá señaló.

Temiendo, me adentré. Me acostumbré, tomándome mi tiempo, a la tenue luz que me proporcionaba el cuarto.

Así fue que lo vi. Un cuerpo yacía en aquella camilla, siendo cubierto por una sábana blanca, mi pecho se oprimió al tan solo saber que él se encontraba justamente al frente mío. Temblorosa, me acerqué y siendo tan cobarde, bajé la tela blanca.

Mi mundo se vino abajo.

Me paralicé y mi vista se nubló de nuevo, no. Dios mío, no...

Su rostro. Su hermoso rostro que tanto amaba, sus labios que ya jamás volvería a sentir, ese hoyuelo cada que sonriese, o la manera en que los fruncía y arrugaba la nariz. Nunca.

Vi la imagen muerta del amor de mi vida.

—Por favor, vuelve...

Tenía la esperanza que él me respondiese lo que fuese, pero sabía que no lo haría, ya no lo volvería a hacer y eso aumentó más el dolor. Pasé mis dedos por su cabello, por su perfecto cabello, grabándome el espesor de este, tratando de tatuármelo con el sentido del tacto.

Las yemas de mis dedos rozaron su fría piel, estaba muy pálida, abracé su cuerpo, recordando todos sus abrazos y lo tan protegida que estos me hacían sentir, su pecho no subía ni bajaba. A diferencia de tantas, esta vez no oía el latir de su corazón.

—No me dejes... Prometiste estar conmigo.

Mis lágrimas se resbalaban y tenía la intuición de que estas quedaban impregnadas en la piel desnuda de su torso. *Mierda, cuanto dolía.* Lo había repetido tantas veces, pero eso nunca me llenaría o haría entender qué tanto estaba doliendo, era un infierno lo que estaba viviendo en ese momento. Me moría en vida.

—Hasley... —La voz de mi madre sonó a mis espaldas.

Me incorporé para verla y negué varias veces, apretando mis dientes.

—Se fue... me dejó.

Se acercó a mí, poniendo su mano en mi mejilla y proporcionarme unas caricias, me dio una mirada sombría y dio una respiración profunda.

—A él ya no le dolerá más.

Después de decirlo, sus ojos inundaron.

—¿De qué hablas? —musité.

Formó una tensa línea sobre sus labios y le echó una mirada a Luke para luego regresarla a la mía, hice lo mismo deteniéndome en su cuerpo y escanearlo.

No quería aceptar el pensamiento que cruzaba por mi mente. Me negaba. No podía ser cierto.

Volví a mi madre y ella añadió:

—*Ya no le duele.*

Y entendí.

Entendí perfectamente eso. Me volví débil. Ella se refería a la vida de Luke, por lo que pasó todo este tiempo y sintió hasta su último suspiro.

—Cómo sabes... —quise formular, creando una cuestión de la cual ya sabía de su respuesta.

—Era mi paciente desde hace un año —admitió—. Él me pidió que no te dijera nada.

Ahogué un jadeo.

—Eres Blodie.

Mamá asintió, su mano se hizo puño y con él cubrió su boca.

—Algunos secretos pesan más que otros. No quería involucrarte.

No supe qué decir, así que me tiré a sus brazos, lagrimeando por estos acontecimientos, por muchas cosas, por lo que había pasado, porque era demasiado al darme cuenta de que en la mañana me besó, me abrazó, me dijo lo tanto que me amaba sin saber que sería la última vez de todo, y ahora... ahora estaba llorando porque ya no estaría más a mi lado. Por su ausencia.

Esa noche lloré, pataleé, grité, hice de todo para que pudiera eliminar cualquier tipo de dolor y volviera, pero fue en vano, porque él no regresó.

Luke

Meses atrás…

Volvía a repetirme lo tonto que se me hacía seguir viniendo a esta estúpida oficina donde aquella mujer solo me preguntaba cosas tan absurdas, sin embargo, tenía demasiado paciencia.

—No tengo ganas de hablar, Blodie —corté a la mujer.

—Luke, es Bonnie. Ya hemos hablado de eso —me corrigió por milésima vez.

Desde que mi culo tocó este asiento había estado diciéndole *Blodie*, ya que, se me hacía divertido y ver cómo suspiraba, quería sacarla de sus casillas, pero simplemente esta mujer no daba su brazo a torcer.

Aunque en realidad preferí llamarla así porque el primer día de terapia me confundí de nombre y para no joderme inicié esa pequeña aventura contra corriente.

—Su nombre me aburre. Ya hemos hablado de eso —le copié, elevando la comisura de mis labios.

Hubo un completo silencio. Me puse de pie y comencé a deambular por toda la oficina, no tenía idea de por qué demonios lo hacía si donde sea que girase veía blanco, ¿por qué demonios siempre los cubículos psicológicos eran blancos? ¿Por qué no azules, verdes o amarillos?

Observé la imagen enmarcada que tenía. Era incómodo estar cerca de la madre de la mejor amiga del ex de mi prima. Y aunque conocía perfectamente quien era su hija, no me daba muchos ánimos hablar de eso, la mujer me preguntaría sobre mi semana y no podía decirle solamente *"pues he interactuado con su hija, ¿sabe que llega muy tarde a sus clases? Weigel es muy despistada",* así que mejor tendría que pensar en una historia monótona.

—Usted es madre soltera, ¿no es así? —indagué sin escrúpulos.

—Sí.

Volteé a verla y me fijé que tenía una mirada orgullosa de eso, aquello me hizo levantar la comisura de mis labios, volví mis ojos a la fotografía y ladeé mi cabeza.

—Ella es bonita.

Bonnie soltó una risa mientras movía a un lado su dona glaseada, le dediqué una mirada burlona y después me dejé caer en el sillón marrón que había allí. Esto no debía de estar pasando, los psicólogos tienen prohibido entablar alguna relación sentimental con sus pacientes porque eso no era algo ético, realmente pensaba que aquello era basura.

—Quiero hacerte una pregunta —pronuncié captando su atención.

—Por supuesto, dime. —Se irguió en su asiento.

—¿Por qué dejas que me acerque a tu hija? —solté. Tenía esa duda desde hace días, ella sabía que frecuentaba últimamente con Hasley y no lo impedía—. Quiero decir, sabes lo que soy, no puedo idealizarme como una mejor persona, soy un desastre, son tan toxico que respirar el mismo aire para alguien tan inocente y buena como lo es Weigel puede llegar a ser venenoso. Estoy podrido.

La mujer pelinegra puso sus brazos por encima de su escritorio y me miró fijamente, estaba meditando sus palabras, a pesar de su silencio, habló:

—Porque lo malo a veces resulta ser tan bueno —dijo—. Luke, tú no eres un desastre, eres un gran chico, aún más de lo que tú crees. Te conozco para saber que puedes brindar cosas buenas, aparte puedo ver que ella es feliz.

—No puedes decirle que soy tu paciente —supliqué.

—Y no lo haré, es una palabra de psicóloga a paciente.

—¿Ocurre algo Luke? —Blodie cuestionó—. ¿Has vuelto a fumar? ¿Cómo vas con tu padre?

—No hay nada bueno y sí, he vuelto a fumar, lo he hecho más de lo normal, ¿y sabe por qué? Porque esto es una mierda, porque la relación con mi padre empeora cada día más, él se ha vuelto un completo maldito y yo un jodido depresivo, a veces desearía tirarme de un puto edificio y acabar con esto. ¿Acaso Zach no me pudo llevar con él? ¿Por qué el conductor del tráiler no chocó más fuerte para que me fuese al infierno?

—Tranquilo...

No quería escucharla, solo necesitaba desahogarme, expresar lo que sentía y sacar la presión que todo esto llegaba a consumirme.

—A veces entierro mi cabeza en una almohada deseando ya no despertar más, dejar de sentir el dolor y el remordimiento, cada noche antes de dormir me hundo en mi jodido llanto con los recuerdos de aquel día en que le dije a mi hermano lo tanto que lo odiaba, lo mal hermano que era, la culpabilidad me carcome y solo quiero ya no ver nunca más el día, pero... —completé, de mis ojos ya descendían algunas lágrimas, de mi garganta salió un sollozo y di una gran suspiro—, pero después... Pienso en todo, y luego me retracto, no quiero irme, no ahora que tengo un motivo para seguir, esperanzas que alguien me dio.

—Entonces termina de recorrer ese camino —habló cálidamente—. Nunca dejes que nadie desvanezca tus sueños, tus metas. Todo lo que quieras, hazlo.

—Lo sé, terminaré mi camino, encontraré la salida, pero le enseñaré a alguien el significado de todas las cosas que estamos creando, aún eso me llevé al olvido, es gracioso, ahora entiendo porque dicen que el amor puede contra todo.

—¿Amor?

—Me han preguntado si estoy enamorado. —Ignoré su comentario dudoso—. Hoy en día esa palabra ya es muy deshonesta y disfrazada por las personas que creen estarlo, perdió el crédito y fe su significado, puedo decir que abordo más que sus defectos, porque ambos somos perfectamente imperfectos y está bien, porque yo la amo y ella a mí, ¿no es así?

Amaba a Hasley y lo haría siempre, porque ella era mi cajón de esperanzas.

Hasley

Los brazos de mi madre eran los que me reconfortaban, los que me mantenían de pie frente al sepelio, a mi lado estaba Neisan, el chico había llegado a mi casa al día siguiente que me dieron de alta, solo guardó silencio y me abrazó susurrando que llorara lo que quisiera, que el alma tenía que sacar todo lo que sentía, sin embargo, no me satisfacía.

Me sedaron cuando fue la velada, no me encontraba en el mejor estado y para evitar seguir dañándome, decidieron que sería la mejor opción para descansar un poco.

Pude ver que del otro lado se hallaban los padres de Luke, su madre era un llanto desmesurado, un muchacho más grande estaba a su lado, tenían un parecido y supuse que era su hijo Pol, también divisé a Jane y a su lado André junto a una castaña que yo desconocía, la mirada de la pelinegra se encontró con la mía y rápido la desvió. No sentía rencor, odio, ni nada. Y no me importaba cuantas veces lo repitiese. Lo único que necesitaba era a Luke.

Caminé dubitativa y observé detenidamente el ataúd, aún no podía creerlo, esto debía ser un mal sueño, Luke no se iría de tal manera, no me dejaría en tal estado, él sabía que sola no sobreviviría.

Saqué del bolsillo de mi saco su collar que me había dado antes del accidente y lo puse encima junto a una rosa.

—Dijiste que llevarías mi sueño —le murmuré—. No creí que fuera tan literal, porque lo estás haciendo, pero no solamente ese, igual lo haces con todos. No quiero cumplirlos si no sigues conmigo.

Quería que la caja se abriera y saliera él con su sonrisa que me hiciese ver su hoyuelo, no me importaba que tan enfermizo y estúpido fuese mi pensamiento, pero no podía aceptarlo.

Alcé mi mirada y se encontró con la de su prima, regresándola al ataúd; suspiré.

—*Hasta luego, Pushi.*

Me despedí.

Extrañaría que me mirase mal y luego gruñera lo tanto que odiaba eso.

El ardor se hizo presente en mi garganta y regresé a lado de mi madre, vi cómo bajaron aquel ataúd donde se encontraba el amor de mi vida, donde enterraban mi más grande sueño, lo hacían junto a mi corazón, lo estaban haciendo con mis murmullos, mis suspiros, mis risas y mi alma también.

Y cuando lo hicieron, cuando ya no pude ver más aquella caja, ahí me derrumbé y caí al suelo. Caí perdida en el dolor, el llanto y la impotencia de no poder hacer nada, tuve que aceptarlo, Luke se había ido de mi lado.

Oculté mi rostro entre mis manos y jadeé, sentí cómo me abrazaron, pero no se era igual, ningún abrazo se sentiría de la misma manera a los de él, ninguno que me hiciera entrar en protección, que me volviera pequeña.

—Hasley... —La voz de Neisan susurró en mi oído.

—Lo necesito...

No dijo nada más, él solo dejó que siguiese llorando, creí que mis gritos se escuchaban, pero cuando me di cuenta de que no era así, comprendí que solo mi corazón lo hacía en silencio.

—*Weigel, aquí estoy, siempre estaré para evitar que caigas.*

Pero era demasiado tarde, yo ya estaba cayendo en la profundidad del dolor, desesperación, tristeza y él no se encontraba más ahí para evitarlo.

Sentí la presencia de alguien, y con mi vista ardiendo intenté descifrar de quien se trataba. El mejor amigo de Luke estaba en frente de mí, unos lentes negros ocultaban sus ojos, me separé de Neisan con lentitud para dirigirme a André. Callado, él miró al suelo unos cuantos segundos.

—Se supone que esto... —Me mostró un disco de vinilo en su caja—, te lo daría en la noche de aquel día... —Entrecerré mis ojos. Gemí al recordar cuando me preguntó si podría salir con él por la noche—. Pero el destino no lo quiso así.

Lo cogí entre mis manos y leí lo que decía la pequeña caja: The Fray. El moreno solo apretó mi hombro y se dio la vuelta para alejarse. Una pregunta se plasmó en mi mente, teniendo la valentía de erguirme y correr hacia el chico.

—¡André! —grité para que se detuviera.

Él me oyó y se giró, se quitó sus lentes oscuros dejándome ver sus cansados e hinchados ojos. Igual estaba sufriendo.

—¿Qué pasó?—preguntó frunciendo con suavidad su entrecejo.

—¿Tú sabes a dónde me iba a llevar aquel día? ¿Sabes para qué?

Necesitaba que me respondiera, que me dijera, en serio lo anhelaba. Me valía si eso me seguía afectando.

André relamió sus labios y asintió.

—Te quería llevar a la cascada que está fuera de la ciudad, me dijo que iba confesarte muchas cosas porque no quería que hubiera nada malo entre ustedes dos, él quería sincerarse contigo. —Sus palabras eran como una puñalada a mi pecho, reprimí las ganas de tirarme a llorar pasándome las yemas de mis dedos por debajo de mis ojos—. Luke... Luke quería pedirte que fueras su novia, porque habían pasado muchos meses siendo nada.

—¿En serio? —Un sollozo se escapó de mis labios.

—Luke te amaba, de eso puedes estar segura —dijo en un murmullo—. Jamás lo había visto tan feliz y decidido en sus acciones ante alguien. Fuiste su mundo. Su salvación, ya no consumía tanta mierda, intentaba mejorar en lo que era y hacía. Te veía como una esperanza.

Quería decirle que se callase, que me estaba lastimando, ¿por qué no pude esperar unos días para preguntarle? Pero vamos, he sido yo quien lo decidió así. También cavilé que era lo mejor, decirme todo de una vez para que pudiera llorar, aunque no sabía si aún tenía lágrimas.

No había parado desde que me enteré de su partida.

—Es mi culpa, no debí llamarle —soltó y las lágrimas descendieron de sus ojos.

—No, no, André... no es tu culpa...

—Perdí a mi mejor amigo —musitó—. A mi hermano de años. El último día que charlamos... lo vi tan honesto, pero jamás imaginé que se estuviera despidiendo.

—Qué curiosa es la vida—me lamenté.

—Martha está destrozada, es el segundo hijo que pierde, ¿lo sabes?

—Sí... —respondí—. Miremos el lado bueno, Zachary y Luke ya están juntos, quizá ya es feliz.

—No —negó—.Empezó a serlo desde que te conoció.

Sonreí a medias por la declaración del chico, divisé por encima de su hombro a alguien que siempre había querido encarar y lo tenía a unos metros, llenándome de dolor y enojo.

—Pero lo mejor de todo esto es que ya no le dolerán los golpes.

Los ojos oscuros del chico me miraron de una forma indescriptible y siguió mi vista. No sabía qué estaba a punto de hacer, solo dejé que mis piernas trazaran un recorrido planeado, tenía al hombre que frustró por varios años a mi Luke en frente. El señor Jason se fijó, su ceño se frunció al percatarse, a su lado se encontraba Pol y la señora Martha.

—¿Hasley?

Mi madre llamó. No cedí.

—Hizo vivir a Luke uno de los peores infiernos cuando él solamente quería ser comprendido, no necesitaba de sus abusos, solo la voz paternal de alguien, algo que usted no fue. —Solté con rabia—. No intentó acercarse a él, lo hizo sentir culpable, el peor hijo del mundo, estaba ahogándose y usted lo hundió, Luke no merecía el trato que le daba. ¿Qué necesidad tenía de buscar alguna anestesia para su dolor sentimental? ¿Qué necesidad había para que él se alejara de Australia? Ninguna.

Los ojos de su padre me cernían, no los despegaba de los míos. Quería decirle tantas cosas, pero no salían, o simplemente no podía, porque algo me lo impedía, tal vez era un mínimo de respeto porque era el padre de la persona que tanto amaba.

—¿Y sabe? Quizá no lo tomaba en cuenta a veces, pero me iba a presentar con usted en la cena de navidad, porque después de todo es su padre, y sé que muy en el fondo, Luke le quería. Ese será su peor remordimiento.

Derramó una lágrima y supe que era hora de irme. Apretando mis labios me di la vuelta caminando de nuevo al lugar en donde ahora Luke se encontraba enterrado, miré una vez más la tumba y sonreí con nostalgia.

—Gracias por aparecer en mi vida.

Me sentía cansada, seca y vacía, ya no quería llorar, había algo en mi interior que ya no funcionaba más, desapareció tan repentino. Ya no aguantaba. Quería quedarme aquí, sin regresar a mi fría habitación tratando de asimilar la realidad, pero tenía que seguir con mi vida, aun cargando con aquel dolor que no se disipaba.

—Prometo que todas las mañanas despertaré tratando de creer que has estado soñando conmigo en nuestro boulevard, te amo...

.

Epílogo

LO QUE FUE Y SERÁ, ES POR TI.

Incorporándome en la cama, tallé mi cabeza para poder desvanecer el dolor, había desventajas de despertar todos los días, recordar a Luke era una de ellas.

Miré a mi lado y él no estaba.

Apreté mis labios reteniendo las ganas de querer llorar. Cerré los ojos para desaparecer el ardor que había comenzado a plasmarse en ellos. Aún no me acostumbraba, tenía la necesidad de correr sin destino alguno en busca de él, aún podía oír sus risas, sus gruñidos, aún tenía en mi mente su semblante vacío, su voz... Y el olor que desprendía su ropa. La nicotina mezclada con su perfume.

Eché todos mis pensamientos al fondo de mi cabeza y quité las sabanas que cubrían mi cuerpo para comenzar a vestirme. No quería ir al instituto, hoy empezaban las clases después de las vacaciones de diciembre. Me negaba a tener que presenciar muchos lugares que me hacían recordar a Luke pero, sobre todo, las gradas. Aquellas donde lo conocí, esas en las cuales mis ojos y sus ojos se encontraron por primera vez.

Había pasado Navidad sin él. Estuve esperando a que tocaran la puerta y detrás de ella se encontrara su angelical rostro con una sonrisa lánguida diciendo algo que para mí me resultase muy lindo, pero nunca pasó.

Y Año Nuevo, también. La pasé en mi habitación encerrada

admirando el collar que me había regalado.

Abrí mi closet, encontrándome con su suéter y no pude evitarlo, di un jadeo. Lo cogí entre mis manos y lo apreté sobre mi pecho soltando unas lágrimas, cavilé que lo mejor era secarlas y salir de mi habitación tomando mis cosas sin dejar el suéter de Luke.

Mamá se encontraba en la cocina y al sentir mi presencia su mirada se dirigió a mí. Me dedicó una sonrisa cálida, ella colocó mi desayuno sobre el mesón y siguió buscando en la alacena, me senté sobre el taburete sin muchas ganas de querer comer y di un profundo suspiro.

—Este año Luke iría a rehabilitación —pronuncié en un susurro.

Me dolía decir esas palabras, de hecho me dolía todo lo que viniera del chico, porque no había nada más doloroso que recordar algo que ya no estaba, pero era demasiado necia, para querer olvidarle y tratar de seguir con mi vida sin que su recuerdo me lastimara.

—Y yo tendría que ser fuerte por él.

Mi madre no dijo nada solo se quedó quieta, dándome la espalda.

Ella había intentado hacer de todo para que yo pudiera tratar de dejar a Luke en el pasado, Neisan siempre intentaba sacarme de mi habitación, indicando que hiciéramos algo que me gustara, como antes. Pero no entendían. No podía dejar en el olvido a alguien que me había marcado para siempre.

Luke se había alejado de mí, llevándose consigo mis gritos, arrasó como el peor de lo huracanes llevándose mis sueños en murmullos, fue el más grande incendio en mi vida y tan solo me dejó cenizas. Ella anhelaba que siguiese mi vida como antes de conocerlo, pero él había tomado gran parte de ella y sin darse cuenta me hizo dependiente a su persona, sujetó mi corazón y lo guardó para que nadie más lo hiciera. Se encargó de tomarlo de una manera tan bella e inocente para adueñarse de él.

—Y lo iba a hacer por mí —murmuré.

Escuché cómo suspiró mi madre antes de darse la vuelta y hacer que nuestros ojos se encontraran, los suyos ya estaban cristalizados, me dio una mirada triste después de un jadeo y se acercó a mí. Tomándome de las manos dio un beso suave a mi frente haciéndome sentir débil.

—No sabes cuánto me duele verte así —confesó, en un pequeño gemido.

—¿Cómo alguien, solamente en unos meses, se puede convertir en tu todo?—pregunté al borde del llanto—. ¿Cómo es que empiezas a depender de esa persona? Pero, ¿cómo puede llegar a doler de esta forma?

Ella bajó la mirada y negó unas cuentas veces, vi cómo una lágrima se escapó rodando por su mejilla y cayó al suelo.

—No sé... no sé —musitó dándose la vuelta—. Dios, se supone que soy psicóloga y no puedo responderle a mi hija —dijo en un tono casi inaudible sin que yo pudiese escuchar, pero lo hice.

Alejé la comida de mí levantándome del taburete, caminé unos cuantos pasos para salir de la cocina y antes de cruzar la puerta, regresé mis ojos a mi madre y la llamé.

—Yo sí —pronuncié ganándome su mirada, relamí mis labios y observé el suéter negro de Luke—. *Ahora sé que la droga más fuerte de un ser humano es otro ser humano.*

Finalizando lo pasé por mis brazos, recordando la noche en que me lo dio, diciéndome lo diminuta que me veía con él puesto, cuando vi aquellos hematomas y esa misma noche sintiendo la vibración en su espalda cuando carcajeó. Todo parecía tan real. Di una sonrisa melancólica ante tal recuerdo y salí.

➴

Neisan venía a mi lado, platicándome sobre algo de lo cual no estaba prestando atención, me encontraba pensando en cómo todo ahora era tan penumbroso, absolutamente todo el instituto sabía de mi existencia y la de Luke. Después de su muerte dejé de asistir al instituto, no presenté los exámenes finales y eso causó que mis calificaciones decayeran.

Suspendería historia.

—*Cálculo, Ciencias Sociales e... Historia.*

—*¿Historia?* —Reí—. *¿Quién suspende historia?*

—*¡Luke Howland!*

Y no pude seguir fingiendo que era fuerte, las lágrimas comenzaron a salir de mis ojos, sintiéndome tan débil ante tal recuerdo, uno de los últimos.

—¿Hasley?—La voz del chico sonó, tomándome del hombro y obligándome a que lo mirara—. No, por favor, tranquilízate.

—Quiero estar sola —pedí—. Solamente quiero pensar, pero a solas.

Él dio un suspiro.

—¿Estás segura de ello? —preguntó y yo asentí—.Está bien, pero te aviso que yo te llevaré hasta tu casa, y entra a las siguientes clases, preguntaré a los profesores si lo has hecho. Te veo en la salida, ¿bien?

Yo asentí una vez más y me di la vuelta.

Neisan era el único acompañante que tenía en el instituto, justamente como los días en que todo el peso del drama con Matthew.

Antes de que comenzara a sollozar caminé hasta donde mis pies me llevaran, pero al parecer mi sentido común no estaba en esos momentos, porque me dirigía al campo.

Fue tan poco el tiempo cuando todo empezó a atacar mi mente, los recuerdo venían en largos y rápidas ráfagas de imágenes con sonido. Mi mirada fue hasta las gradas y visualicé el primer día que lo conocí, cayendo torpemente de ella, él me miró teniéndome su mano y aquel fue el primer tacto que tuve con su piel. Ardía, ardía no volver a sentirlo nunca más.

Yo solo quería saber que había sacado de su bolsillo aquel chico.

Subí cada grada y me dejé caer en una donde caía la sombra, me acomodé a horcajadas, puse mi mochila entre mis piernas, intenté sentir el calor de su suéter, pero no era lo mismo, no se sentía igual, no me proporcionaba la calidez que sus brazos me brindaban.

Lloraba destrozada, ¿dónde estaba él para decirme que no me dejaría sola?, ¿que no me dejaría caer? Lloré y nunca escuché el *"aquí estoy"*.

Tiré mi mochila y subí mis rodillas hasta la altura de mi pecho para abrazarme a mí misma, porque de ahora en adelante así sería. No me importaba quien me viera, o me tuvieran lástima, de por sí ya la daba, aunque estábamos en horarios de clases, así que lo más probable es que no hubiera casi nadie por el campo.

El reloj nunca me pareció tan lento cuando estábamos juntos, pero ahora, con su ausencia reinando era una tortura, una de las más difíciles. No puedo continuar, pero sé que tampoco debo echarme para atrás. Solo veo que la vida va pasando, las personas siguen y yo siga hundida en su recuerdo.

Un sollozo fuerte se escapó de entre mis labios y limpié mis mejillas. Ya no quería que doliera. Quería olvidar todo, un día despertar y no saber que ocurrió en mi pasado, aunque no podía ser tan egoísta ante mi pensamiento. No quería olvidarle. No quería olvidar a la persona que más feliz me hizo, a la persona que me protegió, me cuidó y me amó sobre todo lo que cometí e hice.

—¿Hasley?

Volteé mi cabeza, encontrándome con la mirada de André. ¿Qué hacía aquí en el instituto? ¿Justamente en las gradas?

—¿André?

—Te estaba buscando —murmuró, tomó asiento en unas de las gradas de abajo, y jugó con sus dedos—. Sé que no has estado bien, es por ello que no preguntaré. —Se quedó en silencios durante varios segundos.

—Lo extraño —confesé y pasé mi dorso por mis mejillas.

—Yo también —admitió—. Todos lo extrañan.

—Si tan solo hubiese dejado que...

—Hasley, no, no. Él simplemente salvó su vida —inició y mostré confusión—. Si Luke seguía de pie era por ti, prácticamente tú eras su vida, su mundo. Solo hizo lo que hubieses hecho tú.

Mi corazón ya no soportaba más. Todo se había derrumbado, ya no quedaba nada de mí.

La mano de André se posó sobre mis hombros dando leves acaricias.

—Extrañaré sobre todo fumar y hablar mal de todos con él, o cuando iba al cine con mis citas y le suplicaba que me diera todo gratis. —Él rio haciendo que yo igual. A mi mente vino el día en que Luke le deseó que su próximo condón saliese defectuoso.

Sequé algunas lágrimas que vagaban por mi rostro e inhalé hondo.

—¿Para qué me buscabas? —me atreví a preguntar al chico.

André sacó de su chamarra un sobre blanco y fruncí el ceño.

—Hacía limpieza en mi habitación hoy en la mañana y la encontré... —Él hizo una mueca—. Es una carta de Luke, se supone que debía de estar dentro del disco de vinilo, pero al parecer mi torpeza se presentó y no la metí —admitió y sentí cómo mi pecho se oprimió—. Él te iba a pedir que la leyeras cuando estuviera fuera de Australia, pero.... ya no tiene caso si la lees ahora.

André me la extendió. Con temor y dolor en mi corazón la tomé, mi vista no se despegó de la carta, al frente pude observar la mala caligrafía de Luke y mis ojos se volvieron a cristalizar.

No podría.

—Gracias —murmuré.

—Me tengo que ir —avisó—. No quiero que me atrapen y te castiguen. —Él hizo una mueca con sus labios—. Hasta luego, Hasley.

Empezó a bajar las gradas, pero antes de que saltara la última, lo llamé:

—¡André! —Él se giró, lo que diría a continuación sería tan raro, pero no me importó—. ¿Podrías conseguirme ropa de Luke?

—¿Ropa? —preguntó incrédulo.

—Sí, por favor —supliqué.

—Lo haré, te la llevo hoy en la noche. —Él sonrió y se alejó, permitiéndole irse.

Esto no sanaría de la noche a la mañana. No en un abrir y cerrar de ojos. Ese tipo de cosas no funcionaban así, el dolor quedaría por siempre. Viviría con eso hasta que pudiese superarlo, salir adelante y curar mi corazón, sanar sus heridas y evitar dañarlo de nuevo.

Las horas pasaban y la culpabilidad me emanó.

Le fallé a Neisan, no entré a ninguna clase, se enojaría y me daría su sermón lleno de positivismo, aclarándome que mi actitud no ayudaría en nada. Qué no me dejaría tirar la toalla sin antes luchar.

Mis pensamientos se eclipsaron cuando vi a Zev mirándome desde lejos. Tragué saliva por lo alto y apreté mis dientes.

Ocurrió.

Zev Nguyen subía las gradas una por una, tomándose su tiempo. Llegó a mi lado y cogió asiento, aunque guardó una distancia considerable entre los dos. Mis párpados pesaron y el aire helado se coló entre mis labios.

—Perdón.

En un hilo de voz, él dijo. No me dirigió la mirada. Yo tampoco.

—No tiene caso.

—Lo sé, quizá no arregle nada, pero normalmente uno se disculpa para demostrarle al otro que en verdad se arrepiente. Lo estoy. Me equivoqué de la peor manera, perdí a la única persona que nunca me dio la espalda… y yo lo hice cuando más me necesitaba.

—Solemos darnos cuenta una vez que perdemos a ese alguien.— Lo miré y él a mí—. Así es la vida, Zevie. Una ruleta que no podemos controlar.

—Hasy.—Arrastró el apodo que hacía tiempo dejó de usar.

Algo que mamá me enseñó desde pequeña fue perdonar a quienes te lastimaron, pues el rencor y el odio no eran buenos para nuestros corazones. Vivir con resentimientos te volvía una persona miserable.

—Te perdono —indiqué.

—Gracias, no quise perderte.—Cogió mi mano, esbozando una sonrisa.

Sus hoyuelos.

—No —negué—. Te he dicho que acepto tus disculpas, solo por la amistad que tuvimos, porque pasamos muchas cosas juntos, y no me gustaría que fuesen fríos recuerdos, pero el perdonarte no significa que volvamos a ser amigos.

Deshice nuestro agarre y me puse de pie.

—Hasley, no lo hagas.

—Zev, no se traiciona a alguien que has conocido desde hace años —comenté —. Posiblemente aún tengas en claro la definición de lo que es la amistad incondicional. Te deseo toda la suerte del mundo.

Finalicé, cerrando una de las tantas heridas, diciéndole adiós a otra persona más.

Alrededor de las veinte horas, André tocó el timbre de mi casa esa noche, mamá estaba presente, por lo cual tuvimos que subir a mi habitación, pude notar un poco de felicidad en sus ojos, quizá imaginaba que comenzaba a ambientarme más, pero la realidad era que había pedido ropa de mí... Luke, nunca fue mi novio.

Pero Luke y yo fuimos el claro ejemplo que no se necesitaba tener una estúpida etiqueta para amar ante los ojos de los demás.

—No traje ropa interior —murmuró saliendo de mi habitación—. Creo que eso sería un poco enfermizo.

—Por supuesto que no. —Reí por lo bajo—. Gracias en serio.

—De nada —susurró—, y también te traje algunos discos de Luke, elegí los que más escuchaba.

Mi corazón se encogió al oír eso.

—Eres una gran persona. Muchas, muchas gracias —repetí cuando llegamos a la puerta principal.

—Oye, no agradezcas, fue hermoso escabullirme, sentí la adrenalina correr por mis venas —fingió emoción y le regalé una sonrisa—. Cuídate —indicó—. Vivo a unas cuantas cuadras de aquí por si se te ofrece algo más.

Antes de que se marchara, le regalé un fuerte abrazo. Cerré la puerta detrás de mí, caminé hasta la cocina y me apoyé en el marco, mi madre estaba preparando jugo, al verme, ella me sonrió.

—Voy a salir por unas horas, ¿puedo? —pedí permiso.

—Claro, pero ¿a dónde? —cuestionó frunciendo su ceño.

—Oye, estaré bien, lo prometo. Solo iré a un lugar...

Me di la vuelta para ir hacia mi habitación. Me quité la blusa y hurgué entre la mochila que André había traído, me había traído muchas. Por favor, por favor... Y sí, ahí estaba.

La camisa que había empezado todo.

Tomé la prenda entre mis manos, aspirando. Joder, su olor estaba presente, a pesar de que el olor a jabón se sentía, también se presentaba su perfume y la nicotina. No iba llorar, no ahora.

Me puse la camisa de Luke, y tomé mis cosas junto al suéter negro. Antes de salir, abrí mi mochila para sacar la carta que André me había entregado. Grité a mi madre que ya me iba, ella dijo algo, pero no pude entender, comencé a correr sin importarme que me cansara, que a estas horas fuera peligroso, simplemente; ya nada importaba.

Crucé la barda de madera como Luke me había enseñado la primera vez, el callejón seguía luciendo exactamente igual, la luna estaba en su punto y el arco del espejo con el grafiti hacía la semejanza de la iridiscencia. Todo parecía más hermoso, pero a la vez tan triste.

Me dejé caer apoyándome en aquel tronco del árbol en donde habíamos hablado de tantas cosas que hoy ya eran recuerdos que se desvanecían con el viento.

—Aún puedo sentir tu presencia —murmuré aferrándome a su suéter.

Miré la carta entre mis manos. Dios mío, dame fuerzas. Sentía que al momento de abrirla lloraría y me quebraría más de lo que ya estaba.

Sin embargo, tomé una gran bocanada de aire, y la abrí.

Su mala caligrafía. Y al leer las primeras letras, mis ojos se inundaron.

"Weigel:

¿Te he dicho lo tanto que me fascina decir tu apellido? Es como un placer, la facilidad con que puedo arrastrar cada palabra entre mi boca es sorprenderte y eso solo tú lo haces.

Weigel, promete que después de leer esto tratarás de ser fuerte por los dos y no irás a buscarme, ¿sí? ¡Promételo!

Sabes que si me estoy yendo es por ti, porque quiero ser alguien mejor para ti. Estoy preparado para darte un futuro junto a mí, pero primero necesito sanar. Quiero ir de la mano contigo en frente de todos, caminar al altar y esperar a que entres con un hermoso vestido blanco; tener hijos y cuando estemos lo demasiado ancianos reprocharte que tú fueras el amor de mi vida.

Te confieso que antes de conocerte no sabía qué iba a ser de mi vida y aunque aún estoy dolido por todo, me estoy poniendo de pie junto a ti. ¿Alguna vez has sentido cómo el mundo se te viene encima?, ¿cómo que todos se ponen en tu contra? Así me sentía, hasta que tú apareciste.

Y quizá llegaste un poco tarde. ¡Demonios, Weigel! ¿Dónde estabas? ¿Por qué tardaste tanto?

Pero, ¿estamos bien? Yo me siento bien ahora. Es por eso que me voy a rehabilitación, porque quiero comprobar que me estoy equivocando, que no llegaste un poco tarde, ¿verdad?

Ya estoy llorando y no tengo idea del porqué. He decidido escribirte esto, dos días antes de pedirte que fueras mi novia. Claro, cuando llegues hasta aquí podrás decir "Luke Howland es mi novio".

Te amo demasiado. Tú eres la razón de mi ser.

¿Te acuerdas cómo nos conocimos? Confieso que ya lo hacía desde antes.

¿Te acuerdas cuando me burlé de qué bebías raíz? Sigo pensando que es asqueroso.

¿Te acuerdas cuando preguntaste sobre mi camisa? Tuve ganas de encerrarte en la bodega del conserje, ¿qué demonios ocurría contigo? Me sentí ofendido.

¿Te acuerdas cuando te hice que subieras conmigo a las gradas y el profesor nos pilló con el cigarrillo? Entré en pánico por pensar que te llevarían a detención por mi culpa.

¿Te acuerdas cuando Matthew te invitó a salir? Sabía que no saldría nada bien, joder, sentí la rabia.

¿Te acuerdas cuando fuimos a comprar los discos? Me sentí muy feliz, pero todo se esfumó cuando peleamos. Te confieso que lloré esa noche por haber arruinado nuestro momento.

¿Te acuerdas cuando nos besamos por primera vez? Santo Dios, me quería ahogar en azúcar, era la persona más feliz y sobre todo porque pasó mientras sonaba Wonderwall.

¿Te acuerdas cuando le dijiste sí a Matthew? Lo hiciste porque te lo dije con los labios y me rompiste el corazón pero no te fuiste, cumpliste tu promesa y eso recompensó todo.

¿Te acuerdas aquella vez que fuimos sin destino alguno en la furgoneta? André me sobornó. Pero valió la pena por ti, aparte con ello comprobé que te ponías celosa por mí, ¡joder! Dalilaah era la conquista de mi mejor amigo.

¿Te acuerdas cuando te desperté a las tres de la mañana, nos subimos a la moto y condujimos hasta que dejó de funcionar? La verdad es que lo hice para estar más tiempo juntos, porque me han dicho que la madruga devela secretos y hace que te enamores de la persona. ¿Y sabes? Lo hizo, pero más de lo que ya lo hacía.

El día que te tomé de la mano y te miré a los ojos, te di mi corazón con ellos.

Creo que hay muchas cosas que hemos pasado juntos y las que falta recorrer.

Concluyendo, te pido que mientras estoy fuera durante un tiempo trates de cuidarte, porque si me llamas una noche llorando juro que me volveré loco y tomaré el primer vuelo hacia Australia para abrazarte. Aunque lo más probable es que eso no sea posible, Pol me lo impediría. Así que haz el favor de cuidar por ti, yo sé que puedes, eres muy fuerte, mi pequeño ángel, sobrevive un año sin mí, por favor.

Te amaré hasta que dejes de recordarme, hasta que me convierta en polvo y hasta que mi alma deje de existir.

Porque mi sueño tiene que estar completo y para eso tú tienes que estar en él.

Weigel, ¿acaso la mancha de pasta dental es tu forma de flirtear? Porque funcionó demasiado bien.

Cuídate y no me eches mucho de menos.

Por siempre tuyo,

Luke Howland.

Mi respiración estaba entrecortada, si antes me había dolido, ahora me estaba quemando y destruyendo desmesuradamente. Suprimí todos los ruidos y me concentré en sus ojos, tratando de mantenerme en calma y no colapsar en el intento.

La gélida brisa azotaba en mi rostro. Debía ser fuerte. La carta fue una despedida, pero no sabíamos que para siempre.

Traté de tragarme las palabras, pero todo daba vueltas, mi cabeza dolía, estaba llorando demasiado, porque ahora era yo y el recuerdo de Luke contra todos. Tenía que ser fuerte por los dos, porque se lo había prometido

Y esa noche el cielo le dio tanta nostalgia nuestra historia, que lloró conmigo y tiñó de otros tonos los colores.

Fuimos perfectamente imperfectos, pero a la vez fuimos ambos negativos.

Las leyes de la física dicen que dos polos iguales se repelen, pero las reglas de las matemáticas dicen que negativo por negativo igualaba a positivo. Entonces, ¿qué fuimos Luke y yo?

Él se había alejado de mí, llevándose consigo mis gritos, arrasó como el peor de lo huracanes llevándose mis sueños, dejándome con una amarga melancolía, fue el más grande incendio en mi vida y tan solo me dejó cenizas.

Luke se volvió aquella forma de la vida que es bella y triste a la vez diciéndome que no se podía tener todo. Esa parte que te muestra cuando dos personas se conocen, pero no están destinados a estar juntos.

Habían pasado ya diez meses desde que se marchó y aún dolía, dolía como el primer día en que lo hizo.

En el transcurso del tiempo comprendí muchas cosas, tantas de las que me decía y yo jamás le busqué algún sentido porque no me interesaba, no sabía que algún lo necesitaría, como aquel día que me enseñó el boulevard por primera vez y me dijo algo referente a lo que nunca comprendí hasta que él se fue.

"Cuando un sueño muere, alimenta al boulevard. Hasta que uno de tus sueños se rompa, lo entenderás".

Él fue el mío. Entendí que entre más hermoso fuese el sueño, más lo sería el boulevard, que era el lugar de los amantes y el cajón de lo inauditos, porque mayormente los sueños son hechos de algo lo suficientemente bello y con tantas desilusiones, solo se quedaban allí, decorándolo para que solo fuesen un recuerdo de lo que querían ser y nunca pudieron.

Luke se convirtió agua y fuego, verano e invierno, cristal y piedra. Fue la estrella que siempre brilló ante todas, la cual se paraba justo en la línea de la maldad y bienestar, Luke era tanto y dejó tan poco.

Se quedó tatuado en mí.

Fue tan injusto que solo el destino supiera que ese sería nuestro último abrazo.

Luke no se despidió de la mejor manera, pero sabía que su amor fue real, es por eso que lo dejaba ir lejos de mí, aunque mi corazón doliera.

Miré la lápida y di una sonrisa.

—Llevo tu camisa puesta —dije—. En menos de dos meses se

cumple un año de tu muerte y se supone que en esos dos meses tú regresarías de rehabilitación —murmuré—. He tratado de ser fuerte como me lo has pedido en tu carta, pero no hay ninguna noche en que yo no susurre que vuelvas a mi lado. Tú nunca lo haces.

Puse el ramo de rosas sobre la lápida, el nombre de él estaba sellado junto a su fecha de nacimiento hasta la de su muerte y una frase bíblica. 19 años.

—Luke Howland Murphy, 15 de junio de 1996 al 5 de diciembre del 2015 —leí—. Si hubiese sabido que aquel te amo sería el último de tus labios, habría grabado cada parte de tu rostro al decirlo.

Deslicé el dorso de mi mano por debajo de mi nariz y respiré hondo.

—Admito que escucho todos los días aquel disco que me diste, André me lo entregó. No sabes cómo duele oírlo, porque tienes razón, llegué tarde y lo siento mucho. De verdad lo siento.

Me tragué las lágrimas.

André había entrado a la universidad de la ciudad, teníamos una que otra llamada por la conexión que Luke dejó entre nosotros. El chico me decía que Jane estaba arrepentida, le confesé que no sentía nada de rencores, es decir, no me interesaba lo que ocurrió, de hecho, todo lo que viniese de Matthew ya no valía nada para mí.

Zev continuó. Y estaba feliz por él a pesar de todo, aunque ya no habláramos, al parecer ya tenía novia, se llamaba Alisson y por lo que Neisan me había contado, llevaban una relación muy estable y seria.

Por otro lado, Jones se había ido de la ciudad, sus padres decidieron que continuaría sus estudios fuera de Sídney. Después de aquel día del accidente, jamás volvimos a cruzar ninguna palabra.

Eché un vistazo por encima de mi hombro, percatándome que mi madre platicaba con Neisan. Regresé de nuevo mi vista a la lápida y suspiré.

—Neisan ha estado todo este tiempo, cada vez más cerca de mí —confesé—. Es un gran chico, me mostró mucho apoyo antes y después de ti, tú lo sabes, él comprende, pero no como tú lo hacías. Está consciente que te amo y siempre lo haré. Sin embargo, no quiero nada, no me siento lista para una relación y no lo estaré por mucho tiempo.

Observé mi celular y me fijé en la hora, se estaba haciendo tarde. No quería irme, pero lo tenía que hacer.

—Creo que es hora de despedirme —avisé—. Me voy a la universidad de Perth, me han aceptado, se supone que estudiaríamos juntos... Por fin podré realizar mi carrera, sin embargo, prometo venir a visitarte siempre que pueda, a ti y al boulevard, no me olvides donde sea que estés, que yo no lo haré.

—¡Hasley! —mi madre gritó.

Miré la lápida antes de levantarme, cerré los ojos tratando de recordar los suyos, su sonrisa angelical mostrando aquel hoyuelo en su mejilla, su cabello sedoso, la manera en que jugaba con su *piercing* y su voz pronunciando mi apellido.

—Te amo, Luke, en esta vida y en mil más.

Aún recuerdo cuando tomé su mano, el roce perfecto de dos almas uniéndose por una forma majestuosa, el tacto de su piel quemaba con la mía, revoloteando entre lo más profundo de mi alma y haciéndome sentir tan viva; el nerviosismo me ganaba, pero la vergüenza reinaba. Le había agradecido y él solo mofó un insípido quejido.

Podía oír aun su voz siendo una clara sinfonía modulosa, suprimiendo todos los sonidos existentes a nuestro alrededor, concentrándose en nuestras almas, repitiendo muchas veces mi apellido, aún su recuerdo erizaba mi piel, en las penumbras calles divisaba sus ojos.

Azul celeste y eléctrico. Perfecta combinación. Ellos aún me miraban desde las bizarras imágenes llenas de nuestros recuerdos melancólicos. Destellaban lujuria, pero a la vez ternura nostálgica. ¿Cómo podía ser aquello?

Su sonrisa, espontánea y despampanante. El hoyuelo característico se hundía en su mejilla, podía ver aún cómo fruncía sus labios, era una manía que había atrapado siempre que algo le disgustaba o pensaba. Su *piercing* seguía ahí, recordé que la última vez ya no lo llevaba.

Pero es solo un recuerdo, uno que se desvanece con el tiempo.

Abriendo los ojos giré sobre mi eje, alejándome de donde seguía el amor de mi vida. Caminé con un nudo en la garganta, mamá se burlaba de Neisan, yo fruncí el ceño sin entender.

—Muévanse. —señaló ella.

—Demonios —el chico maldijo sacudiendo su pantalón.

—¿Qué ha ocurrido?

—Me caí… —rodó los ojos sin humor— y la gente se ha reído.

Neisan fingió una mueca, avergonzado y abrió la puerta trasera del auto dándome el acceso de que yo pudiese entrar. Antes de hacerlo, le regalé una sonrisa a medias, transmitiéndole confianza.

—¿Sabes? Deja que se reían de lo patético que creen que eres, al final de cuentas todos terminamos igual. —Me encogí de hombros y con la voz firme finalicé——: *en un boulevard de los sueños rotos.*

Con su último cigarrillo en la mano, él preguntó: ¿qué has hecho todo este tiempo?

Sonriente le respondí: cumpliendo la promesa que te hice.

"Al final, todos terminamos igual. En un boulevard de los sueños rotos".

.

Made in the USA
Columbia, SC
06 July 2021